U0892556

天

Borderless

下

天下，在乎正义和你

天
Borderless
下

本书出版受 2016 年“中央高校建设世界一流大学（学科）和特色发展引导专项资金”支持

大众装饰

魏玛时期文论

Das Ornament der Masse

Essays

Siegfried Kracauer

【德】齐格弗里德·克拉考尔——著

孙柏　薄一荻　郑家欣————译

法律出版社

北京

图书在版编目(CIP)数据

大众装饰：魏玛时期文论 / (德) 齐格弗里德·克拉考尔著；孙柏，薄一荻，郑家欣译. -- 北京：法律出版社，2021
ISBN 978-7-5197-5915-5

Ⅰ. ①大… Ⅱ. ①齐… ②孙… ③薄… ④郑… Ⅲ. ①西方文化-文化史 Ⅳ. ①K500.3

中国版本图书馆CIP数据核字(2021)第183072号

大众装饰

——魏玛时期文论

DAZHONG ZHUANGSHI

—WEIMA SHIQI WENLUN

作　　者：［德］齐格弗里德·克拉考尔
译　　者：孙　柏　薄一荻　郑家欣
策划编辑：高　山
责任编辑：高　山　许莹洁
装帧设计：贾丹丹
出版发行：法律出版社
编辑统筹：学术·对外出版分社
责任校对：王沁陶　杨锦华
责任印制：陶　松
经　　销：新华书店
开　　本：880毫米×1230毫米　1/32
印　　张：11.625
字　　数：240千
版　　本：2021年12月第1版
印　　次：2021年12月第1次印刷
印　　刷：天津嘉恒印务有限公司
书　　号：ISBN 978-7-5197-5915-5
定　　价：69.00元

版权所有·侵权必究

销售电话：010-83938349　客服电话：010-83938350　咨询电话：010-63939796
地　　址：北京市丰台区莲花池西里7号(100073)
网　　址：www.lawpress.com.cn
投稿邮箱：info@lawpress.com.cn
举报盗版邮箱：jbwq@lawpress.com.cn
凡购买本社图书，如有印装错误，我社负责退换。电话：010-83938349

作者及本书简介

齐格弗里德·克拉考尔

1889年生于法兰克福，1966年逝世于纽约。长期任《法兰克福报》编辑，直至1933年经法国流亡美国。出版著作有：《作为科学的社会学》《金斯特》《雇员们》《雅克·奥芬巴赫和他的时代的巴黎》《宣传和纳粹战争电影》《从卡里加利到希特勒》《精神卫星》《电影理论》《大众装饰》《历史：终结前的最终事》《文集》。

1929年，克拉考尔称其关于雇员的研究是一次对于"日常的异域风情"的考察，是一次"作为前往非洲的电影之旅的冒险"。这些特征也适用于本书收录的文章，其中有多篇是在《法兰克福报》上发表的。它们描述街道、地点、行人，讨论了电影及其观众，论及书籍、思想和显然是完全无关紧要的事物，它们是繁杂而难以捉摸的，在他的目光之下第一次变得可疑了。他针对的是日常，但他同时也会遭遇到隐藏在他背后的东西；熟悉的道具被揭露为物恋，可信赖的习惯变成了幻觉和精心编造的谎言。克拉考尔并不是从它们响亮的口号和理念，而是从不显眼的表层话语、具体的细节和平庸的装饰中，去确定这些人或事物在一个时期的历史位置的。在这个意义上，他的思想和瓦尔特·本雅明非常相近。

译者简介

孙　柏

文学博士，现任教于中国人民大学文学院，主要研究领域：电影理论、中国电影史、中西戏剧文化交流、现代戏剧、文化研究等。近年来主要著作：《十九世纪西方演剧与晚清国人的接受》（2021），译著《我们时代的精神状况》（2018）。

薄一荻

南开大学外国语学院德语系讲师，博士毕业于北京大学外国语学院，博士论文题目为《爱情与理性的消逝——二十世纪两部德语〈图兰朵〉改编研究》。主要研究方向为中德文学文化关系、近现代德语文学。

郑家欣

德国埃尔朗根—纽伦堡大学德语文学系文学博士，现为中山大学外国语学院德语系博士后、助理研究员。研究方向为中德现当代小说、诗歌比较，中德文化关系，女性写作，旅行写作。代表性成果为：德语专著《比较中德现代女性成长教育小说中的时间、历史与身份——以科恩的〈琪琪——我们中的一个〉与茅盾的〈虹〉为例》（德国 Ergon 出版社，2019）。

目录

导引:自然的几何学

外部和内部客体

构造

视点

电影

渐隐:趋向没影点

后记

导引:自然的几何学

少年和公牛

两个平面

对一幅城市地图的分析

少年和公牛*

运动速写

一个少年杀死一头公牛。这句小学语法水平的句子从被太阳炙烤的金黄色椭圆场地发出。看台上的观众和像烂香蕉一样挂在树上的当地人看向这片椭圆的场地。公牛笨重的咆哮声响彻斗兽场。少年一个人站在那迷狂的牲畜对面。

他是一个橙色的点,扎了一条辫子。十三岁,一副男孩的脸庞。与他同龄的年轻人此时正身着华衣呼啸着驰骋过草原,去拯救被印第安人掠去的白人妇女,使她们免于殉难。而面对一头公牛,他们怕是会跑开的。少年站在那里,庄重地微笑着。这牲畜将屈服于一个木偶。

这木偶按照仪式惯例掀起一阵风暴,风暴又强力反射回去。即使一个小木偶也可以舞动这块红布,公牛把它认作自己的敌手。公牛试图要攻击它,但是红布飘然飞走,被小木偶变

---

* 原题为 Knabe und Stier,发表于《法兰克福报》(*Frankfurter Zeitung*),1926年9月29日。

成一个阿拉贝斯克舞姿。自然之物易受攻击,但在翻飞的百褶裙面前力量却渐渐消耗殆尽。

这木偶变成一位橙色的少妇,引诱着那呆货。她用摇摆小步慢慢靠近它,双手扬起两支彩色小长矛。这位女英雄挺直身体、夸张地大笑着,宣布这场爱的战役开始。公牛陷入这精心设计的节奏。但这张网是有弹性的,不经意间,这位小魔术师
9 已将长矛刺进公牛的肋部。三对长矛装饰着流苏,就像织针插在毛线团里,丝带随风飘动。公牛想把它们甩下来,却是徒劳:几何形状被牢牢地固定在那庞然大物身上。

少年展开像鸡冠一样红彤彤的布。他隐藏在幕布之后的刺剑是如此之长,好像借此他能攀登到天上去。这块平面和这条线的特征表明,尾声将近。木偶让这块红布绽放光芒并用剑划着不断缩小的圆圈。公牛在这装饰的力量前一阵颤栗。这些装饰先是像烟圈一样环绕着,而后又施以点状的打击,现在不断地威胁着向公牛逼近,以便让它从这一场景当中消失。

到现在这还只是个游戏。剑还可以被抽回,红色与红色不必非得在血腥中相遇。是那仅有的一刻,一抹快速的、刺眼的光亮,穿墙透壁。是剑从木偶手里跳了出去,而不是少年将剑击刺出去。惊异的公牛顿时停住了、呆视着。它的支撑不住的沉重身躯压弯了那柄剑。这时候,欢呼雀跃和各种色彩主宰了这个场面。

帽子和包纷纷飞向绕场一周的年轻胜利者,还有欢呼的花束。太阳炙烤着这片椭圆形的场地。少年站在那里,庄重地微
10 笑着。

艾克斯(普罗旺斯),1926 年 9 月中

两个平面*

海　港

马赛,像一座令人目眩的露天剧场,是沿着长方形的老港口建成的。老港口就像一个海洋铺就的广场,纵向深入城市腹地,三面均匀装饰着层层叠叠的海岸。位于海港入口对面的麻田街(Cannebière)——那是街道中的街道——突入了广场平滑的光亮之中,并将海港一直延伸至内城。它不仅连接着向上延展的阶梯和那个怪物模样的广场,而且也是出于这个原因,它就像是喷泉的水柱登上住宅的屋顶。广场还是所有透视关系的消失点:教堂朝向广场而建,那些裸露的山丘也面向它。几乎没有观众像这样在竞技场周围聚集过。如果这个人工海港挤满了远洋轮船,那么它们冒出的烟会飘过最偏远的房屋;如果焰火在这块平地上空燃放,那么这座城市将是光明的见证。

然而现实是,没有远洋轮船挤满海港,也没有焰火滑落。

---

* 原题为 Zwei Flächen,发表于《法兰克福报》(*Frankfurter Zeitung*),1926 年 9 月 26 日。

只有手划船、摩托艇和帆船懒懒地停在岸边。过去，在出海捕鱼的时节，这海港就像一个万花筒，把各种变动不居的图案派遣到码头上。它们流溢到细微之处，在海岸边华丽大厦旁的栅栏都闪着光。而现在这辉煌已经耗尽，这港口被那条街道中的街道孤立成一个长方形。旁边的河流也印证着它的衰败，那条被遗忘的小河甚至连耸立的房屋都倒映不出。

这个城市张开了它的捕鱼网。战利品是在新港被捕获的，那个同它的海岸线一起组成一个有力抛物线的新港。远洋轮
11 船的抵达和启程是这里生活的两极，它们消失的时候发着亮光。光秃秃的仓库，墙面的冷清是一种表象；童话中的王子仿佛见过它的正面。在港口区，像海绵上的洞眼一样的居住区内聚居着密集的人群，站在水滩上的天空清新纯净。陈旧的宫殿变成了妓院，却比任何祖先肖像画廊都更持久。在人群中种族正在消失，人群也被林荫道和集市街冲刷着。他们划分行政区域，并据此来分散人流。在其中一个像贝壳式螺旋状的居住区里面，经商小贩中永恒的大众群体在咆哮着。

无船通航的海港伸着懒腰。仅它的存在就能防止这个弧形闭合。街道通到岸边便无法再继续，海港使直线变弯。海港的开阔使显而易见之物消失不见，它的空荡延伸到遥远的角落。它是如此沉默，以至于要弄出自身翻滚的声音作为休息。露天剧院满满的座位环绕着一块空地。已起立的观众(Publikum)转身离去。

住宅区

没有人去寻找广场，但是广场会找到人。大街小巷像皱成

一团但未打结的彩纸带交织在一起。它们就像穿过大地的褶皱的横梁,在水泥地上摩擦翻滚,掉进地下室深处又弹回到它们的起点。一片有后楼梯的住宿区,没有华丽的入口。门都开着,从里面传出灰绿色的海洋垃圾微燃的气味,红色的灯指示着道路。往里看去是临时安放的活动布景:一排排的拱扶垛、阿拉伯式的书写板和旋转楼梯。要是你对它们弃之不顾,那它们就会在拆除之后又在新的地方重新搭起。做梦的人熟悉它们的规则。 12

一堵墙预先提示着那个广场。它无眠地矗立着,封锁着迷宫。陪伴这堵墙的是一条走狗一样恭顺的沟渠,亦步亦趋地跟在它身旁。几扇小窗户扎进这堵墙,从远处看它们就是些小孔,光都透不到后面的空间去。其他这样长度的墙壁都像铁轨一样缩短了;但这堵墙没有。它们通向没影点的同心线走向分离,既可能是因为沟渠垮了,也可能是因为这堵墙一直在上升。在沟渠旁,广场意外地铺展开来。

那个正方形,已经依据一个巨大的模板而被踏成交错的线路。一座座营房围绕在它周围,后墙被涂成红色,从那里开始有一个斜坡冲了出去,停住,然后中断了。天际线像是用尺子划的一样,笔直。

在无人的广场上发生着这样的事情:正方形的力量将陷落在那里的人推向它的中心。他是独自一人又不尽如此。好像看不见有谁在注视着,但他们的视线穿过百叶窗,穿过墙壁。它们成群地越过空地,在中心的地方交织。任凭赤裸裸的恐惧摆布。在边缘没有长出能够遮蔽裸露的棕榈树群。法官们正坐在围着这个正方形的看不见的座位上开庭。这是判决公布前的一刻,判决尚未做出。那个斜坡削尖的箭指向等待判决的人,瞄准着他,就像一个转动的指针。那些臭名昭著的画像上的眼睛不断地转向来访者。红色的后墙和广场平面通过一个缝隙分开,从中升起一条被斜坡隐藏起来的车道。

没有人在这个混乱的图画般的路径中寻找这个正方形。经过一番痛苦的思索,人们会描述说它的大小适中。但当观察者坐在椅子上的时候,它会沿着世界的四边向外扩展,挤压着
13 那些可怜的梦的柔软处,它是一个没有同情心的正方形。

对一幅城市地图的分析*

郊区和市中心

巴黎的一些郊区是小人物居住的大型贫民窟，从下级官吏到工人、小商贩和那些叫作失败者的人——只因为另外有些人做出成功者的样子。几百年以来，他们共同生活的方式以这种贫民窟的形式体现出来，它诚然不是中产阶级式的，但从烟囱、兵营、公路这些方面看也不是无产阶级式的。它贫穷可怜同时又充满人性。其人性不仅是因为郊区的这种生存包含了自然生命的遗存，从而使这种存在得以充盈；而更具有决定性的是，这一被填满的存在时刻处在会被拆除的阴影之下。

在圣旺大街（St. Ouan），每周六下午有集市。并不像传说的那样，集市像一个巡回马戏团在这儿搭建起来，而是这条大街自己孕育了这集市并把它生下来。出于担心周日的补给，一大群人聚集到这里——这么多人在天文学家眼里有如星系一般。他们簇拥成紧密的球，在里面的每一个人都被包裹好等待

* 原题为 Analyse eines Stadtplans，写于 1928 年 1 月（具体日期不可考）。

着，直到他们时不时地被打开。在采买的间隙，他们欣赏着这个他们从属其中的球状复合体不断解体的戏剧。这让他们保持在生活的边缘。

即便地中海从四面冲刷着这条街道，街上的商店恐怕也不会以更封闭的方式被打开。货物大批涌出商店，以抵造物之需；这股货物的涌流沿着商店的门脸向上攀爬，在街面上停顿
14 了一下，然后用双倍的力气越过汹涌的人群到达高处。许多未发掘的天然产品堆成灌木丛状，它们后来作为开胃小菜装点了菜单。上面是肉食区，挂着的羊后腿像原始森林的树干低垂着树梢。旁边那家日用品店琳琅满目如香草丛生，上面覆着粗麻质地的盖布，那上面有迷人的植物每天都绽放花朵来装点日常生活。

需求把物品带到有人类温度的周边。在食品区杂乱的有机物中有一个用玻璃和金属做的工具特别醒目，它锋利的尖看起来只可能是源自制作者折磨他人的癖好。它发出的光让大家认为——或者仅仅是为了好玩儿——它能刺进血淋淋的肉块、鱼和贝壳炖的肉里面去，就像是它要在里面筑巢一样。它是一台滴油机，可以让健康有益的金黄色部分从玻璃肚滴到顾客的小容器里。环境的需求让它变得友善，使它从一个机械的蜜蜂变成一个无害的家神（Hauskobold），帮助做饭而且对孩子有益。

即使集市上的商品种类有如宇宙般繁浩，那也只是大千世界的粗剪版。到手之物微不足道，且像劣质照片一样影像模糊。难怪革命经常从郊区发起。幸福，即感性的光辉，是它们所缺少的。

这光辉在市中心林荫大道的尘世间铺展开来。里面的人

群和外面的是不一样的。他们过日子既没有目标的紧逼，也没有时间的强迫，他们是永恒的涓涓细流。那颜色已经变暗的宫殿，作为图像继续留存着，却已几乎不可能再通过它精美比例的力量掌控人流和车流。没有人想出这样一个计划，让奔忙来去的一切事物将混乱的印迹留在沥青上；没有这样一个计划， 15
使目标锁定在单个的细小微粒当中，而最微小的反抗的法律给曲线指明方向。

在反光的玻璃窗后面必需品和过剩的物品混合在一起，那些物品若不是无节制地涌入，本来会是更被需要的东西。各个阶级的人都可以一整个下午沉浸在观看宝石、皮草和晚礼服当中，它们明确无误的神圣性在低俗小说的结尾像是满怀许诺般地在向人们招手。这些珍贵之物的总价可以估算，这使它们比以往任何时候都更难以接近。它们在空间上邻近，这要求人们踏入一家又一家店并为了存货齐全而购买每一种类的物品。但假设一样东西被所有人都拥有，它至少也占有了所有人。

当黄昏来临，灯光从齐眉高度亮起来。像算盘上的算珠一样不能转向的弧光灯照亮由烙印印出的箭头和孟加拉式的转弯组成的迷宫。在夜生活的主要聚集区灯光是如此的明亮，以至于人们必须捂住自己的耳朵。分布其间的电灯是按照自己的喜好——而不是为了给人类照明——聚集在一起的，它们炽热的灯丝想照亮黑夜，却把它赶走了。它们的广告还未被解码就被印刻在脑海里。那四处徘徊的红色微光停顿下来，像一个外罩一样笼罩着思想。

在喧嚷中耸立起一个个报亭，一个个供全世界的报纸在里面幽会的小小神殿。这些报纸终其一生都作为敌人相互斗争，却被印好放在了一起，没有比这更和睦的景象了。如果在某个

地方，一份以阿拉伯文章为基础的意第绪语官方报纸用粗体波
兰语作标题，那么在那里，和平是可以保障的。只是，恰好报纸
16 之间相互不认识。每份报纸都折向自己而且满足于自己栏目
的内容。尽管它们之间靠纸张维持着紧密依靠的关系，但它们
里面的新闻内容却是如此地毫无关联，以至于它们对彼此完全
没有了解。在它们之间的空隙中，漫不经心这个魔鬼任意妄为
地主宰着一切。

这一切不止在巴黎上演。世界各大城市的中心，那里也都是辉煌之地，相互之间变得越来越像了。它们的区别正在消失。

宽阔的大街从郊区延伸到市中心的辉煌。它并不是有意
为之的中心。幸福——对于外面的贫困来说它是被给予
的——是由半径范围所决定，而不是作为现成的事物能遇到
的。通向城市的街道还是一定会有人来车往，因为它们如今确
17 实是空荡荡的。

外部和内部客体

摄影

旅行和跳舞

大众装饰

论畅销小说及其读者

作为新市民阶级一种艺术形式的自传

中产阶层的反抗

那些等待中的人

摄　　影*

在那所谓的"极乐时代",我曾到过一个地方。在那里,我看到罗马城和拉特兰宫(系罗马教皇的宫殿)都悬挂在一条细小的丝线上;一个没有脚的男人跑起路来比一匹疾驰的马儿还快;而一柄锋利的剑则能斩断一座大桥。

——《格林童话》[1]

1

这个电影女明星看起来是这样的。她 24 岁,上了一份画报的头版,站在海滨浴场旁的怡东酒店(Excelsior-Hotel)前。我们写的是九月。谁透过放大镜看过,都会认出那个网版,成千上万的小点组成了那个女明星、海浪和酒店。但是这张图指

---

* 原题为 Die Photographie,发表于《法兰克福报》(*Frankfurter Zeitung*),1927 年 10 月 28 日。

[1] 《格林童话故事全集》(第 3 册),刘冬瑜译,中国少年儿童出版社 1998 年版,第 106 页。

的不是这个点阵网，而是那个海滨浴场上的活生生的女明星。时间：现在。配图文字称她为“富于魔力的”——我们富于魔力的女明星。尽管如此，她并不缺乏应有的艺术表现力。马尾辫，诱人的身体姿势，左右 12 根睫毛——所有被摄像机仔细数点的细节恰到好处地坐落在空间中，表现得完美无缺。每个人都对她心醉神迷，因为每个人都已经见过了银幕上的原版。她看上去是那么地逼真，即使她也许只是十二个踢乐女郎（Tillergirls）中的第十二个而已，也不会被看错是别的任何人。她站在怡东酒店前，为她的名声而扬扬得意地做着梦，一个肉和血的存在，我们富于魔力的女明星，24 岁，在海滨浴场。我们写的是九月。

祖母看起来也会像这样的吗？这张照片，超过 60 年了，已经可以算是一张现代意义上的照片，它把她表现为一个 24 岁
21 的年轻姑娘。因为照片就是相像之物，那么这一张肯定曾经也很像。这张照片是一个宫廷摄影师在摄影棚里精心制作出来的。但是要是缺少了口头的传统，祖母就不会单从一张照片当中被重构出来。她的孙子们知道，在后来的日子里，祖母在一间很窄的可以眺望到老城的小房间内居住，为了逗孩子们开心，她让玩具士兵在玻璃板上跳舞。他们也知道她人生中的一件丑事和可以被确认是由她说出来的两句格言，这些格言一代代传下来只有略微的改变。虽然关于祖母仅剩少数细节，而且也可能将被遗忘，但他们必须相信父母所说的，这张照片上的人就是他们的祖母，那些细节也是从祖母本人那里获知。见证者的证词并不可靠。可能人们最后发现照片上表现的完全不是那个祖母，而是跟她相像的她的朋友。同代人都已经不在了，那相似性呢？原图很早就朽坏了。现在已变得黯淡的面容与仍然能够回忆起的面部特征如此不同，以至于孙子们不得不

在一片惊异之中去面对照片里碎片式地呈现在他们面前的先人。那么好，这就是祖母，但事实上她可以是 1864 年的任意一个受欢迎的女孩。这女孩总是一个劲儿地微笑不停，这笑容保持不动，它被从生活中提取出来，却不再指示着那生活。相似性再也帮不上什么忙了。发廊里人偶的微笑也是那样的僵硬而持久。这个人偶不属于今天我们这个时代，它也许会和其他同类一起站在博物馆的一个贴着“1864 年的服饰”标签的玻璃展柜里。那些人偶是作为历史服饰而站在那里的，照片上的祖母也是一个用来展示时代服饰的考古学模特。所以这就是人们那时候穿着打扮的样子：盘着发髻，腰身紧束，穿着撑架裙和绣花短上衣。在孙子们的眼前祖母解体为那时时髦现在过时的细节。孙子们取笑这服饰，在它的穿戴者逝去之后它仍保持 22
姿势站在那个展台上——已经变成了独立自主的一个外在装饰。他们这是不敬，而今天的年轻姑娘穿戴已不一样。他们笑着，同时充满着不寒而栗的惶恐。因为祖母从服饰的装饰性中消失了，她们透过这装饰性的瞬间看到的正是流逝的时间，那是一去不返的时间。尽管时间并不像微笑和发髻那样被一同拍摄下来，但那照片在他们看起来却是时间的展示。如果光是照片赋予这些细节以持久性，那么它们完全没有获得纯粹的时间；毋宁说，也许是时间通过它们来创造它自己的影像。

2

“歌德与卡尔·奥古斯特（Karl August）的友谊的早期”——“卡尔·奥古斯特与 1787 年埃尔福特（Erfurt）的天主

教代理主教选拔”——“一个波西米亚人到访耶拿和魏玛”(1818 年)——“魏玛一所文理中学的回忆”(1825 ~ 1830 年)——“一则关于 1825 年 11 月 7 日魏玛歌德庆典的同时代报道”——“重新找到路德维希 · 克劳尔(Ludwig Klauer)[2]创作的维兰德(Wieland)半身像”——“魏玛的歌德国家纪念碑计划”。——这些和其他研究的标本集是由歌德协会年鉴提供的,该系列原则上是不会完结的。如果说歌德语文学在年鉴里保存这些标本没有意义,那么取笑它与它收集的东西一样朝不保夕也许更没有意义。相反,无数关于歌德塑像、生平、个性等的纪念性作品的虚假光环却还没怎么被识破。歌德语文学秉承的是历史主义思维的原则,这原则大概与现代摄影技术在
23 同一时期获得普遍接受。总的来说,这种历史主义思维的倡导者臆想自己单从其起源上就能够解释任何现象;就是说,他们相信在任何情况下只要按时间顺序、没有缝隙地重建事件过程,就能把握住历史的真实性。摄影呈现了一种空间连续性;历史主义试图提供时间的连续性。根据历史主义,对一段时间内进程的完整反映同时隐含着在这一时间内进行的内容的意义。如果在关于歌德的展览中缺少了埃尔福特天主教代理主教选拔或者魏玛文理中学的回忆等中间环节,那么对于历史主义者来说,这个展览就会缺少真实性。与历史主义相应的,是关于时间的摄影。它的时间摄影可能会是一部大电影(Riesenfilm),这部大电影能够全方位地摄下在时间上相互关联的所有事件。

---

[2] 约翰 · 克里斯蒂安 · 路德维希 · 克劳尔(Johann Christian Ludwig Klauer,1872 ~ 1913 年),是魏玛古典主义时期的雕像家,曾为文学家克里斯托弗 · 马丁 · 维兰德(Christoph Martin Wieland)雕像。

3

记忆并没有把一个事件状况的总体的空间表现或者时间进程考虑在内。与摄影相比，记忆的记录充满裂隙。人们总是不断讲着祖母曾经卷入的坏故事，因为人们不太喜欢讲起祖母，而这个事实从摄影师的角度看没什么大不了。摄影师认得祖母的第一条细纹，并且记下了每个日期。记忆并不怎么注重日期，它跳过年份或者拉开时间距离。记忆所汇集的被拣选出来的踪迹（Züge）在摄影师看起来必然是任意的。这些被拣选出来的踪迹只能是这样而不能是别的，因为装置（Anlagen）和目的要求抑制、假冒、强调对象的某些部分；有无数原因决定了要过滤的剩余部分。一个人不管回忆起哪些场景，他都不需要 24
知道这些场景意味着什么，因为这些场景对与之相关的那个人来说总会意味着什么。一个人保有哪些记忆是因为这些记忆对他个人意义重大。这些场景根据一个原则自己组织起来，这个原则和摄影组织的原则截然不同。摄影把给定的东西理解为一种空间（或者时间）的连续体；而记忆图像所保存的，只是那些有意义的场景。因为被赋予的意义无法被化约为纯空间联系或者纯时间联系，所以记忆图像和摄影再现就不能吻合。从摄影的角度看，记忆图像看起来就是一堆碎片——把它们看作碎片只是因为摄影没有认真看待这些记忆图像所关涉的意义，而正是由于这意义，这些记忆图像才不至于沦为碎片——同样地，从记忆的角度看，摄影看起来就像是由一堆堆垃圾组成的混合物。

记忆图像的意义联系着它们的真理内容。只要记忆图像融入了不受控制的本能生命(Triebleben)当中,一种魔力般的暧昧性就存在于它们当中;它们与几乎没有一丝光线可以穿过的磨砂玻璃一样不透明。当认识照亮了灵魂的植被并限制了自然的强制力,它们的透明性就会相应提高。只有被释放出来的衡量本能之魔力(Dämonie)的意识才能发现真理。这意识回忆起的踪迹处于与被认知为真的事物的联系中,这些事物有可能在这样的踪迹里得以显明,也有可能被踪迹排除出去。这样的踪迹显现于其中的图像是优先于其他所有的记忆图像的,因为它不像其他图像那样保存一大堆不透明的回忆,而是符合真之认知的内容。我们有充分理由将其称为最后的图像,所有记忆图像都应被化约为这类图像,因为只有它才能保存那些不被遗忘的事物。一个人的最后图像就是他真正的历史。这历史取消了所有的特征和规定,因为它们并没
25 有在真正重要的意义上与那些被解放的意识所欲求的真理保持关系。这历史怎样被一个人呈现,不单单取决于他的自然品格,也不取决于他个性的虚假的一致性;只有存在的断片才能载入他的历史。这样的历史好比姓名符号(Monogramm),[3]把姓名压缩成一根线条,作为装饰而带有意义。埃卡尔特(Eckart)[4]的姓名符号是忠诚。大的历史事件通过传说而得以幸存,传说一如以往的天真,想隐藏真实的历史。在真正的童话里,幻想凭直觉抛弃了典型的姓名符号。一个人的历史在

---

〔3〕“Monogramm”是姓或名的首字母,过去人们常把这姓名符号首字母绣在自己的手帕上。

〔4〕埃卡尔特(Eckart)是德国民间神话里的英雄、忠诚的保护者和咨询者,曾提醒尼伯龙根不要陷入敌人危险。

他的照片下就像在积雪下一样被覆盖了。

4

埃克尔曼（Eckermann）描述道，当歌德给他看鲁本斯（Rubens）的风景画时，他非常惊讶地看到，在画上光线竟然是从相反的两边透过来的，“而这违背自然”。歌德回答他说：“鲁本斯就是以此证明了他的伟大并给人惊喜，他以自由精神站在自然之上，按着他的更高目的为难自然。不过那双重光线的确激进，您毕竟可以说，它违背自然。而尽管它违背自然，我也同样可以说，它高于自然，我这么说，因为它是出自大师的大胆的手笔，凭着这一手，他以天才的方式给人们惊喜。艺术无须完全屈服于自然的必然性，而是有它自己的法则。”——一个肖像画家，要是完全屈服于“自然的必然性”，最多只能画出
照片。在某个以文艺复兴开始而现在接近尾声的时代，“艺术 26
作品”当然遵循着自然，自然的特别之处在这时代越来越彰显出来；但是艺术作品可以穿透自然从而竖立起“更高的目标”。艺术作品是一种色彩和线条在材料里的认识，越是伟大的艺术作品就越接近最后记忆图像的那种透明性，那些“历史”的踪迹在最后的记忆图像中联合起来。一个让特吕布纳（Trübner）[5]给他画肖像的人请求这位艺术家不要忘记他脸上的褶皱和细纹。特吕布纳指着窗户外面说：“那儿住着一个摄影师。如果您想要褶皱和细纹，那您就一定得请他过来，他

---

〔5〕 海因里希·威尔海姆·特吕布纳（Heinrich Wilhelm Trübner，1851～1917年），德国画家，早期画风属于现实主义、自然主义，后期属于印象派。

会什么都给您保留下来；我画的是历史……”为了把历史表现出来，摄影提供的纯粹的表面联系必须被打破。因为在艺术作品中对象的意义变成了空间再现，相反，在摄影中对象的空间再现就是它的意义。这两种空间再现，一种是“自然的”，另一种是基于对对象的认识的，互不相符。艺术作品若抑后者而扬前者，也就符合摄影所达成的相似性了。相似性关系到对象的外表，这外表并没有马上透露这对象怎么向认识展现它自己的：但是单单这对象的透明性就被艺术作品传达出来了。那样艺术作品就会像魔镜，它不会对向它提问的人反照出他的本来面貌，而是照出他想要的样貌或者基本面貌。艺术作品也会在时间中衰败，然而它的意义将从破碎的元素中升起；相反摄影则把这些元素摆放整齐。

直到 19 世纪后半叶照片摄影过程常由曾是画家的人操作。与那个过渡时期里没有完全去个性化的技术相呼应的是一个空间环境，还有些意义痕迹可能困在这环境里面。随着技
27 术越来越解放，同时意义从对象中抽离出来，艺术摄影失去了它的权利；它没有发展成艺术作品，而是变成了模仿。儿童肖像照是尊姆布什（Zumbusch）[6]的，印象派风景画摄影的教父则是莫奈。这些安排也不过是对熟悉风格的技巧性的模仿而已，并没有以先进的技术可能捕捉到事物的那种程度来达到表现自然的剩余物的目的。为了强调那些在空间关系中自我显现的物化表象的共同存在，现代画家从照片的碎片中组装他们的画作。这种艺术性的意图与艺术摄影的意图正相矛盾。艺

〔6〕 路德维希·约瑟夫·卡米卢斯·尊姆布什（Ludwig Joseph Kamillus Zumbusch，1861～1927 年），德国画家，曾为慕尼黑的一本杂志《年青人》（*Jugend*）画封面图。

术摄影并没有去探寻适合摄影技术的对象，而是想通过风格化的手段把这些技术性存在隐藏起来。艺术摄影师是非专业的艺术家，他抽掉内容来模仿一种艺术方法，而不去触碰内容本身的匮乏。韵律体操也想这样纳入灵魂，而它对灵魂一无所知。韵律体操与艺术摄影在以下方面是一致的：当它发现它的对象适合它的技术时，为了提升生命——实际上这生命已经升到最高了——它所谋求的就是占有被提升的生命。摄影艺术家在那样的社会权力下发挥功用，这权力对精神的假象感兴趣，因为它害怕真实的精神；真实的精神可能会炸毁下层建筑，而假象正服务于粉饰这下层建筑。揭露现存社会秩序和艺术摄影之间的紧密关系，这样的努力是值得的。

5

摄影并不保留一个对象的透明的踪迹，而是把这个对象从
随便一个地方作为空间连续体记录下来。最后的记忆图像因 28
其难忘的性质而经受了时间的考验；摄影既不意指又不容纳记忆图像，它必须从本质上纳入摄影得以形成的那个时间点。“电影的本质在一定程度上就是时间的本质”，杜邦（E. A. Dupont）〔7〕在他的关于一般电影的书中这样评论道，这本书的主题是正常的可拍摄性［引自鲁道夫·哈尔姆斯（Rudolf Harms）的《电影的哲学》（*Philosophie des Films*）］。如果说摄影是流逝着的时间的一种功能，那么它的实际含义就会改变，

---

〔7〕 埃瓦尔德·安德烈·杜邦（Ewald André Dupont，1891～1956年），德国导演，剧作家。

至于怎么改变就要看它属于现在的领域还是过去的某个时间段。

摄影因其现场性而拍摄下当下意识所熟悉的现象，在有限的范围内提供进入原初生命的路径。它每次都记录下一种外表性，这在外表占主宰的时代就跟语言一样是一种普遍好理解的表达方式。同时代人相信他们在照片上看到的女明星就是她本人，不只是她的马尾辫或者身体造型。当然，光凭照片他们还不能对这个女明星做出判断。但幸运的是这位女明星还活在人世，而画报的头版履行着让人们记起她的身体真实性的职责。这就是说：当今的摄影承担着中介的任务，它是女明星的视觉符号，让人们认出她来。而摄影的决定性的踪迹是否就是那种魔力，最终也值得怀疑。然而，与其说魔力是摄影的手段，还不如说是电影观众的印象，这些电影观众在银幕上体验到了原初（das Original）。他们把这原初影像认做是魔力的表演，就是这样。不是因为这影像的相似性，而是尽管有其相似性这影像仍然泄露了魔力的秘密。这魔力暂时属于女明星的还恍惚着的记忆图像，这图像与摄影的相似性却没有关系。这幅从我们热捧的女明星的视点创作出来的记忆图像并没有打
29 破相似性之墙而进入摄影，也没有给摄影赋予什么透明性。

要是一张照片逾期失效，那么它跟原初的直接关系就不再可能了。一个死人的身体看起来比活着的人的形体要小。老照片也作出新照片的缩小的样子。生命从老照片中退出了，这生命的空间再现覆盖了纯粹的空间构建。记忆图像和照片相反，它们放大成被回忆起来的生命的姓名符号。照片是从姓名符号上面落下来的沉淀物，一年年地减少它的符号价值。原初的真理内容留在了它的历史里面；摄影捕捉到的是告别了历史

的剩余物。

要是人们在照片上再也不能遇见祖母，那么那张从家庭相册里取出的照片就必然会分解成很多细节。人们把目光从女明星的马尾辫转移到她的魔力上，目光又从祖母的虚无被吸引回到发髻，时尚的细节把目光留住了。摄影的与时俱进正好对应着时尚的与时俱进。因为时尚除了作为现在人们的外壳之外没有别的意义，一闪而过的现代时尚和以前的潮流一起都已经成为过去。照片上那条腰身紧束的裙子在我们这时代看起来就像一座旧时代官邸那么扎眼，这座官邸任凭毁坏，因为市中心已经迁到别的区了。这样的建筑经常被一些底层人占据。只有很旧的服饰，旧到与当前毫无联系，才能获得废墟之美。不久以前穿着的服饰则显得滑稽。孙子们笑话祖母 1864 年的撑架裙，这难免会让人们产生这样的想法，即觉得现代女孩的腿都要消失在那裙子里了。要求活着的最近的过去比意义已 30
经发生改变的遥远的过去还要过时。撑架裙的要求无力解释了它的滑稽性。照片上祖母的服饰被当作已经掉下来却还想继续保持其地位的剩余物。这个剩余物像一具尸体一样消解在细节的总和里，它摆出一副有生命在它里面的样子来做出大的举动。在那老照片上的风景和每样其他的对象都成了一种服饰。因为在照片里面被保留的并不是被释放的意识所意指的踪迹。照片所展现的是意识被抽离之后的联系，包含的是不愿承认意识的、萎缩的存在物。意识越是摆脱那些自然联系，自然就越是会缩小。在摄影般忠实的旧金属版画上，莱茵河畔的小山丘被刻画成大山。随着技术的发展这些小山丘在这过程中被降低为微小的山坡了，而那旧的视点的自大看起来也没那么可笑了。

这幽灵滑稽同时又可怕。不只是那笑声回应了那些老化的照片。那照片把过去再现得可算完全，而那残渣曾一度是现在。祖母曾经是一个有着发髻、穿紧身胸衣、坐在带有扭纹柱的文艺复兴高椅上的人。一个不会沉重得把人压垮的负担，但是被不假思索地背负上了。现在这张照片就像那个城堡女人幽灵般地穿越到了现在。闹鬼只发生在那些糟糕的事情曾经开始的地方。因为那个穿着那套服饰的人偶曾经活着，所以这张照片就变成了幽灵。这张照片表明，那些陌生的仿造品被归入生命的理所当然的从属物了。那些仿造品的缺乏透明性是可以在老照片上被体会到的，并和以前的透明的踪迹密不可分
31 地混合起来。在照片里得以继续的这种糟糕的联系唤起了人们不寒而栗的恐惧。巴黎先锋影院“乌苏林电影馆”(Studio des Ursulines)[8]里放映的战前时期的电影场景就是用一种戏剧化的方式来产生这种恐惧感的，这些电影场景保存并捕捉到了在记忆图像里储存下来的早就消失的现实的踪迹。时代金曲的重复播放和曾写下来的信件材料也像照片画面那样重新引发已然瓦解的一致性。这幽灵化的现实是尚未解脱的(unerlöst)。这一现实是由空间中的部分组成的，这些部分之间的联系是如此没有必要，以至于人们会想或许也可以用别的方式把它们组织起来。那现实像我们的皮肤一样黏着我们，直到今天还附着在我们的所有物上面。我们无法被归入任何东

---

〔8〕 乌苏林电影馆(Studio des Ursulines)，位于乌苏林街 10 号，1926 年 1 月开映，是巴黎专映实验性、先锋性影片的影院，如路易斯·布努艾尔的《一条安达鲁狗》(Luis Buñuel's *Un Chien Andalou*，1929 年)、约瑟夫·冯·斯登堡的《蓝天使》(Joseph von Sternberg's *The Blue Angel*，1930 年)等名片都在这里首映，1928 年曾因安托万·阿尔托(Antonin Artaud)与热尔曼·杜拉克(Germaine Dulac)合作的电影《贝壳与僧侣》(*The Seashell and the Clergyman*)而酿成丑闻。

西里面,摄影收集碎片只是为了无(ein Nichts)。当祖母站在镜头前的时候,她只是为了显现给镜头的空间连续体中的那一秒而在场。成为永恒的不是祖母反而是那视角。老照片的观看者害怕得哆嗦。因为这些照片展现的不是对原初的认识,而是一瞬间的空间构建。在照片里出现的并不是人,而是从他身上攫取的细节总和。他的照片用反映他的方式消灭他,而假若人和照片相合一的话,那么人就不复存在了。前阵子一份画报以"名人脸谱:他们的昨天和今天!"为标题,把一些名人年少时和年长时的照片放到一块儿。马克思作为小伙子和马克思作为党的中央领导,兴登堡(Hindenburg)〔9〕作为少尉和我们的兴登堡。这些照片并排在一起就像数据报告,后期的照片与前期照片既不相像,也不是从前期照片中重构出来的。人们不得不老老实实地相信这些视觉财产名录是相配套的。这些名人的踪迹只保存在他们的"历史"中。 32

6

那些日报给文字配的图越来越多,想想一份杂志要是没有图片资料将会怎样?证明摄影在今天有显著效力的令人信服的证据,主要都是通过画报的增加来提供的。那些画报收集了从电影明星到照相机和观众可以接触到的任何事物。妈妈感兴趣的是婴儿,年轻男士则被一组组女孩儿的美腿迷住。美女爱看体育和舞台明星站在邮轮舷梯上,他们正要出发去遥远的

〔9〕 保罗・冯・兴登堡(Paul von Hindenburg,1847~1943年):德国陆军元帅和政治家,魏玛共和国时期的第二任联邦大总统。

国家，在那里各种有意思的东西将会一决胜负。然而提起人们兴趣的并不是这些明星，而是那些城市、自然灾害、精神领袖和政治家们。日内瓦正在召开国民联邦议会，这个会议提供了机会来表现施特雷泽曼先生（Stresemann）[10]和白里安（Briand）[11]先生在酒店入口的谈话。最新时尚也必须流行起来，否则到了夏天美女们就不知道她们是谁了。在年轻男士的陪伴下时装美女参与各种社交场合；在遥远的国度发生了地震；施特雷泽曼先生坐在一个栽有棕榈树的露台上；给母亲们看的则是我们的小孩子。

画报的意图是完整地再现摄影器材可以到达的世界；画报从所有可能的角度记录下那些人、状态和事件的空间仿制品。画报的做法相当于每周新闻短片的做法，每周新闻短片就是很多照片的汇总；相反真正的电影却只把摄影用作手段。从来没有一个时代像这个时代一样能够获知其自身，如果“获知”的意思是：拥有一个在摄影的意义上与那个对象相仿的图像。作为对当下的摄影，大部分画报上的照片再现的都是还存在原物
33 的对象。这些再现某一对象的图像基本上都是一些让人能想起并认出原初对象的符号。比如，那拥有魔力般的女明星。但实际上从每周的图片量来看，这些照片完全没想过要达到提示原初对象的目的。如果说这些照片是要给记忆提供某种支持的话，那么记忆就必须决定对照片的选择。而照片的大潮冲垮

---

〔10〕 古斯塔夫·施特雷泽曼（Gustav Stresemann，1878～1929年），德国魏玛共和国总理（1923年）和外交部长（1923～1929年）。第一次世界大战后使德国恢复国际地位的主要人物。因其主张和解和谈判的政策，与法国外交部长白里安于1926年同获诺贝尔和平奖。

〔11〕 阿里斯蒂德·白里安（Aristide Briand，1862～1932年），法国政治家，1909～1929年曾断断续续任总理、外交部长等职。

了记忆的堤坝。这照片集的冲击是如此强势,甚至还威胁要消灭可能依然存在的重要踪迹的意识。艺术作品因其复制品而遭受这样的命运。在这被复制的原初对象身上应验着这句谚语:跟着干就难免受连累(mitgefangen, mitgehangen)。原初对象没有出现在它的复制品背后,而是趋于消失在这些复制品的多样性里面,并作为艺术照片继续存在下去。公众在画报中看到这个世界,但画报阻止了公众对世界的感知。从照相机的视点再现出的空间连续体遮盖在对认识对象的空间再现上,这再现与它的对象的相似性把对象的"历史"轮廓涂抹得模糊不清。从来没有一个时代像这个时代那样对自己"获知"得这么少。在统治社会手中,创办画报是对抗认识的其中一种最有力的罢工手段。对于罢工的成功进行,照片的多彩排布提供的也绝不是无关紧要的手段。这些照片的并排排列(Nebeneinander)系统地排除了开放给意识的联系。"图像理念(Bildidee)"驱逐了理念,如暴风雪般的海量照片泄露了对事物之所意指的漠不关心。也不一定非要这样;但是其他国家竭力效仿的美国画报无论如何都在把这个世界和它的照片的化身等量齐观。这种等量齐观也不是毫无理由的,因为这个世界本身就长着一副"照片似的面孔";这个世界可以被拍摄下来,因为它所追求的就是消解在屈服于瞬间抓拍的空间连续体中。仅这一秒中
的一小部分就足够照亮对象,而一个运动员能否成名,而且是 34
名气大到画报要得到他的授权才能对他进行曝光,在具体情况下就取决于这不到一秒的时间。照相机也可以捕捉漂亮姑娘和年轻男士的形体,相机将世界吞噬,这是对死的恐惧的表征。每个记忆图像都会使人想起对死亡的回忆,而照片通过堆砌而禁止对死亡的回忆。在画报中世界变成了可以被拍摄的现在,

而这被拍摄下来的现在完全被永恒化了。被拍下来的这个现在看起来已经从死亡手中被抢救出来；实际上它臣服在死亡脚下。

7

图像再现形式系列的最后历史阶段是摄影，这个系列的开始是象征符号（Symbol）。象征符号可追溯到“自然自发形成的共同体”，在这样的共同体当中人的意识仍然被自然完全包围。“就如单个词的历史总是开始于感觉的—自然的意义，然后才在后来的发展中演变为抽象的、象征的运用，就如我们在宗教中、在单个人和整个人类的发展中完全可以发现同样的从材料和物质到灵魂和精神的进步，象征符号——早期人类习惯把他们对周围世界的自然观纳入这样的象征符号里面——也有一种纯身体—物质的基本意义。自然把象征也像把语言那样抱在怀里。”这些句子出自巴霍芬（Bachofen）[12]对编绳子的奥克诺斯（Oknos）的研究论文，研究证明，在图像里表现的纺
35 织和编织意谓着创造性的自然力量的活动。当意识越来越指向内在的自我，以至于原初的“自然和人的同一性”（马克思：《德意志意识形态》）消解了，图像所承载的意义就越来越抽象、越来越非物质化。但正像巴霍芬所说的，即使这意义后来演变成对“灵魂和精神”的描绘，它也仍然深嵌在图像里，深得几乎不可能把它从图像中取出来。在后来的历史发展中这些

---

〔12〕 约翰·雅各布·巴霍芬（Johann Jakob Bachofen，1815～1887 年）：瑞典法律历史学家，古代史学家，人类学家，著有《母权论》。

图像性的再现作为象征符号保留下来。只要人类还需要这些
象征符号，他们就会在实践中继续依赖与自然的关系，这种依
赖性决定了意识表达的可见性和身体性。直到自然的统治越
来越强，图像才失去它的象征力量。从自然中挑选出来并面对
自然的意识不再天真地变成包裹着神话外壳的蛹：这意识用概
念来思考，而这些概念当然可能还是以一种彻底神话的方式来
使用的。在某个特定时代，图像也并非没有力量；这种象征性
的再现变成了寓言（Allegorie）。“这指的只是一个一般性的概
念或者一种观念，这种观念将自己与那些感觉式的、实体化的
观念区别开来”——老克罗依泽（Creuzer）[13]这样定义两种图
像的不同。在象征符号阶段图像把思想包含进去；在寓言阶段
思想保留和使用图像，好像意识正在迟疑着要蜕去外壳。这种
图式化很粗糙。但只要这种图式化能够展示再现形式的变迁，
也就足够了，这种变迁就是意识摆脱自然束缚的表征。在历史
进程中意识从自然中解放出来，这一解放越绝决，意识的自然
基础就在意识面前表现得越纯粹。因为在意识看来所赋予的
意义好像不再存在于图像里了，相反，这意义走向自然又穿过
自然。过去几个世纪的欧洲绘画越来越多地表现披上象征和
寓言意义伪装的自然。这当然不是说这些绘画所表现的人类 36
特征就失去意义了。即便在刚刚过去的银版照相术时代，意识
也仍然如此之紧密地捆绑在自然里，以至于那些面孔让人清楚
地想起与自然生活密不可分的含义。因为自然在与每一个意
识状况的协调一致中都会发生改变，所以意义空洞的自然基础
就和现代摄影一起浮现。与以前的再现形式没有什么区别，摄

---

〔13〕 弗里德利希·克罗伊泽（Friedrich Creuzer，1771～1858年）：德国语文学家，东方学家，神话研究者。

影也被归入实践—物质生活的一个特定发展阶段。资本主义生产过程造就了摄影。在摄影中出现的是同样纯粹的自然,它在资本主义生产过程生产出来的社会现实中任意发展。人们完全可以设想一个自然缄默无言的社会,这样的自然不意指任何事物,不管它的沉默有多抽象。这样的社会轮廓在画报中得以显现。如果这些轮廓存留下来,那么意识解放的后果将会是意识的清除;没有被意识穿过的自然坐到意识离开的桌旁。但是如果这些轮廓没有存留下来,就会给被释放的意识一个无可比拟的机会。意识再也不像以前那样和自然存在那么混然不分了,它可以在自然身上证明它的力量。转向摄影是历史的孤注一掷的赌博。

8

虽然祖母消失了,撑架裙却留了下来。那些照片整体可以被理解为不可再化约的自然的一般存货目录,或者在空间中显现的现象总和的集装目录,只要这些照片不是从对象的姓名符
37 号而是从姓名符号没有采取的自然视点出发构成的。空间的存货目录正和历史主义的时间存货目录相符。历史主义并不保存意识从事件的时间顺序中读取到的"历史",而是登记事件的时间顺序,而这些事件之间的关联并不包含历史的透明性。时间和空间存在物这种贫乏的自己展示从属于一种社会秩序,这种秩序按照经济的自然规律来运行。

被困在自然中的意识看不见它的下层建筑。摄影的任务就是把到目前为止还未被看见的自然基础显露出来。摄影是

历史上第一个把全部的自然外壳曝光出来的,死亡世界第一次通过摄影清楚地表现自己而不依赖于人。航拍摄影展现城市,它把哥特式大教堂上面的螃蟹和人像截取下来;一切空间轮廓以反常的、远离人类亲密性的方式被交叠在一起,并被塞进主档案馆中。一旦祖母的服饰失去了与今天的联系,它就不再显得滑稽了,而像海底珊瑚那样引人注目。总有一天女明星的魔力会耗尽,而她的马尾辫仍留在发髻旁。这些元素就这样碎成了断片,因为它们没有被黏合在一起。自然已疏远其所指,照片档案收集的是这一自然的最后元素的摹本。

自然被放进存货仓激发了意识与自然的冲突。就像意识发现自己处于被驱赶出来的工业社会机制的对立面,因为摄影技术,自然也处于滑脱意识的现实之反光的对立面。在每个领域引起决定性的冲突正是历史进程的孤注一掷的赌博。消解在它的元素中的自然存货的照片被托付给意识,供它自由使 38
用。这些照片原来的排序没有了,不再凭空间联系粘连在一起,而正是空间联系曾把这些照片和从记忆图像中筛选出来的原初对象连接起来。可如果自然剩余物的目的并不在于记忆图像,那么这些剩余物在图像中所做的安排就必然是临时措施。因此意识义不容辞要去做的,就是在不唤醒关于自然存货正确顺序的想法的情况下,去确立所有给定构型的临时性(Vorläufigkeit)。在卡夫卡的作品中被释放的意识完成了这个任务;这一意识打破了自然现实,把那些断片混合错乱地放在一起。反映在照片里的废物的混乱只有通过复兴自然元素之间的每个惯常关系才能整理清楚。激活这些自然元素是电影的其中一个可能性。在每一处部分和片段拼接起来组成陌生画面的地方,电影就实现了这样的可能性。如果说画报的胡乱拼贴是一种混乱的话，那么电影与破碎的自然断片所玩的游戏则让人想起了梦境，在这个梦境中日常生活的断片变得一片混乱。这个游戏表明，还没有人知道应该怎样有效地把事物组织起来，而一般存货目录里记录下来的祖母和电影女明星的剩余
39 物总有一天也要追求这样的有效组织。

旅行和跳舞*

可是，真正的旅行家们乃是为旅游
而旅游的人……
他们的心很轻松，就像是一个气球。

——波德莱尔〔1〕

今天那些人们称为小资产阶级的社会纵情于对旅行和跳舞的兴致中，他们对这种世俗活动投入的热衷程度恐怕在过去的时代都未曾有过。要是把这种时空的热情归因于交通发展或者在心理层面把它理解为战后的影响，那未免就太轻省了些。因为不管这些说法有多正确，都没能解释这两种生活在今天所表现出的特别形式或者特有的意义。

歌德的意大利之行意在用他的灵魂寻找一个国度，而在今

---

* 原题为 *Die Reise und der Tanz*，发表于《法兰克福报》(*Frankfurter Zeitung*)，1925 年 3 月 15 日。

〔1〕 波德莱尔：《旅行》，载波德莱尔：《恶之花 · 巴黎的忧郁》，钱春绮译，人民文学出版社 1991 年版，第 312 页。

天,灵魂——或所谓灵魂(Seele)者——则寻找一种空间的转
换,这正是旅行提供给它的。现代旅行的目的不是它的目的
地,而是一个全新的地方,人们很少过问一处风景究竟如何,而
更关心这处风景面貌的陌生性。因此人们偏爱异域风情,迫切
地东寻西觅,只因它全然不同,并不是因为已经描绘过这样的
梦境。这个世界因为汽车、电影、飞机而缩得越小,异域风情的
概念当然也就越相对化了;虽然现在一说到这个概念就会让人
想到金字塔和金角湾,[2]但以后它就会被用来形容世界上每
个热门景点,只要这个景点从另外一个热门景点看过去显得独
特就行。连同异域风情的相对化一起发生的,是它被驱逐出真
40 实性的封闭、童话式的领域——这使浪漫的性情迟早将不得不
推动建立围上栅栏的自然保护公园,人们在里面可以期待一些
连现在的加尔各答也很难提供的体验。这不会太遥远了。由
于文明的舒适性,今天已经只有很少一部分地面还属于“未知
的国度”(terra incognita),[3]人们在别的地方跟在家都一样舒
适自在,或者哪儿都不是家。严格来讲,时兴(à la mode)的旅
行根本不再是为了让人享受陌生空间的感觉——一间酒店跟
另一间是一样的,而作为背景的自然风光是画报读者所熟悉
的——旅行总是为了旅行而旅行的。重点在于,旅行提供这样
一种解脱,并不是通过它使人们的目光不断转向这样或那样富
于特色的地区;旅行的意义在于,它使人们可以在一个比起日
常的老地方,碰巧没那么过时的空间消费下午茶。旅行越来越
成为无可比拟的机会,让人身处一个与熟悉的地方不一样的场
所。作为空间的改变,作为驻留之地的不时更换,旅行实现了

〔2〕 土耳其伊斯坦布尔的一个天然海湾。

〔3〕 拉丁语中的一个历史概念,指还没被描绘进地图的国家。

它的重要功能。

如果说旅行是减缩到纯粹的空间经历，那么跳舞就是减缩到时间的轻重节拍（Skandierung）。醒过来的是华尔兹之梦，消逝的是法国人按分钟规定好的快活，还有通常连同跳舞的氛围都会令人想到的：讨人喜欢的调情、在感官媒介中的温柔相遇——最多只有老一辈人还想要唤回这些东西了。现代交际舞疏远了连系着中产阶层的组织网络，完全倾向于节奏的表现；这种舞蹈在它进行的这段时间内并没有什么确定的含义要表达，它真正的含义就是时间本身。如果说在舞蹈开始的时代它是一种文化行为（Handlung des Kultus），那么今天它就是一种运动的仪式（Kult der Bewegung）；如果说从前那样的节奏是 41
一种情欲、灵魂的宣示，那么今天这种自足的节奏就是想要先把自己从意义中解脱出来。无论爵士乐的起源与黑人有多大关系，它的隐秘意图都是一种只关乎自己的节奏。爵士乐迫切地想要遏制旋律，总是发展出更长的华彩乐段，这些华彩乐段表明了意义的没落。因为在这期间，在旋律中既已在运作的机械化得以暴露和成型。从指向意义的动作到只指向自身的动作，巴黎舞蹈老师删减舞步的方法也证明了这种转向。这种舞步的发展不是由一种客观的、有内容的、适应音乐的规则来决定，而是自由地从回应音乐的每次动作冲动中发展出来的。一种个性化——如果非要这么称呼的话——却是一种完全不以个体性为目标的个性化。那么，无论爵士乐怎样自认为充满活力，它都只会让任何纯粹鲜活的东西自行表现。其结果是，它所开创的那种拖沓舞步（Gangarten），非常明显的，越来越被磨损为毫无意义的步法，它们不过是节奏性的表演、时间经验而已，而切分音是这样的表演和经验的最后幸福。当然，完全作为时间性事件的跳舞不能缺少节奏性;而跳舞是否通过节奏获得了本真性(Eigentliche),还是在节奏本身找到了非本真性的结局,这就是另一回事了。今天,跳舞的运动化转向证明,除规范化的运动之外,跳舞已不再有任何实质性的意义。

因此,旅行和跳舞有种形式化的可疑倾向,它们不再是在空间和时间内展开的事件,而是被打上将时间和空间本身转换成事件的烙印。若非如此,它们的内容就不会越来越被潮流所决定了。潮流消除了事物的真正价值,它通过征服阶段性变化现象的形成(这种阶段性变化不是基于它和事物的关系),扩
42 张了它对事物的统治。潮流反复不定的支配损毁了世界,假如它不承认在一个不管怎样低下的领域人类的紧密联系(Verbundenheit)的话——这种紧密联系甚至事物也可以有效地指示出来——这一支配就会带有纯粹朽坏的特性。现在海滨度假胜地的设计和选择很大一部分取决于潮流的意志,这只是又证明了旅游的目的并不重要。潮流的"专制暴政"在交际舞领域也让人们得出这样的结论:本季度最受欢迎的舞蹈动作并没有特别饱满的内涵。

当然,很久以来旅行和跳舞作为正式活动已经负担过重了。人们喜欢什么地区和什么舞步,也许就像发型一样关系到某个特殊的世俗而又匿名的指引,他的情绪盲目遵循制定基调的社会;这样看来,人们根本就是被要求去浪费时间和空间的。这样的运动冒险很令人兴奋,从普通的空间和时间滑向还没测量过的空间和时间激起了一种激情,这种穿越时空维度的漂泊性被认为是理想的。要不是这种时空上的双重生活成为对真实生活的扭曲的话,人们对它几乎不可能产生这样的强烈渴求。

真实的人没有蜕变成机械化工厂的人偶,他抗拒消解在空间和时间中。当然,他站在这儿的空间中,但他不在空间里消解和消亡,而是穿越长度和宽度延伸在一种超越空间的无限性里,这种无限性绝不能与宇宙空间的无穷性混淆。经历消逝并用钟表测量的时间也同样没能把他包围住;相反,他献给了永 43
恒性,这种永恒性不同于无限延长的时间。即使他也活在此岸——此岸向他显现,他也在此岸中显现——但他并不单单活在此岸,因为每个遭遇过死亡的人都知道此岸的局限性和不完全性。除了通过人与超越于时间和空间的无限性的关系之外,注定消逝在时间和空间里的存在者又应当怎样参与到真实性当中来呢?他作为存在者其实是两个世界的公民,或者更正确地来说:他存在于两个世界之间,他被强推进这时空生活,但并没有沉沦其中,他瞄向彼岸,在那儿他才会找到此处一切的意义和终结。此处对这种补充的依赖在艺术作品中也有表现。艺术通过塑造显现物并给它赋予一种形式,这种形式应合了显现物自己没有给出的含义,它关涉一个超越了空间和时间、并把短暂的东西提升为形象的意义。真实的人与这意义有真实的关系,这意义在艺术品中联结存在者而形成美的合一。他困在此处并渴求彼岸,确切地说,这把他带向一种双重存在,但这双重存在并不能分裂成两个一前一后相继占据的位置,而是人被内在张力唤醒去参与两个领域,这种参与蔑视分裂。他承受着悲剧,因为他在这里追求实现绝对,他经历妥协,因为完全性给了他幻象。同时他一直在这空间中,在超越空间的无限性的门槛上,在流逝的时间中,在永恒性的反照中,这种存在的双重性是简单的,因为他的存在正好是从此处到彼处的张力。即使他会去旅行,也会去跳舞,但旅行和跳舞对他来说从来不是自

44 已带有意义的事件。和所有活动/事件一样,旅行和舞蹈从他转向的其他领域来接受它们的内容和形式。

导致机械化的那些力量并不指向时间和空间之外。这些力量来自一种智识能力(Intellekt)的恩典,而这智识能力并不懂得恩典。只要这智识能力认为,世界可以基于机械性的前提条件被认知,它就会从与彼岸的所有关系中解放出来,并使应由超越时空延展的人来填充的真实性渐渐淡薄。这解放出来的智识能力生产出技术并力争生活的理性化,而正是这种理性化把生活归入技术之中。但是正因为这智识能力只能在背弃人的精神构造的情况下才可以把活生生的造物变得极度平面化,正因它必须压抑灵魂的中间层(die seelischen Zwischenschichten),像制造一辆汽车一样把人弄得平整又灵活,因此人们无法说出这种受它影响的机械人偶的喧闹繁忙有任何真实的意义。机械因此成为自己的目的,一个世界形成了,通俗地说,这个世界只追求所有事情的最大限度的机械化。为什么?这个世界也不知道。它只知道这智识能力的力量可以胜过时间和空间,并且这智识能力在它的机械掌控中得意扬扬。收音机、传真电报等,这些理性幻想的增生物全部都没有目的地只为一个目的服务:在可计算的维度里让堕落到处蔓延。路上、空中和水上运输的扩张是这种情况的最终证明,速度纪录更是最极端的体现。确实如此,如果人只停留在纯粹智识能力的承载者的层面的话,就没别的指望了:成功克服时间、空间的限制确证了他的理性主权。他越想尝试用数学对付一切事情,他自己就越成为时间和空间里的数学事件(Gegebenheit)。他的存
45 在(Dasein)解体为一系列组织性操控的活动,他也收缩到一点——一个这智识能力机器的有用部分,这充其量只不过是机

械化而已。强迫人朝着这个方向退化已经给人足够负担了。他们发现自己被压制到日常生活当中,这种日常生活把他们变成了技术过度扩张的跟班,尽管或也许正是出于泰勒主义的人道基础,他们才没有变成机器的主人,而是沦为机械式的。

在机械分类覆盖的情形中,人们可能会唤回格奥尔格·格罗茨(Georg Grosz)[4]的什么都不隐藏的表面化的面孔,只可惜人们难以走向一种真正的双重存在。然而,如果他们追求置身于真实性当中,他们就会撞到各式各样的墙上,然后踉跄地回到时空马术场。他们想体验无限,却只是空间的点;他们想趋向永恒,却被流逝的时间吞没。他们所探询的领域的入口被封住了,因此他们的真实性要求也只能被不真实地表达出来。

文明的人们,姑且认可他们是文明的吧,今天在旅行和跳舞里找到了拒绝他们进入的替代领域。因为他们被限制在这时空坐标系内,不能越过感知的形式延展到形式的感知,所以他们只能通过空间和时间位置的变化来到达彼岸。为了确保他们在两个世界的公民身份,已经化约到时空点的他们就必须更换着逗留在这个和那个位置,有时用一种节奏活动,有时又用另一种。旅行和跳舞带有了一种神学意义,两者都让被机械化包围的人偶极有可能不真实地活在建立真实性的双重存在
中。他们作为旅行者远离熟悉的地方,来到一个陌生之地,对 46
他们来说,是展示他们越出自己隶属的此岸地区的仅剩的手段。通过在一个无边的地理空间内旅行,他们领略到超越空间的无限性,而这样的旅行首先和最主要的是没有特定地区,事

---

〔4〕 格奥尔格·格罗茨(George Grosz,1893~1959 年),德国新客观主义(Neue Sachlichkeit)画家,他的画作多为批评社会、讽刺时政,风格接近真实而不主张追求深入意义。

实上这样的旅行创造的意义更多是地点转换。这就是说，对他们而言真实性的交错特性分解成了前后相继的次序。当转向绝对性的人们在空间里逗留时，他们不只在这空间中，相反，机械工厂的人偶或者是在他们的常规地点或者是在别处（这种非此即彼从不同时发生），他们总把这不可解脱的双重性扭曲成两个分开的空间事件——这一类比也正适合时间的经验。跳舞让被那种智识能力强悍的人有机会领会到永恒，对他们而言，双重存在把自己转化成时间自身中的两种行为，他们只是在速朽中捕捉不朽。正因如此，重要的是在时间媒介内的形式变化，和从世俗繁忙的时间中出来以走进另一时间。还有节奏本身——这指的不是跳舞的节奏。可以说，点状的人偶也在这媒介里不像真实存在的人那样一下子就捕获双重存在。被剥夺了在瞬时性中获得永恒的张力，他们就无法同时位于这里和那里，而是先在这里然后在别的位置——也是这里。对他们来说，永恒的扭曲图像只显现于信托人会议的前后相继和舞蹈的展示。

当下，人们尽情享受着时空的额外旅行，这种方式足以证
47 明在这享受当中封闭的真实存在（Dasein）被扭曲变形了。人们期待从旅行和舞蹈中得到的，是从地球引力中释放出来，是与组织化的辛苦劳作之间构建审美关系的可能性——这迎合了对速朽和有限的提升，这种提升是有可能发生在与永恒、绝对相关的存在的人身上的。人偶们没有意识到此岸的有限性，而是在此处的有限性内自我放弃成为常规的局限性。此岸对他们来说与普通办公环境具有同等的意义，此岸只将平淡的日常性纳入空间和时间，绝不包括人性的东西（当然，旅行和跳舞也是如此）。而当他们只有在间歇当中（in den Pausen）拒绝

他们的时空固定性时，言不及意的彼岸对在此岸的他们而言已经显得让人倾心。他们通过旅行——不管先去哪儿——绑带都会被崩开，他们错误地认为无穷性自身在他们面前扩散；在铁路上（火车上）他们就已经到了另一头，他们登陆的世界对他们来说就是一个新世界。跳舞的也在节奏中拥有了永恒，他在当中飘浮的时间与摧毁他的时间的对比使他在不真实的领域里获得的真正的愉悦。这舞蹈可能也乐于减少至纯粹的舞步，因为只有跳舞这动作本身才是实质性的。

弗拉基米尔·索洛耶夫（Wladimir Sergejewitsch Solowjow）[5]在他的《善的辩护》（*Rechtfertugung des Guten*）里说道："如果人们在一个特定时代里发明制造各种机器、挖掘苏伊士运河、发现未知大陆等是必要的话，那么为了成功完成这些任务，不是所有人都成为神秘主义者，甚至不是所有人都成为虔诚的信徒，这也同样必要。"这种不确定的、犹豫不决的对发展文明的肯定，要比一种激进的进步狂热来得更加现实，不管这种进步狂热现在是具有理性的起源还是直接以乌托邦为目标，
都总比那些浪漫地逃离所属环境的人的谴责要来得更为现实。 48
他的这句话期待预兆而不说出预言，不只理解了那些最终从其根基中解放出来的作为变形和扭曲的反映的现象，而且赋予这些现象以属于它们自己的、毕竟还算是积极的可能性。

人们蜂拥而入各种维度，这样的热火朝天也需要拯救，假如是时候要考虑一下它的负面效果的话。对纯粹的地点—节奏转换的追寻可能也取决于从各种意义上征服由技术（尽管也不光是技术）开发出的时空领域的要求。我们对下层世界

---

[5] 弗拉基米尔·索洛耶夫（Wladimir Sergejewitsch Solowjow，1853～1900年），俄国宗教哲学家，诗人。

本质的认知扩充得如此突然，以至于这个本质仍可以在我们的认知进入经验之前得以延续。当我们旅行时，我们就像孩子一样，高兴地玩着新速度，高兴地轻松漫游，高兴地纵览错综复杂的地理景观，而这样的视域是过去所没有的。这种支配各种空间的可能性使我们堕落成跟占领者一样，还没找到间暇来厘清他们的这种获得所具有的意义。同样，当我们跳舞时，我们也标记出一种前所未有的时间感，一种由成千上万的发明排列组合出的时间，这些发明的内容我们尚无法估量，可能是因为，对我们来说，它们的不同寻常的规模暂时就是它们的内容。技术突然袭击了我们，而它开辟的领域望过去仍空空如也……

所以，旅行和跳舞在今天的形式可能既是一种神学式的过渡，同时也是一种世俗性的先驱；既是真实存在的扭曲，同时也是对自身并不真实的时间和空间媒介的征服。一旦人们重新赢得的此岸生活的领域扩展到任何的此岸生活都绝对包含不了的无限和永恒领域的时候，旅行和跳舞才可能会被填充上
49 意义。

大众装饰

人生的轨迹千差万别，
好似道路形形色色，好似山脉逶迤曲折。
我们这里缺少的，上帝那儿会补充，
用和谐、宁静与永恒的报酬。

——荷尔德林　《致齐默尔一家》*

1

一个时代在历史进程中占有的位置，更多地由那些不引人注目的表层的表达所来确定，而不取决于这个时代的自身的判断。那些判断作为时代潮流的表达并非对这个时代总体状况的确凿证明。而由于表层的表达是出于无意识的，它却提供了

---

* 荷尔德林的这首诗《致齐默尔一家》（*An Zimmern*），写于 1812 年，属于他晚期作品"塔楼之诗"之一，1807～1843 年荷尔德林和这家人住在图宾根的河畔塔楼，直到离开人世。译文为顾正祥译本，见《荷尔德林诗新编》，商务印书馆 2012 年版。——译注

分析现状的基本含义的直接入口。反过来说,关于现状的认识是依赖于对这些表层表达的解释的。一个时代的基本含义和它的不被注意的萌动彼此之间互相显明。

2

在充斥于画报的身体文化领域,品位也已悄然发生了改变。这开始于"踢乐女孩(Tillergirls)"。[1] 这些美国娱乐工厂的产品不再是单个的女孩了,而是不可分解的女孩复合体(Mä-dchencomplexe),这个复合体的活动是一些数学演示。当她们在演出中紧密结合成各种形状时,在澳大利亚和印度尤其
50 是美国的舞台上,在总是那样人山人海的体育场里,上演着相同的几何精确性。那些最边远的小村庄,在她们还没有抵达之前,就已经通过每周的新闻影片了解到她们的情况了。人们瞥一眼银幕就会知道,这些装饰是由成千上万的身体组成的,而这些身体穿着泳装却没有性别。被看台划分开来的大众为她们模式化表演的整齐划一欢呼喝彩。

这些不止由女孩们和体育场的拥挤人群组成的流动演出很早就发展成了固定的形式。她们形成了国际性的影响。人们的审美趣味都转移到了她们的身上。

这装饰的载体是大众(Masse),而不是人民(Volk)。因为每当那些图案形成时,那些图案并不是凭空而来的,而是从共

---

[1] Tillergirls 是 20 世纪初最受欢迎的舞蹈团之一,1890 年由约翰·提勒(John Tiller)在英格兰成立。她们的集体舞整齐划一,姿势标准,别具特色。——译注

同体中生发出来的。一股有机生命的浪潮从这个被共同的命运纽带联结在一起的群体中涌流而出，形成他们的装饰，并赋予这些装饰魔法般的力量，以至于使它们承载着这样的意义：它们不能被稀释成纯粹的线性结构。那些被淘汰出共同体的人，他们自认为作为单个的有个性的人，他们有着自己的灵魂，但是在需要形成新的图案的时候他们也失败了。如果他们加入这个演出活动中，那装饰并不会忽略他们。那可能是一幅到最后也得不出逻辑结论的彩色构图，因为它的尖端就如耙尖一样被嵌入了灵魂的夹层，[2]当中有一部分残余得以幸存。体育场和卡巴莱歌舞场（Kabarette）一点都不会显露出它们的模式会有如此的起源。它们由各种元素编制起来，这些元素也只不过是建筑砖石而已。建筑物的建造取决于砖石的规格和数量。这就是大众，在这里被役使的大众。只有作为大众群体中的一部分，而不是坚信自己可以从内部来形成的个人，人们才能够成为一个图案中的组成部分。 51

这装饰本身自成其目的。早期芭蕾舞也产生装饰，其舞动亦如万花筒般变幻多姿。但是这些装饰在摆脱了它们的仪式性意义后，仍然总被塑造成色情生活的造型，这种生活从内向外把这些装饰激发出来并确定它们的特征。与此相反，这些女孩的集体动作生发于虚空之中，它们是不再被认为有色情意味的线条体系，充其量也只是指向色情之所在而已。更有甚者，那些体育场里的活的星座也不再具有军事操练的意义了。不管这些星座怎样缺乏规律，其规律性仍被当成是达成目的的手段；而分列式阅兵行进仪仗队产生于爱国之情，反过来这种阅

---

〔2〕 她们一起提起大腿时造型就像耙子。——译注

兵又在士兵和臣民当中唤起爱国之情。这星座只表达自己,别无其他;这星座从大众当中升起,而这大众,也并非军队那样是道德规矩的统一体。这些造型甚至都谈不上是体操纪律性的装饰物。这些女孩统一体的训练更多是为了产生无数平行线条,而人们可能还希望通过不断扩展的队列以纳入更多的人进来,对她们加以训练来赢得一个超乎想象之规模的图案。最后这个装饰是形成了,但由于它的封闭,其实质性构造就变得非常空洞。

大众做成的装饰却不被大众认真地思考。由于它所具有的线条性,以至于没有一根线会超出整个造型的哪怕一小部分。在这方面它就好比地貌和城市的航拍图,不会从给定条件的内部生成,而是出现在它们的上面。演员们也不用去把握舞台上的整体构图,不过她们还是有意识地参与到它的构造中来,即便在芭蕾舞演员那里,造型中的形体也是听从于它的表演者的。这个形体越是为了追求单纯的线条性而抛弃其他的所有联系,那么它与其造型者的内在意识的距离也就拉得越大。不过要是这样的话这个形体也就不会有人投上一瞥了,这
52 一瞥可能是决定性的,因为要是没有观演者群体坐在这装饰前(这些观演者对这装饰只取一种审美的态度而不代表任何人),那么根本就没有人会看它了。

这个从它的承载者身上剥离下来的装饰可以做合理性地理解。它由线和圆组成,就像欧几里得几何课本上的那些一样,物理的基本图形如波形、螺旋形也算在内。被摒弃的是有机形式的增长和灵魂生命的发散。在这之后,踢乐女孩不会再被组装回人了,集体操练习的主体从来都不是被完整保存的身体,这种身体的曲线拒绝理性的理解,手臂、大腿和其他部位的

伸展都是构图的最小组成部分。

大众装饰的结构反映出当下的总体状况。由于资本主义生产过程的原则不纯粹出自自然，它就必须突破那些对它而言作为中介或对抗的自然有机体。当可计算性成为当前时代的要求时，民族共同体和个性就都消失了；人——只作为大众的一小部分——可以顺利无阻地爬上表格并服务于机器。[3] 这个不关心结构差异的系统将自己导向了国族特性的模糊和工人大众的生产活动，这个工人大众在全球任何一个地方都可以被雇用使用——资本主义生产过程自成其为目的，就像大众装饰一样。从生产过程中来的这些商品并不是为了被占有而被生产出来的；其实，它们是为无穷无尽的利润而被制造出来的。生产的扩大是与企业的壮大联系在一起的。生产者工作不是为了私有利润，借此他只能在有限领域里获益——在美国这些剩余利润被用于建设图书馆、大学等精神庇护所，那里可以培养出知识分子，为此而预先垫付的资本会在他们后来的工作中加倍得到偿还——生产者的工作是为了企业的扩大。它生产 53
价值但不是以价值为目的。尽管这劳动也曾在一定程度上被用于生产和消费价值，但这些价值现在已变成服务于生产过程的副作用了。那些在生产过程中建立了关系的各种活动已经脱离了它们的实质内涵。生产过程是在公开地秘密进行着。每个人只需完成传送带上属于他或她的那一项，发挥一个部分性的作用，而无须认识整体。和那个体育馆里呈现的图案一样，这个组织居于大众之上，这个巨大形体的创造者把它从它的载体们的眼中收回了，几乎只有他自己能看到它。它是根据合理性的原理被绘制出来的，泰勒式管理系统只是将这些原理

[3] 这里讲人的被工具奴役化的感觉，就像卓别林后来在《摩登时代》里表现的那样，流水线或整个工厂就像一个表格。——译注

推向终极结果而已。踢乐女孩的腿就相当于工厂里的手。在身体技能之外，心灵的配置也通过应用心理学的能力倾向测试而被纳入计算。大众装饰是支配性的经济体系所追求的合理性的美学反映。

受过教育的人——他们从未完全缺席——在踢乐女孩出场时和在体育馆里的图形出现时会提出抗议。凡是娱乐大众的事物，他们都判定为是分散注意力的消遣。但是不管他们怎么认为，从装饰性的大众运动中获得审美性的满足是合法的。这样的运动实际上属于时代的零散形象，它们为既与的材料赋予形式。被这些运动组织起来的大众来自办公室和工厂；他们据以获得塑形的形式原则也在现实中支配着他们。当现实的重要组成部分从我们的世界中消失不见的时候，艺术就必须利用剩下的存货来经营。因为一种审美表现越真实，它所放弃的
54 审美领域以外的真实性就越少。无论大众装饰的价值可能被怎样低估，其现实度仍然高于那些以过时的形式去满足老旧的贵族柔弱情感的艺术产品——尽管它也不过如此。

3

历史进程使脆弱而遥远的理性（Vernunft）[4]在与自然力量的一场对决中最终取胜，这种自然力量曾在神话里统治着天

---

〔4〕 在以下的论述中，克拉考尔对两种“理性”进行了辩证区分（这一区分显然也内在于德国古典哲学的已有思想脉络）。德语“Vernunft”表示思辨式的理性，而拉丁语的“ratio”更加偏重可计算性的理性，包含衡量、比例（表示两个数字的关系）的意思。在本译文中，“Vernunft”译作“理性”，而“ratio”及其派生的“Rationalität”等译作“合理性”。为避免繁琐，我们只有在这两个概念对比出现时，才会在正文中标出原文。——译注

空和大地。世界末日后诸神并没有退位,在人类内部和外部的陈旧的自然仍然宣示着它的存在。正是它催生了各民族的伟大文化,它们也和任何一个自然的创造物一样终将消亡,自然为神话式思维的上层建筑提供了基础,而这种神话式思维也证实了自然的无所不能。虽然这种思维结构会随时代演替而不同,但它始终遵守自然设定的界限。这种思维把生命有机体视作原始模型,折射到存在物的形式规定上面,屈从于命运的主宰;它在全部领域反射自然的既与性(Naturgegebenheiten),而不用反叛它们的存在。这种有机的社会学说把自然有机物的地位提升到社会结构的范型,其神话的性质并不比民族主义少;民族主义并不懂得除了命中注定的国家统一之外更高的统一形式。

理性的运动不在自然生活的循环中,而与真理在世界中的投入使用有关。真正的童话已先梦想到了理性的王国,这些童话不是奇迹故事,而被认为是正义的奇迹般的降临。《一千零一夜》找到了恰好通向启蒙时代的法国的道路,18 世纪的理性
将童话的理性认作同类,这是有其深层历史意义的。在历史早 55
期纯粹自然就已在童话中为了真理的胜利而被扬弃。自然力量因为在善面前的无能而被打败,忠诚战胜了魔法的艺术。

为实现真理的突破,历史进程变成了一个去神话化的过程,这一过程在拆除自然存在不断重新获得的位置上面起到激进的作用。法国启蒙运动就是一个理性与已然侵入到宗教和政治领域之中的神话性幻象进行论争的重要例证。这场论争还在继续,在历史发展过程中越来越脱去巫术外衣的自然已日益渗透进理性。

4

在去巫术化的道路上，资本主义时代又上了一个台阶。被归入今天经济体系的思想使统治和利用自我封闭的自然成为可能，自然在过去任何一个时代都没有给过这种机会。重要的并不是这一思想使剥削自然成为可能——人类如果只是自然的剥削者，那么自然就征服了自然——重要的是这一思想变得越来越不依赖于自然条件，并因此给理性的干预创造了空间。正是这种思想的合理性（Rationalität）（它在某种程度上是源自童话理性的）解释了（虽然这不是唯一的解释）近 150 年的资产阶级革命，这些革命对教会（它本身卷入了时代的世俗事务）、君主制、封建制度的自然权力进行了清算。能不断瓦解
56 这些制度的和其他的神话联系是理性的福运，因为只有在自然的整一性的废墟上童话才有可能变成现实。

然而资本主义经济体系的合理性（Ratio）不是理性（Vernunft）本身，而是一种被弄得混沌了的理性。从某个点开始它就对真理置之不顾，而它还是真理的一个组成部分。它不包括人在内。生产过程的运行不是以人的需要为规约的，经济组织和社会组织也没有建立在它的基础之上，在任何立场上人的因素都没有成为体系的原因。"以人为基础"，这并不意味着资本主义的思想会把人当作一个历史生成的产物那样去培养，因为那样的话它就应该允许他的个性有效地发挥作用，或者是应该满足由他的天性所规定的要求。持这种观点的人会批评资本主义，说它的合理性主义是用暴力压迫人，他们渴望

共同体的重新降临，这个共同体应该比资本主义社会能包容更多所谓人性的东西。先不论这样的退化带来的延迟效果：它没有击中资本主义缺陷的要害。资本主义的理性化不是太多，而是太少。资本主义推行的思想阻碍着理性的实现，即以人为基础的理性的实现。

标志着资本主义思想所处位置的，就是它的抽象性。今天，这种抽象性的主导力量建立了一个涵括了全部表达的精神空间。为反对抽象的思维方式而提出的异议——认为抽象的思维方式不能领会生活的真正内涵，因此应让位于对现象的具体的观察——当然表明了抽象的有限性。但是当它在宣扬那种错误的神话的具体性(这种具体性的目标可见于有机体和形式)的时候，这一异议的提出却显得仓促了。通过回到具体 57
性，人类一度获得的抽象能力可能被放弃，但抽象性本身可能却并没有被克服。抽象性是一种合理性的表达，这种理性十分顽固。契合于抽象普遍性的意义规定——如在经济、社会、政治、道德等领域的各种定义——并没有把真正属于理性的东西给予理性。那些从经验得来的知识仍未经过理性的思考，每一次运用都可以从内容空洞的抽象化中被提取。在这封闭的抽象化背后人们看到的只是对应着既定情境特殊性的个别的理性认识。虽然理性认识要求着实质性的内容，但它也只在每个推导出的意义上是具体的；它在任何世俗意义上都不是具体的，这一世俗意义以这种表达具体证明了涉及自然生活的各种观点。——当代思想的抽象性因此具有双重含义。从那种神话性的训谕来看，其中的自然仍保持着天真，而自然学科里运用的抽象化处理虽然赢得了合理性，但却剥夺了自然事物的光彩。从理性的角度看，同样的抽象化处理看起来好像是以自然为条件，但却在一种空洞的形式主义中迷失了自己，在这种形式主义的掩盖下它保留了给自然事物的活动空间，因为这种形式主义并不允许理性认识渗透进来，那样的话它就能够真正与自然事物相遇了。占统治地位的抽象性表明，去神话化的过程仍未终结。

当代思想面临一个问题：它是否应该向理性开放，还是应该继续对抗它而彻底封闭？当代思想无法越过自己设定的界线，除非作为它的下层建筑的经济体系有实质性的改变；而这经济体系的继续存在也拖拽着当代思想的继续前行。市场经济体系的不断发展是以抽象思想（或者是使其陷入错误的具
58 体性）的不断发展为条件的。抽象性越是自我固化，人就越是
无法用理性去克服它。如果他的思想中途转向抽象，从而拒绝真正突破知识的内容，那么他就会臣服于新的自然力量的暴力。这一已然迷失道路的思想并没有把这种暴力压制下去，而是自己呼唤出暴力的起义，它弃置真正的理性于不顾，而本来单单是这理性就能对抗并驯服这暴力。资本主义经济体系不受任何节制的权力扩张的一个后果是，昏暗的自然的反抗越来越具威胁性，并阻止理性的人的到来。

5

大众装饰和抽象性一样具有双重含义。一方面它的合理性是自然性的简约，这种简约没有让人类退化，相反，当这种简约得以进行到底的时候，人的最实质性的因素就会极其纯粹地显现出来。正因为装饰的载体并不是作为一个总体的个性

（就是说，是自然和“精神”的和谐统一，尽管自然会被强调得过多，而“精神”又太少）来塑形的，所以这载体对于被理性规定的人来说就变得透明。如果在大众装饰里装置的人的形体站到真理当中，从人的因素（der menschliche Grund）中散射出来的知识消解了可见的自然形式的轮廓时，那么这些形体便从涌动的有机体的壮观中抽离出来，附着于个体的形象特征变成否弃自我的无名性。在大众装饰中自然被去实质化，这正提示了一种状态：自然中仅有的能够保存下来的，是那些并不对抗被理性之光照亮的事物。所以，古代中国风景画中的树、池塘、 59
山只是作为带墨香的装饰性的符号被画出来。有机体的内核被移除，而留存下来的互不关联的各个部分则根据一些既定的规律来安排布局，这些规律不是自然的规律，而是由一种总是因时而易的关于真理的知识来确定的。同样，只有人类复合体（das menschliche Komplex）的剩余物才会被纳入大众装饰。在审美的媒介中这些剩余物被拣选出来并组合在一起，比起其他只把人作为有机统一体保留下来的原则，这样做所依据的原则的确以一种更加纯粹的方式代表了突破形式的理性。

如果从理性的角度来看大众装饰，它就显现为披着抽象长袍的神话崇拜。装饰的合理性因此也是一个假象，与那些身体表现的具体的直接性相比，大众装饰采用了这样的假象。实际上大众装饰是下层自然的显著表现。资本主义合理性越是确定地被隔除在理性之外，并且悄悄经过人的身旁而消散在抽象的空洞里，自然就进行得越是自由。不管大众图案的合理性如何，自然属性都会从它的不可穿透性中和这图案一同产生。当然，作为有机存在物的人从装饰中消失了；但是人的因素并没有因此而出现，相反，大众当中留存下来的那一小部分便将自已同人的因素隔绝开来,就像任一形式上的普遍概念一样。没错,是踢乐女孩的完美地平行摇摆的大腿而非她们身体的自然一体,以及同样起作用的还有体育场里成千上万的人们,才共同组成这样一颗单独的星;然而这颗星不发光,踢乐女孩的大腿只是身体的抽象描绘。理性在哪里分解有机的联系和撕破自然的表面(不管它多么有教养),它就在那里说话,在那里分
60 割人的形体,好让未被扭曲的真理能够将人整饬一新。但是理性始终没有渗透到大众装饰之中,大众装饰的那些图形是沉默的。产生大众装饰的合理性强大到足以唤起大众并且从那些形体中消除生命。这合理性又太微弱,不够用来在大众中寻找到人类,并让那些装饰中的形体在认识的光照之下变得透明。因为它从理性面前逃开躲进抽象性里面,所以在理性表达方式的外衣庇护下,失控的自然强劲地生长出来,并运用抽象的符号描述自己。它再也不能像在原始民族那里和在宗教狂热的时代中那样转化为和象征一样富有威力的形象了。这样的符号话语的力量在同样的合理性的影响下从大众装饰中消失了,这理性不允许大众装饰的沉默被打破。纯粹自然就这样在大众装饰中表现出来,这自然也拒绝它对自身的含义进行陈述和理解。在大众装饰中呈现出来的,是全无明确意义的狂热崇拜的合理性的空洞形式。这空洞形式证明了大众装饰的挫败,这一挫败使它退回到了神话中去,其严重性之巨几至不可想象——就它自身而言这一挫败再次显露出资本主义合理性(Ratio)与理性(Vernunft)相隔绝的封闭性。

大众装饰在社会生活中的作用证实了它是纯粹自然性的古怪的臆想。那些精神状况良好的人不愿承认大众装饰,他们是占支配地位的经济体系的支持者,从未把大众装饰看作这个

体系的标志。他们否认它的出现,而继续对那些艺术活动趋之若鹜,那些活动依旧对体育场模式的当下现实不为触动。自发地采用了那些图形的大众在这一方面要强于有教养的阶层中蔑视它们的人:他们至少大体上承认了那些明摆着的事实。是同一种合理性既在真实生活中掌控着这些图形的载体,又以其统治迫使这些载体沉湎于身体性中,并因而允许他们把当下的现实变成永恒。今天可不只一个瓦尔特·施托尔岑格(Walter 61
Stolzing)[5]在唱着身体文化的赞歌。那些歌曲很容易被识破、被认出是意识形态,即便"身体文化"这一指称的确有理由根据把这两个基于它们的各自含义而彼此相属的词汇联结在一起。身体性被赋予的无限意义无法从划归给身体性的有限价值中推导出来。这一意义只能从有组织的身体训练维系的与现存事物的结合来解释,许多先驱者并未意识到这一点。身体训练征用了人们的活力,而装饰性的生产和不假思索的消费则转移了人们对于改变统治秩序的需要的注意。只要大众还热衷于那些由无神的神话崇拜所供应的轰动事件,就会给本该渗入大众之中的理性的进入制造困难。身体性的社会意义至少不应只属于由当权者赞助的罗马式的马戏表演。

6

为了达到更高领域,大众装饰又无数次做出尝试,想放弃本来已经达到的合理性和真实性的层次。韵律体操的身体文

---

[5] Walter Stolzing 即 Walther von Stolzing,是瓦格纳(Richard Wagner)的歌剧《纽伦堡的工匠歌手》(*Die Meistersinger von Nürnberg*)的男主人公。

化式的努力超越个人卫生来制定这样的目标——漂亮整洁地表达心灵内涵，而身体文化的教师还经常会给这心灵内涵供应一些世界观。这些活动，其审美的不可能性被完全忽视，正试图要重新把握大众装饰欢快地甩在身后的东西：自然与被所有
62 太过柔和的性情当作心灵或者精神的东西之间的有机连接；就是说，通过赋予它以意义来使身体得到提升，这些意义是源于身体性的并且或许的确是属灵的，但是它们不包含哪怕一丁点的理性的痕迹。大众装饰不依靠任何上层建筑来表现沉默的自然，而韵律体操则征用了它认为是上层领域的神话，并以此而越发稳固了自然的统治地位。韵律体操是很多其它同样无望的努力中的一个例子而已，这种种努力都想从大众的存在中达到一个更高的生命形态。它们当中的大部分都以一种真诚的浪漫而依赖于形式和内容，这些形式和内容从很久以前开始就已沉谜于在一定程度上合理的对资本主义合理性的批评了。它们想把人和自然再度联系在一起，其紧密程度要超过今天人与自然的联系，它们找到的与更高领域的关联，不是通过向在这个世界上仍未实现的理性发出吁求，而是通过退回到神话的内容中。它们的命运是非现实性的；因为当理性之光在世界的某个地方闪耀时，最崇高的形象也会在它面前黯然失色、沉没消陨。有一些人自命以这样一种行动，即无视我们的历史语境而致力于重建一种国家形式、一种共同体、一种艺术创造的模式，这样的国家形式、共同体和艺术创造模式所依据的是已受到当代思想责难的一类人——其实无论如何这一类人都已不复存在——这样的行动无法忍受大众装饰的低微，但转向它又不能提升它的空洞和表面的浅陋，而只是逃避它的现实。这一过程直接穿过了大众装饰的中心，而不是远离它。只有当思想

限制了自然并生产出作为理性之建构的人的时候，这一过程才可能会有所进展。那时社会就会发生改变。那时大众装饰也就会渐渐消失，人类生活本身就会呈现那装饰的特征，面对着那真理，在童话中形成那装饰。 63

论畅销小说及其读者*

1

《法兰克福报》书评版连载的系列“如何解释图书畅销?”在读者和出版界引起了很大轰动。至今当中涉及的畅销书作者有理查德·佛斯(Richard Voß)、斯蒂凡·茨威格(Stefan Zweig)、雷马克(Remarque)和弗兰克·提斯(Frank Thieß);还有其实并不属于这个行列的杰克·伦敦(Jack London)也登场了。〔1〕这个名单还可以列下去,可以想象,比如,人们可能会在这个框架内探讨传记类图书的畅销程度,或者追问一些在画报上发表的小说兴奋地发现被列上名单的理由。我想,这些调查至少也足够显示这个系列背后的意图了。然而,串联起各篇文章的观点有时被误解了。因此,看起来我们应该把这观点从

---

* 原题为 Über Erfolgsbücher und ihr Publikum,发表于《法兰克福报》(*Frankfurter Zeitung*),1931 年 6 月 27 日。

〔1〕 弗里德里希·布舍尔(Friedrich Burschell)写了关于斯蒂凡·茨威格的书,艾弗莱姆·弗里施(Efraim Frisch)写了关于雷马克的书,埃里希·弗兰岑(Erich Franzen)写了关于杰克·伦敦的书,齐格弗里德·克拉考尔所写的则关于弗兰克·提斯和理查德·佛斯的《两个人》(*Zwei Menschen*)。

材料中分开来研究。展示这观点会帮助我们探讨这些在已公布的分析中得出的研究结果。

2

在畅销书中所做的选择，表明了这一连载系列的目的。很多书从一开始就被排除出名单了。没有列进来的首先有通俗 64
小说(Kolportage)——公开地或隐秘地。通俗小说当然一向非常流行，但流行的原因是它们保持不变并绝不会直接服务于启发当下处境。它们在变形的形式里隐含了重要的内容，解释了为什么像它们那样的组合模式会有那种墨守成规的倾向。正如它们的畅销连系着长期作用着的本能和深层期待的满足，其他畅销书的成功也联系着它们与煽情事件的关系，这些事件刚好满足普遍意识。那些纯粹探讨时事的文学畅销产品也没被考虑。那些一开始就照顾某个兴趣圈子的图书也没怎么被考虑：就是那些带有某种政治倾向的作品，还有一些书取得效果要归功于它们特别迎合了天主教的思想观念或者无产阶级的思维方式。这些作品畅销的原因显而易见。不属于以上提到种类的图书的成功可能基本上因为它们充满了真正的和令人信服的内容。要是这样的话，我们的分析只需要显明这些内容，就可以解释出提到的作品取得名声的原因了。实际上这些内容就像发出的光可能要几十年才到达我们这里的星星一样。在人类历史的一些时代，有很多星星看起来只被确定找到然后因此再也不用寻找了。但今天的天空很昏暗，谁知道人们还能否透过一个巨型望远镜找到这些星星呢。弗兰茨·卡夫卡的

有些作品还卖不过一千本。有些文学作品的受欢迎程度要追
65 溯到别的原因，而不是里面包裹的内容。相反，这些作品里隐藏的金矿脉越多，就越被大众普遍轻视，他们没有探矿叉（Wünschelrute），而只有愿望（Wünsche）。[2] 当侵蚀过程完成了它的工作时，这些在这期间曝露在日光之下的内容才会完全被所有人理解，或者至少命名。

如果本文想探讨的这些作品的成功其实不追究到它们传达的含义，那么这成功又源自什么呢？既然这个问题给对答案很感兴趣的人制造了这么多困难，这样的提问就很有理由。抛开行规或者正因这些行规，有经验的编辑和出版社克制自己不对图书命运作出预测。他们习惯说图书的畅销程度是不可估计的，而假如他们大胆预测，那么问题一点也不少于气象学的天气预报。这些专家面对文学界的气候现象有多茫然，雷马克的例子就是一个特别突出的证明。他的小说手稿遭到优秀出版社的可耻地拒绝，他们本来无疑可以通过它的畅销而迎来财产健康地恢复。可是当这手稿经过长途跋涉后终于幸运地开进乌尔施坦出版社（Ullstein）的港口时，它的价值没被那儿的港口检察员马上看出来。他们有时候又作出很大胆的预测，想要兴起一些风云。我知道有一本书，它之后的畅销可能是因为一开始给它作了推广。它本来是到九月国会大选的日子后才出版的，却在大选前就已经准备好发行了。大选的结果使这本书被扣留，然后有些部分被迅速修改，这部分内容可能会伤害

[2] 此处系作者的一个文字游戏，意思即为“大众更喜欢匆匆浏览却不愿寻找金矿”。——译注

明显有高度民族意识的大众的感情[3]。这个事实不但再次证 66
明了发行量并不是价值标准,还指明了一本书成功的真正原因。这成功是一个社会学实验成功的标志,证明了元素的混搭再次成功地迎合了无名的读者大众的口味。一本书的成功只能从某类大众的需求方面来解释,他们贪婪地吸收其中某些部分,而果断拒绝其他部分;这本书的特质本身却不能解释它的成功——或者说只有在它的特质满足了大众需求的情况下。而如果这质量里偶尔包含了实质的真实痕迹的话,那么这些痕迹并不是凭着内容的特性来给这本书带来名声,而更多地凭借反映社会空间里的流行趋势。一本作为商品的书的销量好不好最终取决于它能否满足广泛的消费者层面的需求。这种需求远非私人喜好或者纯粹的引导和暗示就能决定,而要普遍得多、持续得久。这种需求一定是基于消费者的社会关系的。

作为图书畅销承载者的读者处于什么社会地位呢?这成功肯定不是出自无产阶级顾客。无产阶级主要去买的是那些内容被盖上许可印章的书,或者跟着小资产阶级已经读过的来读。总是小资产阶级,他们给一些作家带来可疑的名声和无疑的财产。但这小资产阶级已不是从前的相对来说封闭的阶层,而是一个从大资产阶级(Großbourgeoisie)延伸到无产阶级的多样化的阶层。这个阶层是这50年来新形成的,而依然处于剧烈的变动过程。人们对它所知多少呢?人们对它一无所知
或者所知甚少,这个事实自然就解释了人们为什么不可能一早 67
就预测这些书的成功机会。虽然人们有某种阶级直觉,但即便直觉也是断裂的,因此每部畅销作品都可以说是中了彩票。

---

[3] 1930年9月14日的国会大选中,纳粹党(NSDAP)获得的支持从1928年的2.6%迅速上升为18.3%,成为社民党之后的第二大党。——译注

3

当今发生的经济结构转型主要触及了前中产阶层，包括小资产阶级（Kleinbourgeoisie）。这一阶层曾经是小资产阶级文化的承载者和主要读者群，而现在正处于快要解体的边缘。在导致这种状态的诸多事情中可能要数通胀和与通胀相连的对小股民的剥夺，还有资本的集中和日益理性化，更不用提会导致更大的实质破坏的危机了。出于以上种种原因，现在的中产阶层无论如何都缺少了构成以前中间阶层的某些条件——一点独立性、微薄的退休金等。他们陷入了依赖性以及“无产阶级”（Proletaroide）的生存状况中。我在《职员》（*Die Angestellten*）一篇文章里记录了他们无产化的证明，并尝试划定充满战前小中产的孩子和孙子的整个空间。从经济角度来看，从中产到工人也不过是一步。生产条件的改变当然也影响大资产阶级（Großbourgeoisie）。他们当中有部分人也进入了职员关系中，也正处于结构转型中，其后果很难估计。

68 顺便说一句，这里说的结构转型也引起了一些趋势的兴起，这些趋势因为与过时却还在起着主导作用的观念相矛盾而一度藏在伪装里。这里说的是相应的我们事实状况的趋势，这些趋势已经到处追求实现自身了，却没有完全符合私有经济的原则。公共法规越来越强势地介入私人领域，夺取新的权限；社会责任的观念在现实中如此扎稳脚跟，再难抹除；城市建设和国家规划介入个体的个人主义中；生活日益集体化。还有，那些为社会现实性和物质必要性埋单的趋势暂时还远不能确立它的发展体系。它们一定程度上匿名伪装起来，但仍在事实上逐渐显露，它们就寄寓于别处的意识，而不是作为自己本来的样子。

要不是有些小资产阶级的意识内容像它的承载者一样被拆解的话，这些趋势会有很多空间。它们被夺走了经济和社会基础而不能保持下去。我想到无数公务员和职员阶层中人们越来越缺乏阶级意识，想到在实际中经常感觉到个人主义态度的放弃，而主要想到经济领军人物缺少幻想。一种强烈的祛魅化已经到达顶峰，曾一度推动经济的观念现在成了节日演讲的修辞装饰。因为当今状况而废弃的内容表明了精神贫乏的威胁已延伸到现实。只有少数人还越过鼻尖望向远方。多数人崇拜艺术、科学、政治等领域里面的理想，这些理想他们已经在他们的狭窄领域里洞察很久了。 69

脱下一些意识形态（很多人并没有清楚地认识这些意识形态）的面具是否说明了小资产阶级意识的减弱？更高阶层的沉默无论如何都导致了年轻人的激进化。人不光靠面包生活，但如果连面包也没有，活着都是问题。连极“右”派在一定程度上也从小资产阶级思想中解放出来，他们觉得这些思想对他们不好；他们的解放完全以非理性力量的名义，这些非理性力量随时能够与小资产阶级力量妥协。更广泛的中层民众和知识分子却不参与这神话式的起义，这起义在他们看来就是一种退步，这当然不无道理。他们没有让主导上层区域的精神空虚强迫他们从小资产阶级意识的圈养场里突破出来，而相反，他们用尽方法保存这意识，多是出于恐惧而非真正的信仰。他们害怕湮没在无产阶级中，精神变得低级，失去了与真正的教养的联系。而该从哪儿着手去加固这个危险的上层建筑呢？这个建筑缺少不同的物质支撑，缺少新形成的阶层，这个阶层可算入小资产阶层，却不是这个建筑自然而然的承载者。这个阶层完全不太知道他们属于哪里，他们只捍卫他们的优先权，或者还有传统。重要的问题出现了：他们怎么构筑他们所属位置的防卫工事？因为他们在现在的关系体系里不能就这样简单地挪来小资产阶级意识的存货，他们就必须另寻不同的出路，
70 来维持他们还占据着以前精神领袖地位的幻象。

4

“分析那些被广泛阅读的书”，我在我的关于弗兰克·提斯的文章里写道，“是研究各个阶层的窍门，而用直接的方法并不能确定这些阶层的结构”。事实上，人们已经从我们目前的研究中得到关于小资产阶级行为的不同结论，这阶层陷入了骚动中，尤其关于他们（明显没意识到的）自我防卫措施，因为我们可以认为那些取得巨大成功的书正表现而且支持了这样的措施。

强有力的个人主义保证了相当大的机会。佛斯小说[4]里的主人公说：“两个成熟的个人给反对集体化趋势提供支持。这个趋势在今天越演越烈，也与大部分德国民众有矛盾……无

〔4〕 小说《两个人》（*Zwei Menschen*）的大致情节：在位于奥地利与意大利边界的南蒂罗尔（Südtirol），17 岁的容克·罗库斯（Junker Rochus）与年纪较轻的尤迪特（Judith）相爱并订婚了。然而，容克的母亲想让他当神父，后来他的母亲却在去罗马朝圣的路上死了。容克去罗马当了神父，改名为“保罗”。尤迪特伤心得放弃了她的信仰，在他的修道院旁买了块地建成庭院隐居。保罗神父想劝她信主，她的心却越来越刚硬。——译注

论如何小说的受欢迎证明了尤迪特(Judith)和保罗(Paul)神父这个等级的人至少和大众肖像画同样具有吸引力。”提斯和茨威格都把个人放在中心。个人出现的地方,悲剧就不可避免会发生。悲剧把小资产阶级的存在(Dasein)深深嵌进形而上学,也因此正以它的扭曲形式深深吸引着读者。“这个时代充满焦虑和恐惧的人”,关于茨威格中篇小说(Novelle)的文章写道,“还有正是那些出身更高阶层的人,往往徒劳地争取维持基本生活标准,为此必须几乎时刻把自己的感觉包裹起来。他们迫切地要读这些故事,他们若想要表现出像书中那样的激情固然不太可能,但也因此以一种更张扬更无拘束的方式来表现。最后悲剧主导了个人命运,发出胜利的欢呼。”因为中产阶层觉得他们的中间位置简直是厄运,然而又无论如何都想保 71
住这个地位,自然也倾向于把总体的厄运提高到悲剧事件的层次。个人因为一个观念(Idee)而悲剧地消亡,个人也是唯心主义(Idealismus)世界观的一个组成部分,因此也可以理解这些受欢迎的书都带有唯心主义色彩。不是已成明日黄花的真的唯心主义,而是它模糊的残影。仔细阅读斯蒂凡·茨威格的散文,我们可以发现他的一些句子毫无疑问“对很多想不惜代价保住一种模糊的唯心主义的同代人有难以抵抗的效果”。不过主要是对要求风格和距离的更高阶层有效果。音调成就音乐,对茨威格也是如此,他的中篇小说发出了迎合有教养圈子的音调,那些人以有品位、受过教育相标榜。中产阶层和穷苦百姓不要求昂贵的有所保留的心,而是免费的心。感觉就是一切,当其他一切都缺失的时候。感觉无须升华悲剧就可以把悲剧变得人性化,把批评笼罩在烟雾里,这些批评也许会威胁到对过时内容的保留。佛斯试图通过一种表现方式减低失去张力的损失,这种表现方式可能承担着引起作者共鸣的主要责任。这种表现方式充满任何文学形式里都没有的煽情,正好迎合那无名的群众。雷马克通过知道作品该怎么感人来达到它的效果。“这种煽情”,研究这部小说的文章这样解释道,“在社会学的意义上指出了这种煽情起最大作用并决定这本书成功的阶层。这是一种处于容忍和反抗之间的中间状态的表达,这状态迎合了中产阶层的态度。”

作者通常不会直接唤起要稳定下来的内容,而是尝试把它
72 们间接保存下来,并在遭遇这些内容之前先逃避到一个陌生领域。如果有人对这些内容放手不管的话,那它们就不会这么容易破碎了。这些内容被放入一个玻璃钟罩里,然后它的作者就去四处漫游了。这次出行的一个很诱人的目的且依然是情欲。对喜欢这样漫游的提斯有这样的评论:“我相信很多读者都被里面植入的丰富的情欲诱惑所吸引,但我们却丝毫不能对此有任何反对意见,因为这属于故事基调的表现。”地质探险也在一定程度上很受欢迎,因为它把人们的注意力从精神探险分散出去。熟稔描写探险的作家里头当然还有杰克·伦敦。但分析表明,他的作品偏重于他与大自然的内在亲密关系。就像畅销书证明的那样,大自然是大众读者趋之若鹜的避难所。他们要是信任不与大自然同义的理性(Ratio)的话,他们的意识构建就可能会受到威胁;相反,而当他们回归自然时,所有有问题的内容就不会被触及了。至于大自然也可能是悲剧的或者恶的,这倒没什么关系——它是所有人的柔软的抚慰靠垫,这些人不想被唤醒。“茨威格的中篇小说里的主人公都是癫狂的人(Amokläufer),[5]发疯的人,施巫术或魔术的人,这些人对

---

[5] 《马来狂人》(*Der Amokläufer*),或译作《热带癫狂症患者》,茨威格的一篇中篇小说。——译注

自己的作为不负责任,而想以他们的行为展现点什么,一些不确定的、神秘的东西……"杰克·伦敦的大自然甚至对人很友好,这是理想的大自然,人可以没有顾虑地去听从它。他小说里的人越过了所有可能的危险,"但是没有魔鬼追捕他,把他带到深渊边缘,就像汉姆生[6]的那些流浪者那样;他只跟随他的'大自然'"。这大自然高深莫测,最终是所有理由解释的界限,是沉默的。这正是保证他的书成功的优势,因为今天畅销书读者出于自我保留的动机最渴求的就是把尴尬的问题在沉默的深渊里隐没下去。由于他们有正当理由或者没有正当理 73
由地害怕答案,所以他们要求把障碍往前推,去阻挡知识的进军。他们的要求是:与我无关(Indifferenz)。这样的要求无疑是雷马克在各国小资产阶级中取得国际成功的基础。"书中唯一关于战争的讨论",小说分析这样说道,"证明了这种……'与我无关',还很满足地申明:'完全没有战争更好'。如果说有哪儿表达了一些义愤,那就是反对下级权威,仇恨也是针对那些自发鼓起爱国主义的平民百姓,比如那个残忍地鼓动不合适的人自愿参军的老师。"

我们的分析给出了一幅非常全面的新兴小资产阶级意识结构的图景。这个阶层做出行动支持某种今天得不到足够支撑的内容。他们想方设法避免让已经拆卸下来的观念遭遇当下的社会现实性,为此逃往各个方向和各种避难所。他们更喜欢置身于大自然的怀抱里,在这大自然中他们可以放弃语言、

〔6〕 克努特·汉姆生(Knut Hamsun,1859~1952年),挪威作家,1920年获诺贝尔文学奖,主要作品有《大地的成长》《饥饿》《神秘的人》等,他的作品描述挪威乡村的日常生活,反思文明危机,彰显大自然的力量。——译注

抵御理性(Ratio),而这理性的目的在于消灭神话机制和意识存货。

5

谁要想改变,就必须知道有什么东西正在改变。我们刊登
74 这个系列的使用价值在于使大家更容易理解社会现实。

作为新市民阶级一种艺术形式的自传*

如果说传记在战前曾是有学识者的稀有作品，那么现在它已成为广泛流行的文学产品了。文人和散文作者（原文含贬义）把传记变成了一种表达形式。在法国、英国和德国，他们描写爱弥儿·路德维希（Emil Ludwig）还没写过的公众人物的生平，很快再也没有大政治家、大统帅、大外交家可写了，那些人物也许不会被塑造成带有或多或少短暂易逝性的雕像。还没被写过的诗人会相对多一些，因为他们没有得到像那些决定历史的人物那么多的赏识。一个跟过去不同的明显转变是：过去只有艺术家传记在有教养的阶层中繁荣发展，现在的传记主人公却大多出身历史舞台，他们的传记由纯文学出版社大量印刷以提供给大众。

人们趋向于把传记这种表达形式干脆打发为一种潮流样式，这种样式在西欧已经扎根有一段时间了。它的流行程度和过去的战争小说一样低。它流行不起来的原因却应该在过去

---

* 原题为 *Die Biographie als neubürgerliche Kunstform*，发表于《法兰克福报》（*Frankfurter Zeitung*），1930 年 6 月 29 日。

50年的世界历史事件里寻找。我不太愿意使用“世界历史”这个词,因为它很容易会引起迷醉,只有世界历史真的成为所有人的世界的历史,“迷醉”这个词才最合适。比如,电台经常发出“这里是巴黎”或者“这里是伦敦”的声音,对世界城市的称呼完成了普通劣质酒似的使命。然而不可否认,世界大战连同
75 随之而来的政治和社会的变化,尤其是新技术的发明,事实上震惊并改变了所谓的文化人的日常生活。这些事件在这里提到的领域所起的作用,如同相对论之于物理学。如果说爱因斯坦让我们的时间—空间体系变成了有限概念,那么历史的有教育意义的实例也会让自负的主体发现自己的有限性。最近以来,每个人都被迫体验自己和别人的卑微,他们如此地坚持不懈,就为了仍旧相信每一个人的主权(Vollzugsgewalt)。这一个人主权正好形成了战前年代小资产阶级文学的前提条件。旧的小说形式的封闭性反映了人物的臆想性,它的问题意识一直是个人的。创作者永远失去了对任一个人关涉体系的客观意义的信任。然而,随着这个固定的坐标网络消失,所有画在上面的曲线也失去了它的图像形状。如果作家仍然不大能够召唤出他的“我”,他也就同样不大能够依靠世界给他支持,因为这两个结构是互相决定的。前者被相对化了,而后者的内容和形式被带到一个不透明的循环里。难怪人们都在谈论小说的危机。这一危机就在于,目前的小说组织模式因为消抹了个人及其对手的轮廓而失去了效力。(但小说作为艺术文体并不因此就成为历史。可以想象,小说也许会以一种适应这个混乱世界的形式而得以更新,这意味着混乱本身将由此而获得史诗的形式。)

在这个模糊得不可理解的世界中间,历史的轨迹变成了元

素。给我们添了这么多麻烦、尴尬的历史，就像是大陆从无固定形状的、还没成形的大海里出现了一样。今天的作家既不能也不想像历史学家那样直接处理历史，历史在他们那儿浓缩成了高度可见的英雄生平。这些英雄成为传记的对象不是因为 76
英雄崇拜，而是出于一种合法的文学形式的需要。事实上，一个影响了历史的人生历程看起来已然覆盖了所有历史组成部分，这些组成部分让人可以在今天占主导地位的条件下形成散文化的画像。被封存在散文里的存在（Dasein）是历史存在（Walten）的结晶体，这历史存在的不可触摸性不容怀疑。不正是人物原型的历史重要性保证了那些描写的客观性吗？文学性传记作家相信在这个历史人物身上终于找到了支持，那是他们曾在别处寻找却徒劳无获的一种支持，这个有效的指涉体系为他们免除了主观臆断之嫌。很明显传记和历史人物的联结是因为传记的事实性。每本书的主人公都是真的曾在世上生活过的，他们的人生的所有踪迹都有迹可查。过去传记的核心内容曾由情节设计来提供，而如今在确证可信的命运中被重新寻获。命运同时也是情节安排的保证。每个历史形象在其自身之中就已经有了自己的形式：它开始于一个特定时期，在与世界的抗争中发展，逐渐完满而获得概貌，步入衰老期后便趋于消亡。因而作者并没有被指定要按照一个个人的图样进行写作，他得到一个直接送货到家的现成样板，它对他就像对其他每个人一样负有义务。作者乐意写作这样的传记，与其说是为了图方便，不如说是出于良知；前提是，这与为了大赚一笔而大批量生产的传记产品无关。因为今天传记成为小说的竞争对手的原因，只是传记与小说不同：小说自由漫游，传记处理的素材决定了形式。传记的道德观念是：在当今艺术实践的混乱中,传记表现得像是唯一看起来必要的散文形式。

一种稳定的市民阶层(Bürgertum)的散文形式。这个阶层无疑会被迫对所有威胁到他们生存的知识和形式问题表示拒
77 绝。它从骨子里感觉到历史的力量,也注意到个人变得无名了,这样的看法以面相学经验的力量强加给它,但它从中又得不出可以解释当下处境的结论。在面对这处境时,这个阶层为自保而畏惧退缩了。新的中产阶级(Bourgeoisie)的文学精英既未认真地尝试挤进唯物辩证法,又不在与下层大众碰撞时开放自己,也不敢在他们到达的边界处随便往一个方向哪怕迈出只是一步,到他们所属阶级的另一边去。而只有当他们没有披着任何意识形态外衣即前往社会构造的断裂处,并且处在这个他们被推到那里的位置来探究在今天体现着真实性的各种社会力量的时候,他们才会触碰到基底。只有在这里,别无他处,才可以,也许可以,获得一种真正艺术形式的知识的保证。因为这种形式要求的有效性只能在最先进的意识的表达中得到,这种最先进的意识也只能在这里发展。这种最先进的意识能够保留住艺术形式并让它发展出来;如果它不是从这种意识中生长出来,那么今天的文学形态也就会被我们所拒绝。(正如上面说到的,混乱本身也可能获得史诗的形式;现在补充一句:这种可能性只有在洞悉混乱的最先进意识的基础上才会发生。)传记成为新市民阶层的文学形式乃是逃避的标志——确切地说,避难。为了不被质疑中产阶级存在(Dasein)的知识所戳穿,传记作家躲到一座防波堤后面,等候临到他们的世界历史的风浪过去。对一般的传记作品的分析表明:他们没有攀过这座堤坝,而是从市民阶层的大后方出来以后又逃了回去。这
78 样的传记的确考察了历史存在,但是却在这一考察中迷失了自

我,再也回不到现在。传记作家在诸多历史大人物中做出了没什么选择性的选择,无论如何这选择都不是通过对当下处境的认识来决定的。他们想从决定了战前散文写作的心理学中独立出来,尽管材料方面看起来具有客观性,但是他们还是运用了一点旧的心理学分类。他们把可疑的个人主义扔出了后门,引领正式盖上许可印章的个人穿过大门回到市民阶层的房间。他们或许同时也达成了第二个目的:对从底层大众深处爬上来的权威统治的拒绝,只是这一拒绝没有说出来罢了。文学性传记是一种留在了边界后面的边界现象。

这种文学形式又跟纯粹的逃避有点不同。当然,今天的市民阶层处于过渡阶段,那么他们的每项成就都具有双重意义,也就理所当然了。他们有意用他们的成就来捍卫自己的生存,而无意中却以此证实了过渡正在进行。就像移民到外地的人迅速收拾起他们的所有,市民阶层的文学也这样收集起家当,它们很快就不再占据着现有的位置了。对无数传记的出现负有责任的逃避动机被拯救的动机遮住了光芒。如果说对个人主义的终结需要有一个证明的话,那么在那些伟大个人的博物馆里就可以看到这样的证明,他们提升了当代文学。当代传记作品无所不包,根本不做选择,所有政要均有涉猎,这不但证明它没有能力做出正确的切合时代的选择,也证明了拯救者的急切。他们的任务是开设一个画廊,让回忆可以在里面畅游,而每一幅画都有同样的价值。无论这本或那本传记怎样成问题,在它们的共同体(Gemeinschaft)之上总会闪耀着告别的光亮。

据目前我所了解的情况,只有一本传记作品与其他所有传 79
记根本不同。那就是托洛茨基(Trozkis)的《自述》。这本书打破了支配文学性传记的一些条件。这里对历史个人的生平描写不是逃避认识我们处境的手段，而是服务于解释现实处境。因此，在这部自述中塑造了一个与其他市民阶层文学的意谓不大一样的个人。这是一个已经不再被关注的个人，他没有去声张自己的真实性，而只是通过与真实性相对立的透明性才变得真实。一个新的个人，站在意识形态云雾之外的个人：他只在这个意义上存在，就是他已在对认识到的时势的必要性的兴趣
80 中扬弃了自我。

中产阶层的反抗*

1

今天,《行动》(*Die Tat*)[1]杂志在中产阶层(Mittelschicht)

---

* 原题为 *Aufruhr der Mittelschichten*,发表于《法兰克福报》(*Frankfurter Zeitung*),1931年12月10日和11日。

〔1〕《行动》杂志(*Die Tat*)是德国的一份政治和文化的月刊。1909年由作家霍内弗(Horneffer)兄弟创刊,由耶拿著名出版人欧根·迪特里希(Eugen Diederichs)发行,直至1938年。1939~1944年更名为《二十世纪》(*Das XX. Jahrhundert*)。杂志创办人看到人的内在和外在的分裂,决意要重建一种使内容和形式、内在性格和外在表现合一的文化,而杂志名"行动"也表明了要在实践中实现这种合一的号召。在创办人周围还围绕着一些诗人、文学史家等文化人,他们形成了一个以人权、包容的人道主义为基础而放弃固有宗教形式的自由信仰圈子。1912年迪特里希接收杂志并进行了改革,去掉了很多宗教伦理气息而更多聚焦于文化话题,并把自己关于民族国家的观念深深烙印在杂志风格上,使得杂志风格越来越倾向反自由主义、反人道主义、反文明、反西方。1927年杂志读者数量大幅下降,年轻读者不接受出版人的抽象理念,而渴求更具体的目标。1928年迪特里希把杂志交到文学学者库克霍夫(Adam Kuckhoff)手中,他把杂志转变为新客观主义(Neue Sachlichkeit)风格。1929~1933年记者切赫(Hans Zehrer)接管,他和其他一些文化人组成了一个年轻的保守主义圈子,杂志迎来一时兴盛。圈子中左派右派思想混杂,批评资本主义的同时也在吁求国家自给自足的经济体系、呼唤新的精英阶层,因而被同代人批评政治立场和思想混乱,然而它明显代表了当时年轻一代中产阶层知识分子的思想状态。

知识分子中拥有大批追随者。这种现象不能仅从《行动》圈子(Tat-Kreis)有意支持这个阶层的实际的和意识形态的兴趣中得到解释,而且还要从它的斗争方式本身来解释。它的形式不再是德国知识分子所习惯的形式。

“倾听那些今天追随国家社会主义或者共产主义的年轻人。那是德国有史以来得到的最好的人的材料。”像这样的说法证明了《行动》里发表的文章,是基于真实广泛的受苦受难的德国人民的团结性经验的。这使这些文章与无数其他的时代分析区别开来,在那些分析中有时是党派的成规定制和利益集团的愿望占优,有时又以理论建构为主导,而这些理论建构却忽视了某种与当下存在(Dasein)之间的关联。《行动》同仁从他们的基本经验出发,尽力对具体情况作具体的理解。无论弗里德(Fried)[2]的经济论述多么成问题,但是跟书中和讲堂里供应给年轻人的一味的理想主义吹嘘[3]相比较,倒还算是健康的家常便饭,尽管它没有一点营养价值。对理想主义的拒绝和与事实本身打交道的意愿最终导致了解决问题的尝试,解决方法并不产生于对策略性问题的处理,而是尝试以类似的策
81 略性站在总体的位置上就当前的状况展开讨论。我们还得看看,这些解决方案是否真的能解决问题。不过当然,很多目睹了物质和精神堕落的人相信他们能够从《行动》的当下观察中受到鼓舞。

---

〔2〕 费迪南德·弗里德(Ferdinand Fried)是记者和出版家费迪南德·齐默尔曼(Ferdinand Friedrich Zimmermann)的笔名,他在《行动》上发表了很多经济评论。他提出的解决魏玛共和国经济危机的方案具有国家社会主义倾向,后来他自己也成了其组织的一员。

〔3〕 这里作者的文字游戏:“吹嘘”(Windbeutelei)一词来源于“泡芙”(Windbeutel),一种奶油夹心甜点。

出于严肃性和分析效果的缘故我将对这份杂志作两重分析：既对读者群感兴趣，也对作者圈感兴趣。我一开始就放弃了把弗里德的经济立场和特别计划挪到分析中心的打算，众所周知，他的计划主张德国应另外推行某种形式的自给自足的计划经济，以东南欧为导向，并效法苏维埃俄国。更重要的是对态度的分析，因为从态度中可以发展出思想和建议，而所有结果的连贯性也都关联着态度的连贯性。切赫（Zehrer）在他的文章中说："没有一项新的运动在它的早期不被服务于保守传统势力的旧语言之虚假理性证明是荒谬的（ad absurdum）！"如果这一评论能够抵挡那些自认为仅通过概念性表达的批评就能戳中运动要害的异议的话，那么它就完全可以站住脚了。但是这一评论不能用于豁免《行动》式语言的罪责，那些熟练的表达不过是无用的吵嚷，据切赫说每一种新的运动都有。我们一定得估量一下这语言的分量……可惜《行动》的观点还是难以避免与理性碰面，众所周知，这样的碰面《行动》圈子并不推崇。但是我相信，人们可以在这些前提下放心地在危险面前暴露自己：一方面，一种论证必须在理性的权利得到认可的条件下成立；另一方面，不管有意无意，《行动》同样也没少诉诸他 82
们所讥讽的理性，甚至大声号召这样的理性。

让我先说一下对最近几年杂志的分析所推出的主要结论：《行动》圈子的主导思想正好是中产阶层艰难处境的投映。这种思想拒绝了在一个真正的意义上是不真实的并且矛盾重重的态度。因为他们无果的混乱，这一思想并没有打开一条出路。

2

经验给《行动》提供了人民的概念，并假设它是一个不可拆解的基础概念。很快就出现了关于“人民的整体思想”的说法，很快公共设施就会根据“贴近人民”的标准受到检验。相对于最广泛意义上的自由理论（这些理论把个体当作一个共同体的基础），也相对于现代的大众（Masse）概念，这个被浪漫化地使用的人民概念就好像是一种有机生长出来的东西。“我们不作为大众……来思考，而是作为人们（Menschen）和人民（Völker）来思考的……”“人们（Menschen）”到底是怎样一种存在，且听稍后分解。

在这个形势之下，空间概念所起的作用之大就毫不让人惊讶了。人民在空间中获得身体性的呈现。这解释了“今天世界解体为一个个封闭的国家空间”这一论说背后的几乎深藏不露的满足感；这也解释了对自给自足的经济体系提出的计划性要求。空间概念如此彻底主导着《行动》杂志，以至于切赫甚至把人民的总体空间拆解为下级部门，他像纳德勒一样为空间
83 赋予一种建构力量。他解释道：“我们认为地区是这样一个空间，它自我封闭，拥有自己非常特别的生存方式，并与血肉、土地和命运相连。”毫无疑问，家庭是最小的地理学单位。无论如何，空间的概念表达出了一种对于组织性的意愿，它直接针对的是自由主义的原子化趋向及其国际性的特征。

在时间上人民自称为国家。类似黑格尔所说的，国家作为一个“总体国家”（totaler Staat）出现——借用卡尔·施密特的

一个概念，这个概念很明显是从对“夜警国家”(Nachtwächter-Staat)[4]的摒弃中燃起它的热情的。根据《行动》的主张，人民和各个组织应“融入”总体国家里。弗里德说这关系到“从经济的优先权转移到国家的优先权”。关于职业，他在别的地方提道：“对我们来说，职业是终身使命，在这个一览无余的空间里……正是这一使命让个体与国家相互交织在一起”。联邦制原则只有在这个情况下才可行：即“单个国家的成立，实际是融合形成一个整体的手段……”所有这些规定都没有把理想国家设置成一个构成性的、合理性的(rational)统一体，而是一个非理性的、活的统一体，其各个部分以一定程度的自主而相互组合在一起。这是一个浪漫的国家构想，它突出强调了有机性的要素。

这里人们追求的是一种与启蒙所倡导的正好相反的秩序。至少这个秩序是极端反自由的。谁像《行动》圈子那样将几滴自由主义的血液就视为“不祥”，谁就必定会自然地与智识(Intellekt)为敌，而这智识根据需要也被等同于理性(Vernunft)。智识是自由主义的主要武器，《行动》害怕用自己的武器作战会败下阵来，这样的害怕也不是没有理由，因此他们情愿选择其他更顺手的武器。切赫写道：“要对付这理性， 84
必须首先树立新的信仰，信仰从来都不容与对手辩证争论的；因为如果他跟着对手进入对手的领域，那他总不免落于下风”。但是如果这信仰都不愿解释自己，又怎么能够在现实中树立起来？切赫给出的简单答案是：“那唯一与理性的自由主义体系和讨论框架不契合的论点就是利剑。利剑与拳头！”总

---

[4] 夜警国家(Nachtwächter-Staat)：是经济上施行自由放任主义或无干涉主义的国家。

而言之,《行动》的行动者在理性面前给自己披上铠甲、罩上面盔,只为了不用去正视其论点,却在野蛮中寻求拯救。在盲目的盛怒之下,他们成功地把很多事情的责任推诿给了被无辜卷入其中的理性。“理性!”切赫呼喊着。“现在,数百万人倒在这理性的名下。”而一项更严谨的研究或许表明,正是他所唤起的非理性力量触发了世界大战。

无论如何,既然《行动》不是在理性的名下斗争,那么他们肯定要追随另一颗指路明星。切赫确信:“一种新的信仰、一个新的神话将会取代自由主义体系”。《行动》圈子在他们发表的文章里像强调计划经济思想那样强调的神话概念,从生活哲学的水域升起,结合索雷尔(Sorel)[5]的思想而形成。神话概念之所以会产生如此之大的影响,原因明显在于以下情形:人们不再信任理性认识的束缚作用,而相信他们必须以华丽夺目的图像来替代它,于是非理性力量就以一种神秘的方式在这些图像上聚集起来。很遗憾,之后切赫并没有揭示这些图像中的这一幅或那一幅,而只限于就这样来提出他的主张。唯一可以确定的是,他把中产阶层视为能够承载他所召唤的神话的人
85 当中的佼佼者。“这个阶层可以从大的共同体中、从人民和国家(Nation)中,而非从工会、协会、阶级或者其他什么组织中找到归属感,而且他们只能在理想和神话中找到这种归属感。”总之,“神话必须是国家的(national)”这个说法无论如何都得接受。这个必须性毫不含糊地指向了以下的解释:未来的任务

〔5〕 乔治·欧仁·索雷尔(Georges Eugène Sorel,1847~1922年):法国哲学家、社会学家。他认为动用非理性力量进行暴力革命,是实行社会主义的唯一方式,赋予总罢工一种神秘主义和英雄主义色彩,并认为社会主义应该由少数精英治理。他的思想后来对法西斯主义有很大影响。

是“在一个新的国家(Nation)神话里产生一个新的人民共同体”。

人民,国家(Staat),神话——这些互相联系成一整体的概念,指向一种实质的真实性。《行动》通过对准这一真实性,使得他们能够对主流观念作出实质性的批评;他们的注意力从事物的现存状态上转移开去,确实也是由于这种状态在实质上不可忍受。在我看来应该没什么疑问的是,《行动》圈子产生的影响至少是因为他们这个时期做出的这些批评。正如所料,这里凸显出来的态度主要是切中了当今统治下蔓延甚广的物质贫困。我们是否必须从以上提到的这些概念的一般命名出发而引申出更多意义呢,或者是否至少要从其他概念出发,比方说“阶级”——这些我都不做定论。目前重要的只在于:《行动》运用自己的分类体系可以诊断致命漏洞。而我想到的不只是弗里德,诚然他极其粗暴地把今天资本主义经济的扭曲形式强行挤进他的湿壁画,但也还想到一些从较小维度做出的关于现状确实一针见血的言论。比如说这些言论纠正了关于职业的庸俗乐观的观念,揭露了联邦党人背景保护下猖狂的势力,准确地分析了一些政党的状况。《行动》做出的最深刻的 86
批评可算是对不受约束的思想的不断抗议。但是,他们也因经常脱离轨道和举错旗帜误导论争而自损元气。他们如此轻率地断言犹太知识分子缺少建构的天分,再恶毒不过的是这句话:“爱因斯坦,这个以谦虚俭朴为本钱进行自我推销的天才,坚持不懈地在世界蹒跚穿行,以相对论为武器,为拒绝服兵役和犹太复国主义而奋争。”除了这种让一份严肃杂志有失身份的错误,这里还有他们的思想与“自由主义理性”甚或是与之毫无共通之处的理性的持续的混淆。先前切赫为《行动》式语言辩护，说这是局势缓和下的产物，《行动》的语言也并非毫无帮助，只是不准确，在它产生的迷雾中隐约闪烁着它真正的攻击目标。这个目标正是合理性（Ratio），它否认它的起源并不再认识其界限，它在普遍意义上不同于理性（Vernunft），其尤其不同于最终以人道主义信仰为支撑的“自由主义的理性”。这被释放的合理性不能被简单认作为智识（Intellekt），也与理性甚少有共同之处，而更多的像是一个制服理性事物的自然鬼魔（Naturdämon）。正是理性的无力纵容了合理性在今天肆无忌惮地猖獗。这盲目的合理性鼓动利欲熏心者进行交易，支持了庸俗三流报纸的不负责任，对合理化过程（Rationalisierungsprozess）的仓促莽撞和衰退经济席卷，不只是人包括所有方面的计算都难辞其咎。合理性轻率地就造出了一个技术机器，我们站在它面前就像魔法学徒，驱除不了那些被施了魔法
87 的元素，合理性也轻率地把目前保障黏合社会的联系都分解掉了。合理性产生的摧毁作用主要给中产阶层带来什么可怕后果，我已经在我的《雇员们》（*Die Angestellten*）一书中尝试进行了分析。这个阶层的实质被去除了，现在一无所有，只剩下没有内容的思想起联系作用的中立性。我们现在身处其中的严重动摇的经济社会体系正躲避在中产阶层的沉默里。

3

《行动》转过身去背对它所批评的境况。它超越批评了吗？它能够确证其基础概念所针对的那些实质的真实性（jene sunstantielle Wirklichkeit）吗？

这些问题的答案都是否定的。因为《行动》同仁不断提出的人民(Volk)、国家(Staat)、神话(Mythos)等,明显表明这里跟所经验的实质内涵没什么关系,而更多只是一种渴望。这些实质内涵不是前提条件,而是一种要求——这泄露了它们在这里的用处;我们不是从那些实质内涵出发,而是朝向它们走去。换句话说,《行动》放在心上的真实性现在还根本不存在,它是一个目标。只有关于实质的谈论作为现存物被揭示,这样的谈论才有意义。像随便一个通过竭尽意志力去实现的计划那样去号召这种真实性,就等于提出一个从一开始就盖上"不可完成"印章的要求。实质内涵要么存在,要么不存在。谁要是自己并不拥有实质内涵的概念却要运用它,那么他就不是在通过概念得到实质,而只是宣告了某种完全不同的东西。这就是:概念只是一个纯粹的反应。《行动》装备的所有正面概念不过是对得到他们负面评价的体系的反应,这个体系被他们总结为 88
一个总称——"自由主义"。这些概念其实真的不真实,就是说,它们没有反映现实,这现实因为有人宣告了其合法性而最终不得不存在。这些概念的全部含义都在作为一个相反运动的各种症状里耗尽了,毫无疑问这些症状可被称作浪漫主义。

《行动》不信赖领袖(Führer[6])的外在表现,而是更信赖知识精英的创造力,他们相信这创造力是真的存在的,这一点显示出了他们一定的谨慎。他们首先把自己当作他们所期望的精英,这样的推测很接近实际,而他们的确也是德国青年中

---

[6] 德语中"Führer"原本就是"引路人""领导者"的意思,后来成为德意志第三帝国对希特勒的专用称谓,即"元首"。克拉考尔这篇文章的内容从一个局部例子侧面展现了纳粹上台前夕的政治舆论氛围,基于时代语境的考量,这里把"Führer"译为"领袖"或"领导者"。——译注

的优秀人才。然而,他们还是忍不住现在就去颂赞那位可能出现的领袖。切赫梦想着期待的那一位:“这十年来人民一直渴望这样一位领袖。我们不愿欺骗自己什么,当真正的个人意志发出的第一个犀利但正义的口令传达给德国人民时,人民可能会自己列队集结……他们可能会大松一口气,因为他们又知道前路在何方了。”无论如何人民肯定不会这么做,因为(只要是)好的政治意愿都会在对领袖的渴求里自我废止。这样的领袖的出现和停留只和对局势的正确的、建构性的认识有所关联,如果他纯粹依赖他的领导地位而看不清局势[比如克列孟梭(Clemenceau)[7]、劳莱·乔治(Lloyd George)[8]],那么他就又会消失。切赫没有去创造(只要有可能)这些让一个领袖人物登场的条件,而是一开始先颂赞这样的领导人。这是一个流传甚广的观点,明显体现了对自由主义民主的议会主义的反
89 感,但达不到任何效果。相反!人们在领袖人物出场前就为他大唱颂歌,却忽略了为他铺平登场的道路,甚至忘了给江湖骗子付钱。对于领袖的期待并没有把领导者吸引过来,反而阻挡了他的接近。为他开路的唯一方法也许是不断追问在这之前必须发生些什么。最有望作为意象进入人民意识的不是被期待的领袖人物,而首先是已经登场的领导者。头上绘有圣像光环的列宁更像是领袖生涯的终止而非开始,这是基于认识的行

---

[7] 克列孟梭(Georges Benjamin Clemenceau,1841~1929年):法国记者、政治家,曾两次出任法国总理。在1919年的巴黎和会上主张严惩德国,第二次世界大战后签订《凡尔赛和约》。

[8] 劳莱·乔治(David Lloyd George,1863~1945年):英国自由党政治家,在1916~1922年领导战时内阁,在第一次世界大战期间领导英国击败德国及其盟友,巴黎和会主要与会者之一,和克列孟梭的意愿不一致,他主张在政治上和经济上惩罚德国,但不主张完全摧毁德国的政治经济体系。

为产生的后果。

新的国家人民(Stattsvolk)应该在神话概念的标志下建构自身,但这神话概念也是一个无力的相反概念(Gegenbegriff)。神话概念起源于对变质了的自由主义的反抗,它想要在据说已经失败的理性的位置上施展出更有效的力量。但是神话不能被建构起来。根据巴霍芬(Bachofen)〔9〕的说法,神话“不过只是宗教信仰的光照下人民生活经验的表现”。或者像卡尔·阿尔贝希特·贝奴里(Carl Albrecht Bernoulli)〔10〕在他对巴霍芬的书的注解中评论的那样:“神话能不能起作用,就在于它有没有向我们显示出它的效力。不管怎样,它‘是’或者‘不是’都取决于我们的感觉世界……”这与墨索里尼进军罗马前的演讲的矛盾只是表面的,在那次演讲中墨索里尼把法西斯主义的功绩归结于它创造了民族神话;这个观点卡尔·施密特(Carl Schmitt)也在他的著作《当今议会制的思想史状况》(*Die geistesgeschichtliche Lage des heutigen Parlamentarismus*)中深表同感地引用到,把这个观点和与之相联系的事件称为“民族神话的非理性力量的例证”。也许仍需验证的是,这所谓的法西斯主义神话在何种程度上不单单是某种物质和社会关系的意识形态上层建筑,它到底是否仅仅靠自身的非理性力量就能存活。切赫自己有一次曾不甚情愿地透露,支撑《行动》圈子神话计划的基础有多么脆弱。关于共产主义,他说:“然而人们 90
也不可以低估它的立场;它拥有一个神话……无论它的理论包

〔9〕 巴霍芬(Johann Jakob Bachofen,1815~1887年):瑞典法律历史学家、人类学家。他的《母权论》提出母权社会先于父权社会的说法。

〔10〕 卡尔·阿尔贝希特·贝奴里(Carl Albrecht Bernoulli,1868~1937年):瑞典新教神学家、作家。

含什么内容，只不过都是服务于将大众集合起来争夺权力的——俄罗斯就是人们信以为真的榜样”。推崇非理性的人对理性和后来的实践的关系、标语口号和它的实现的关系看得并不重要，我们可以完全忽略这种轻率，但这里要问的是：共产主义要将它的神话归功于什么因素？答案正是切赫所轻视的理论。只有借助理论性观点的力量，俄国共产主义才能成功地使俄国——而不是共产主义本身——在《行动》圈子眼里成为一个神话。即使就像在刚才提到的卡尔·施密特的书中他与索雷尔一致认为的那样，是民族的能量决定了俄国革命的胜利，但在当时被激发出来的也不是这些能量，而是那时和现在都受到召唤的社会主义。由此引申出来，甚至今天一个神话也是有可能从认识的实现中形成的，而神话的直接要求是没有意义的。因此《行动》对神话的吁求可以被标记为一种没有内容的反映。

同样的原理也适用于空间的概念。切赫认为思想精英必须聚集在一个地区内部，这样他就把一种附带现象提升到前提条件的高度了。因为一个新的原理——只有通过这个原理一个精英才能得到确认——当然易于在邻舍之间传开，但邻舍关系并不因此成为这个精英得以形成的前提。根据类似的逻辑，《行动》把空间当作对它自身很重要的东西；而实际上它只能通过在它自身基础上实现的内涵来接受意义，不过它能够保
91 存、转换和发散这些内涵。一种对空间的狂热，它的公开导向是完全违背在自由派的圈子中常见的思维模式的（这种思维模式趋向于国际化），也没有建立起有着充分个性的空间特征。但是这对策通过把空间绝对化，而远远射偏了目标，造出一个膨胀、空洞的概念，使空间成了一个妖怪。我不得不引证

弗里德的一个空间艺术试验:“这个资本主义的西方……可能还失去了对南美和澳大利亚的影响,这些地区的民族运动越来越强烈地争取从世界经济中分离和解放出来以赢得独立自主。南非看起来也有可能脱离影响。在北美,债台高筑的西部农民与东部的工业—金融势力之间愈演愈烈的冲突最终导致了同中欧—俄罗斯之间类似的经济互利共生关系,当然整个北美包括加拿大同样也自给自足并向世界其他地区封闭起来。这就留下了……等等。”〔11〕这种广告牌建筑的非真实性显而易见。这种非真实性把在空间内展现的经济盖上作为这个空间的简单功能的印章,并把海关边境的需要歪曲成了自给自足经济的道德。

最可怕的是《行动》对于自由主义——不只自由主义——对这件事赋予的重要意义的反映。人们总会避开一种看起来再也证实不了什么意义的状况,对此我很能理解,但在我看来,弗里德在清醒的意识下步入野蛮的空虚却不可理喻。而他也声称寻找一种意义,但并不是应该有的意义,而是本来的意义,不过这种解释并没有阻止他赞同地引用斯宾格勒(Spengler)下面这句话:“世界历史是世界法庭(Weltgericht):……世界历史总是为权力和种族牺牲了真理和正义,判了认为真理比行为 92
重要、正义比权力重要的人们和民族的死刑。”我想到了德雷福斯(Dreyfuß)冤案,〔12〕还有很多这样的正好可用作反证的例子也许都可以反驳斯宾格勒的说法。然而,这里有意思的只是

---

〔11〕 作者原注:摘自文章《世界的改造》(*Der Umbau der Welt*,1931 年 5 月)。(英译者注:即《行动》第 23 期第 2 卷,1931 年 5 月,第 126 页。)

〔12〕 德雷福斯冤案:1894 年法裔犹太军官阿尔弗雷德·德雷福斯(Alfred Dreyfus)被误判为叛国,以左拉为首的法国知识分子群起而为之奔走呼告,1906 年冤狱终获平反。

弗里德从对这个观点的采用中暴露了同样的真实性之贫乏，《行动》每次要求新的真实性时总会显露这样的贫乏。因为他当作现实所充分发挥的句子，就是认为在世界历史进程中真理和正义总沦为权力和种族的牺牲品的观点，事实上并不符合与现实的最新关系，而更多是一种纯粹历史观的成果。《行动》在其他地方也曾不乏正确地谈论过这种历史观："最基本的，从伦理上讲，人们或许会问，历史观在深层根基上是否是非历史的，它拒绝进入历史的辩证法并拒绝以此真正成为'历史的'"。假如弗里德进入历史的辩证法，他就会认识到：权力和种族只有在服务于体现真理和正义的学说时才会不断取胜；相反，当权力和种族只是想要单单运用这些力量时就会注定失败。弗里德避开了这辩证法。这样的非现实性的后果是，他把一种很成疑问的历史沉思错误地置换为一种行为准则，把实质性行为的自然前提夸张为实质本身。他的立场只不过是反对意义丰富性的立场，其自身在内容上太过贫乏，就像是单纯的未曝光的自然一样。

因此《行动》并没有建构不同的、更实质性的真实来反对自由主义的真实，而只是要求一种不能被要求的真实。要是有
93 谁心怀恶意，他就会把《行动》圈子的其中一个偶像拉进反对自由主义的阵营。我指的是斯宾格勒。他曾说过，因为挪威的灵魂已经耗尽了它的内在可能性，只要还保有着"那驱动力、那创造的热情、一种没有内容的精神存在形式"，所以它就必须至少假装它的活动是有内容的。斯宾格勒继续说道："易卜生把这种现象称为生活的谎言。现在，西欧文明的所有精神活动里都有一个元素，这种精神性指向宗教性、艺术性、哲学性的未来，指向一个非物质的目标，一个第三帝国；而在最深的深处

则是一种不愿沉默的模糊的感觉：所有这些活动都是一种幻象，一个历史灵魂的绝望的自我欺骗……与曾经真实存在的佩加蒙（Pergamon）相反，拜罗伊特（Bayreuth）是基于这个生活谎言而欲求着一些东西”。虽然这些观点——其认识内容在这里无法展开讨论——关涉的是社会主义，却也更多地说中了《行动》的观念领域：他们想要的也是一些曾经真实存在的东西。我还要补充，只要这些东西是某种意志的目标（Willensziel），它就不可能实现。

4

但愿《行动》圈子的概念只是单纯非现实主义的——但是
它们也还忍受着矛盾的折磨。这并不是那类从每一个封闭体
系的界限处（因为它的前提预设即存在于此）浮现的无可避免
的矛盾，而是那种从内部消解了系统的矛盾。有很好的理由可
以解释为什么《行动》的编辑们就像驱巫人一样，怀疑到处都
存在自由主义，数着人们血液里有多少滴灾难。《行动》认为
保守主义和社会主义完全是传染性的。反复攻击、围剿自由主 94
义以使它退入最遥远的深处这一狂热需要，使人们能够得出无
可争议的结论：用精神分析的术语来说，这就是某种类似于压
抑的症候。人们带着这样一种仇恨对自由主义穷追猛打，正是
因为它就是他们在其自身内部发现的东西。而且《行动》的确
于无意识中包含了如此之多的自由主义，以至于它从所有方面
喷涌而出。它不再能够遮掩其自身：从前门转身离开的自由主
义，总是会被大方地从后门邀请进来。而即便它是用了另一个

不同的名字溜进来的,也绝对不会被错认。不过,它在一个与之敌对的思想领域内部的存在,也正是这种思想本身孱弱无力的进一步证明。

在一些决定性的时刻,个人的概念出现在《行动》圈子中,这是与他们意识到的立场相异的。举例来说,在反对美国主义和资本主义的斗争中被激发起来的不只是职业观念的复兴,还有一种"新的个性文化"(Persönlichkeitskultur)的建构。在《我们往何处去?》(*Wohin treiben wir?*)这篇文章(这同一个文本也包含了《行动》的计划)中,我们也可以找到被重点划出的下面这句话:"问题在于人。诸如我们往何处去和它会坚持多久这类的问题,只能由每个个人来决定,除此之外别无他法"! 这些规定是从什么地方流落到这里来的? 它们衍生自理想主义类型的个人主义,如果你愿意的话可以称之为资产阶级的概念,它无论如何都不可能与"整一的民族主义"和"总体国家"的要求联结在一起。后者的实现最起码要诉诸一般的意愿与主观的意愿之间的统一。但是,就像他们已经清楚地声明的那
95 样,由于决定只取决于个人而无涉于其他,因而国家的意愿从一开始就被排除在外了——而且,甚至是在以一个有机的国家观念(eine organische Staatsauffanssung)为基础的地方,这一情形也依然如此。这样的自治的个人更有可能是旧式自由体系的承载者而非一个自给自足者。自由主义在一个彻底反自由的概念框架里还能攫取荣誉地位,这只能说明承袭而来的自由主义理念的强大。我们从俄国提供的酷烈的例子里可以了解到,为使人民被"整合"进主权国家而必需的东西恰恰就是对个人自治权的悬置。尽管《行动》圈子里的人谴责苏联的自由主义,但苏联比他们更好地理解这一点:一个民族国家经济的

建构是不能容忍“个性文化”的。公开地召唤这样一种个性文化,同时又吁求于发展一种总体国家的概念,无论何时都无异于痴人说梦。

《行动》并没有把自己简单限制在将决定的场域转移到个人这一点上。它还就个人的未来生存勾画了一幅格外清晰的图景:“他所能做的将比他现在所做的要少得多,因为他不再接受八小时工作制的雇用。其结果是,他会拥有比他现在拥有的多得多的时间。他可以晒晒太阳、呼吸呼吸新鲜空气。他将享有更多的祥和宁谧,以及更多的安全感。他将再一次因为可以用富有真正精神价值的事物来充实自己而感到快乐无比,而在今天,他既没有时间也没有祥和宁谧的环境来享受这一切”。这个人是谁,在谁的身后一座周末度假别墅在遥遥闪光?这是在自由主义熏陶下成长起来的个人主义小资产阶级,他们才不会管什么国家呢,他们比其他任何人显然都更不能适应《行动》所欲求的对新秩序的创造。切赫自己就直接说过,这样的个人缺乏活力。在像献上一曲挽歌似的说到俄国人时,切赫在一个地方宣称:“这个新的经济体的实际动力就其核心而言是一股巨大的革命性的活力,然而,我们无法再从俄国人那里去复制这种活力,因为我们就处在这种自由活力的尾声。 96
我们还会相信技术吗?我们还会相信机器吗?我们还会相信能够攫住一个从所有桎梏当中解放出来、被重新抛入当下现在的个人的巨大自由带给他的狂喜吗?不会了——我们再也不会相信这些东西了。我们早已厌倦了它们”!我承认在所有这些之后我甚至无法再想象一个新的神话的诞生。为个人赋予某种接近于形而上学意义的东西是荒谬可笑的,而颂扬一个并未给个人留下无论什么空间的神话也同样如此。更有甚者,当这样的个人被界定为一个疲惫的小资产阶级——他不仅缺乏自由主义的活力，而且很明显，他也缺少无论什么样的任何动力——时，那么这样的个人被认为可能会实现的那个神话就变成彻底地不可思议的了。斯宾格勒也说到过西方人的疲乏之感。但《行动》和他不可比拟之处在于，斯宾格勒要更富逻辑性：他把这种疲乏之感归之于统治的凯撒主义（Cäsarismus）形式，其前提既不包括国家人民也不包括神话。一方面要激活神话，另一方面又坚持个人的概念——《行动》最令人诟病者就在于没有比这更根本性的矛盾了。

个人——真正的自由主义的主打核心——还是这样一个工具，理性（Vernunft）借由它而进入到《行动》的世界图景当中。尽管按照他们的本来意愿最理想的情况就是用强力阻止理性进入，但他们不仅在一些批评的具体案例中成功地使用了理性，而且他们走得如此之远以至于让理性证明了它自己的效力。在《行动》十一月号上切赫已经宣布，很快就会形成一个领域，以供我们进行"新的重构和摆脱锁链"，他接下去写道："我们有一个敌人，它还没有为这个时刻做好准备，它在忙于为保持它的骨干力量而斗争，但却缺乏所有的理论准备"。理论准备——还有什么是比运用理性更好的方法来达到这一点
97 呢？的确，理性是最根本的，因为该项目是在对国家控制的计划经济加以展望。这里，矛盾深入渗透到了最核心处，因为计划的概念是整个地相异于成长的概念的。因此，《行动》一方面提倡通过有机地成长而生成的国家，而另一方面又想要借助计划经济来达成一种社会主义——它所设定的目标是根本不可能的。它把理性踢出了人民国家的庙堂，同时又把理性请进了国家经济的办公室。这不是一个而是两个运动，而且它们是

逆向而行的。第一个主要的运动是对自由主义的反动;第二个运动是以仅仅依靠合理化的(rationell)组织不能实现的计划经济为目标的,它标志着理性原则的显现,只是它被太过缩简地指称为"自由主义"了。我在上文中已经表明,《行动》的编辑们不断地把今天不受约束的思想(这种思想真的不能被称作"自由的")与理性本身相混淆。这种混淆的诸多后果之一就是,他们相信他们仅凭把苏维埃政权说成是"自由的"就能把它打发掉。然而,这种混淆的基础是在于,他们不只是在抗议自由主义,而且还试图否认逻各斯(logos)。最终,我们在《行动》中看到的,是自然对精神的反抗。只是多亏了这类反抗的犹豫不决,才使它们自身纠结于各种矛盾之中;而且,尽管它们退向了自然的领域,但它们仍然反复允许个人和理性获准进入。

5

进行反抗的,是被剥夺的中产阶级。"中产阶级的关键位置"是霍尔斯特·格林伯格(Horst Grueneberg)一篇文章第一部分的标题,在这一部分他一上来就做了如下解释:"没有人 98
会忽视这一重要事实:没有新老中产阶级,什么样的政府都不可能存在"。而《行动》对这些中产阶级会如此地热心关切,以至于它把它的所有重要概念都导向了他们。就像我已经提示过的,它就是从中产阶级必须要履行的职责中生发出了对于神话的吁求,也正是这同一个中产阶级为《行动》提供了它的理想国家的模型基础。正如我们刚刚征引过的那篇文章的表述那样,“肯定的中产阶级政治只能是一种追求一个新的秩序的意愿,只能是建立一个国家的意愿”。我应该顺便提一句,由于《行动》圈子拥有这样明晰的洞见,能够看到特定的规划是从属于特定社会阶层的,那么它应该很容易就能认识到阶级概念的合法性。

从经济学的角度来看,今天的中产阶级在很大程度上无产阶级化了;从观念上说,他们是无家可归者。在当下的危机中,这种无产阶级化更加深了他们对资本主义的厌憎。格林伯格就此给出了清晰的评论:“如果不具备一个基本的反资本主义立场,我们永远都无法唤醒中产阶级的积极力量”。但是这种经济上的反资本主义绝不会引导他们献身于无产阶级的社会主义。恰恰相反:为了确保他们自己可以幸存,中产阶级会坚定不移地将他们自己严格区别于无产阶级。我在我的《雇员们》一书中所记录的经验已然确证了这一事实:即使是最低工资的白领工人,在任何情况下也不想成为领酬劳的体力劳动者。在《行动》的九月号里,恩斯特·韦尔海姆·艾施曼(Ernst Wilhelm Eschmann)也明确地指出了这一点:“中产阶级正在增长的自我意识不仅使无产阶级的社会主义变得不再可能,而且把这些中产阶级转变成为新生的国民经济中的本质性的元素。”于是,出于对他们自身继续持存的切身利益,中产阶级拒
99 绝宣布与无产阶级团结一致。这提出了一个问题:他们还能有什么办法以逃离他们观念上的无家可归之感呢?这种无家可归之感是从这样一个事实中产生出来的:他们感觉无法为经济危机所摇撼的自由体系找到真正的避难所,但是他们也不愿意在马克思主义那里寻求庇护。

他们站在一片空无之中,除了尝试发展出一种新的意识以

外别无选择，这种新的意识将会为他们的社会生存提供观念的框架。这就解释了为捍卫《行动》所代表的中间阶层而进行的绝望之战——这场反对他们自身所源自的自由主义的战斗，以及他们对国家、空间、神话的赞美。现在变得比较清楚的是，这些概念并不指向任何故乡，而是荒漠中的海市蜃楼（fata morgana）。中产阶级或许没有意识到，这些概念是多么得不真实，而这是一个事实，并且他们无疑也对此抱有一种模糊的感觉。无论怎样，单是这种观念上的抛弃之感就可以解释他们在两极之间的摇摆。一极是诉诸于野蛮的暴力，这是从这样一种感觉中形成的，即这是他们要活下去的唯一的办法。《行动》所发起的精神之战事实上的确具有退化为非精神性的反抗的危险，它把武力看作一种论争手段，要让鲜血胜过金钱，而且无可否认的是，它倾向于将英雄化了的地狱之力设置为反对所有有意识地形成的生命的力量。在它为中产阶级提供的所有概念中，人们也能感受到那种纯粹的自然的蠢动。另一极恰恰就是已经被抛弃了的自由立场。因为如果已经否决了马克思主义的中产阶级想要在一种既非资产阶级亦非无产阶级的意识缺席的情况下为它自身确保它自己的意识，那么最终它还是会激流勇退回到陈旧的资产阶级传统及其继承而来的知识遗产中去的。它的意识的排放口被堵死了：它要么排空要么堵死，
然后被迫回流到它的原点。除此之外没有什么能够解释《行 100
动》中个人和理性概念的进入，这与该刊物的基本倾向是不一致的。

《行动》圈子发表的论著结果便正好成了被剥夺的中产阶级解体（这是由物质和观念情境所造成的）的镜像，中产阶级逃进了浪漫主义并且在暴力和理性之间被拉扯。不过，这也意

味着,他们发表的论著不可能提供任何替代性的方案,而只能展示现状。如果他们继续展示,那么由于他们意识形态的混乱,他们的骚乱(反抗)要么归于沉寂,要么被更有力建构的力量所捆绑利用。如果我没有完全弄错的话,那么这里存在三个危险,最容易使《行动》圈子受到伤害。第一个危险是,资本会违背中产阶级的意愿,在它反对马克思主义社会主义的斗争中,将其驱使为发起进攻的急先锋;直到那之后,一旦中产阶级完成了他们的使命,如果需要的话,资本就会把他们像所有多余的压舱物一样扔出甲板。在这一过程中,中产阶级的社会主义将会得到清算——这种事情也不是头一次才发生了。第二个危险是,由于《行动》试图去实现它的根本不切实际和自相矛盾的计划本身是毫无希望的,它就越来越趋向于一种已然在潜在形式中显现的野蛮状态,右手挥舞着利剑。作为文化传统的护卫者,中产阶级就此承受的痛苦最多。第三个危险是,《行动》的编辑们将会承受和德国的浪漫主义者们一样的命运:最终,他们将会在宗教中找到避难所。他们通过实践认识到他们的概念无法回应任何现实,直到这个时刻,他们依然能够把自己全身心地投入宗教信念的现实中去。我们已经可以看到,他们具有一种趋向于激进的新教主义的特定倾向。举例说,他们在这样的声明中背叛了自己:“今天的问题归根结底是一次重大的精神转型,它正处于发生的过程当中,并且再一
101 次地将作为总体的人当作了它的聚焦的中心。”如果这一信念曾经得到过充分实现,那么“总体”这个词——在其他的语境中它也经常被使用到——倒也可以承担起这里分配给它的重量。但是《行动》的政治活动也将就此而走向终结了。

6

中产阶级表现出了不可替代的力量,而正是关于这种力量之命运的担忧促使我进行目前的探询。这一探询的目的是要说明,《行动》是在什么样的情境中定位其自身的。出于对《行动》所代表的事业(Sache)的兴趣——对每一项确实成就为事业的事业的兴趣——也需要提供这样的说明。

就我所见,《行动》的事业,如前所述,是建立在“人民”的统一体的深层经验的基础上的。恰恰是中产阶级,由于其所处的中间位置,是能够经验到这种统一性的。说真的,我不知道还有什么比切赫的下述句子更好地表达了这一点:“保守的人,其天性、传统、血脉和性格都阻止他去认可今天的系统,而同时代的左翼分子则被排挤出——或是被弹出——今天的系统,但这两者都有其所认识不到的共通之处。未来的道路将会把右翼分子和左翼分子带到一起,并颠倒过来。”就此而论,我们还必须加上今天的系统造成的损毁的经验。这种经验会导向对被释放出来的合理性(Ratio)的合法反抗。它也连接着中产阶级在经历这场危机的过程中最终形成的洞察力。

充分利用中产阶级的实质经验的任务,绝不能等同于观念狭隘的中产阶级政治。因为尽管这些经验的确生成自中产阶 102
级,它们的目标却并不简单是要将这个阶级维系在其社会中间位置上。即便《行动》圈子仍然保有着这一使命,它也肯定是没有出口的一条死胡同,会因其不切实际的概念和内在矛盾并且很难有望避免上述危险而失败。但事实上,《行动》根本没有将这一点设定为自己的目标,转而选择了已超越严格的中产阶级利益的另一目标。实现这后一方面任务的各种实际情形,无法在这里予以讨论。目前必须要认识到的只是:要着手这一任务,就会在两个重要方面以对《行动》圈子的立场进行修正为先决条件。

首要的一点是,我相信《行动》圈子难免要去修订它的关于领袖和国家的概念——即要肃清这两者的反动的意义。在九月号的一篇文章中,艾施曼写道:"我们不是出于意识形态的理由而在这里反对马克思主义的……而是因为它将大量能量判定为非生产性的,因为它具有宗教信仰的特征因而排除了正确的决定"。但是捏造概念上的幻想最多只能把中产阶级推举到一个高度却又没能给它以支持,《行动》同样限定了大量可能借助前所未有的更大生产率来实现的能量。它想要把左翼分子和右翼分子撮合到一起,但是它的实际运作与《红色企业组织报》(*Rote Betriebszellenzeitungen*)并无不同。在四月号里克里斯蒂安·赖尔(Christian Reil)认为,这份报纸在它自己党派成员圈子之外所能施加的影响格外有限,"因为该报大部分是由批评自由工会的文章组成,并且共产主义者至少在现阶段看起来还完全缺少有针对性地瞄准白领工人层次而能奏效的合适语言。"正是以这样的态度,《行动》圈子拒绝面对工
103 人阶级。《行动》并未深入它所关切的现实中去,而是迷失在了国家和神话意象的伪现实之中,它把国家和神话描绘为一种替代性的选择,以置换现有的马克思主义和自由主义的图景。那些对立的概念使它把左翼简化为一个单纯的概念。但是为了取得某种意义上的人民(Volk)的经验,《行动》又不得不靠拢无产阶级并且将他们也纳入进来。

然而，这样的一种努力所提出的预设前提是，《行动》允许其自身受到的不是情绪性的反映而是知识的引领。这就使我要论及《行动》立场需要改正的第二个方面了。我相信若想要致力于它的正确的任务，《行动》就必须要恢复理性的尊严。已被激发出来用以针对理性的反抗，尽管从受到威胁的中产阶级的方面来说可以被理解为一次绝望的行动，但在任何情况下它都不是能够使不受控制的合理性（Ratio）得到限制的正当途径。恰恰相反！一直以来，在战后的世界中，后面这种同所有的生命需要分离的、不受控制的思想类型都无视经济和政治等领域中的全部界限而能免于任何惩罚。而这种合理性，相比于理性包括自由理性，倒与野蛮更具亲缘性。合理性——重复一个此前已表达的观点——所倡导的是盲目的自然之力。然而，没有什么能比想要借助正是在这种合理性当中得以显现的同样贫乏的自然的帮助来与之斗争这样的想法更加荒诞和没有希望了。只有理性能够限制这种无边的合理性——这种理性的特征包含着对其自身界限的意识。《行动》在一段文字中宣称："在战争期间，我们羡慕作为敌人的法国人。我们当中的很多人后来都逐渐了解了法国小资产阶级和农民的生活方式，我们也就理解了他们静止、保守的精神性"。现在，这种确定的、令人羡慕的精神性属于一个人民了，而这个人民曾一度赋予了理性以神圣的荣耀，并且坦白地认可了它的统治。《行动》圈子也不应再屈从于这种毫无成就的针对理性的敌意了， 104
那只会使它偏离它真正的目标。在十一月号里埃尔文·里特尔（Erwin Ritter）抱怨说："我们正努力……使智识再次变得更加谦逊。"谦逊的智识：最终，这就是理性之所是——在今天日益危殆的情境之下，我们比以往要更加需要理性。如果没有理性的充分发展，没有对黑暗的反智（Wiedergeist）力量简单而明确的拒绝，那么，聚集在《行动》周围的人们所形成的圈子将永远不会拥有他们如此亲近和一直以来梦想的东西：一种新的经济，那只能从知识的生产中来；和一个新的人民（Volk），由左
105 翼和右翼共同构成。

那些等待中的人*

今天有许多人——尽管彼此不认识——都通过共同的命运联系在一起。摆脱了各自既定的信条，他们已经取得了今天一般都能得到的教养财富的应得部分，并且带着其对时代的警醒而生活着。这些学者、商人、医生、律师、学生以及各类知识分子，他们大部分的日子是在大城市的孤独中度过的；他们坐在办公室里、接待顾客、谈生意、去课堂上课，而一片喧闹吵嚷中他们经常忘记他们真正的内心存在，误以为自己毫无负担，而其实这些负担正悄悄加在他们身上。但当他们退出他们存在的表层而回归内心时，深深的忧伤就会袭来；在某种精神状态下，当他们认识到自己的局限，这忧伤便油然而生，并最终蔓延到存在的所有层面。就是这种形而上的痛苦——这痛苦是由于他们在世界上更高意义的缺乏和他们在虚空的空间中的存在——让这些人在命运中结伴。

包围我们的精神空间是怎么到了被掏空（Entleerung）的地

---

* 原题为 *Die Wartenden*，发表于《法兰克福报》（*Frankfurter Zeitung*），1922 年 3 月 12 日。

步的？为了找到这个问题的答案，我们也许得追溯几个世纪的演变历程，在这个过程中自我撕裂了它与神的联系和与神的世界的联系，脱离了教会权威、传统、规章、教条建立起来的共同体的强制力。我们也许得仔细探究这个挣扎着的取得自主权
106 的发展过程：从永恒性所框范的时间跌落到迅速更替的历史时代，收缩到启蒙的无时间性的理性自我（Vernunft-Ich），然后再到浪漫主义时期使自己丰满壮大形成一个延展广远、独一无二的个性，随后在物质主义和资本主义时代一边越来越原子化、一边则越来越退化为任意的偶然性的结构体。我们也许还得进一步指明，与这自我的演变相表里的客观世界的演变、真实性的演变，渐渐掠夺了客观世界的实质，并且把它压缩到其大小尺寸要根据自我来确定的一种结构。再继续，我们也许还得关注社会的发展以及其他许许多多方面的系列发展，这些发展最终导致了今天的混乱。而最终，我们也许其实仍未（在形而上的意义上）回答这个问题，而只给出了一种历史的溯源，它会带有任何这样的溯源都存在的那种不足。

比展开历史问题更重要的是在这一语境中展开这里提到的人们所处的心灵境况。他们在内心中承受着被赶到宗教领域之外的放逐（Vertriebensein），承受着统领他们的精神和那绝对者之间的巨大的陌异感（Entfremdung）。他们失去了信仰——其实应该说他们是失去了信仰的能力，那些宗教真理对他们来说变成了没有色彩的思想，对于这些思想他们最多只有能力去进行思考（denken）。在思考中他们多半已经摆脱了纯粹自然科学世界观的排他性。他们很清楚地认识到，有些从理性精神流出的思维矛盾只有通过转入宗教意识框架才能解决，而只有锚定在绝对者身上灵魂才能得以安定。总之，经过漫长

的痛苦之路，他们被逼到了大概这样一个点上，在那里宗教领
域真正开始变得可以进入了。但是他们很想进去的那扇门并
不对他们开放，而在前面的居间领域，他们由于失去了信仰的 107
能力（Nicht-glauben-Können）而备受折磨。

这些人还遭受着隔离孤立的不幸。传统失去了掌控他们的权力，共同体对他们来说一开始就不真实，而只是概念而已。他们处于形式和律法之外，作为一个个分裂的小分子在流逝的时间之流中坚守自己。受限于过多的经济关系，他们互相之间缺少联结，孤独地活在放任自由（laissez-aller）原则主导的精神世界中，在这个精神世界中一切跨个体的大的统一（Einigung）早已破碎，因此，从我到你的桥梁（如果真的有）只能通过可撤回的个人决定建立起来。

与绝对者失去关系和隔离孤立也影响了追求极端的相对主义。因为这些人缺乏纽带和根基，他们的精神四处漫游、无家可归。作为孤立者他们穿越精神现象的无穷多样性，穿越历史、灵魂事件、宗教生活的世界，再不会停步，距离一切现实都是一样的既近又远。既近：他们很容易沉浸到某种本质性当中，因为再也没有信仰束缚住他们的精神，并防止他们以任何方式被某种现象吞没。又远：因为再也没有哪种认识对他们来说是最终认识，所以他们再也不会那么深地沉浸到某种本质性当中去，以至于持续进到深处而再也不会从那里出来。他们的不断漫游只是这样一个标志：表明他们的生活与绝对者距离很远，表明那个萦绕着他们的自我并使事物的本质变得明确的魔咒已然消散了。

这种精神状况的典型就是格奥尔格·齐美尔（Georg
Simmel）的哲学。他相信他最终可以通过把“生活”置于最终 108

绝对者的位置来战胜相对主义(至少他尖锐地指出了它的问题):这样的生活从它的母腹中生产出观念和形式,这些观念和形式在一段时间内奴役着生活,但最后反过来又被生活吞没。但这一学说可以说只是暂时地认可了超越生活的规范和价值,而且正是通过这样的方式来消灭绝对者——即将无关于价值的潮起潮落、也即生活过程提升到绝对者的位置。这一学说是相对主义的绝望行为,它寻找坚固的根基而最后陷入无根无基的生活,因此着陆到自己这里——或者根本就没有着陆……

Horror vacui——对空虚(Leere)的惊恐支配着这些人。我们很快就理解他们的渴望在向哪个方向延伸。通过进入由形式联结的共同体,在他们内部和四周的所有东西都迫使他们去更新宗教领域的所有事物,同时也从无拘束的放任自由中解脱出来。他们有意无意地追求从一种他们信仰的更高意义中重建被毁坏的世界,追求提升他们的糟糕的个性,唤醒一种在他们之上的、在其中可以找到他们位置的秩序。除此之外,他们对于回归宗教生活领域的追求是绝不能与他们的其他追求相提并论的,因为其他追求的目的是通过宗教形式把宗教内容和宗教共同体自上而下整合起来才使之成形的。今天各种追求道路的多样性正表明了灵魂的各种要求之间的裂痕。

重要的是,至少要开启一些可能会引领我们通向灵魂家园的路径。我们很难忽视人智学(anthroposophisch),因为很多信
109 奉者的最真诚的需求与渴望维系于此。斯坦纳(Rudolf Steiner)之所以受到如此众多信徒的追随,在相当程度上可以解释为是他基于对我们无以为继的精神状况的洞察而宣称掌握科学真实性方法的效果——这一方法据说将会使人们能够

感知到超感官的事实以及领会人的命运;他制造了一种具有欺骗性的印象,使人觉得他的方法能够建立起与绝对者的某种牢固的联系。——现在,他不是又在诱使人们踏上这一跨越科学与宗教鸿沟的幻像之桥,由此而得以不必牺牲知性(sacrificium intellectus)即能保持信仰,而且,没错,甚至还可以理解很多神迹般的事物?这一运动的蓬勃发展还要归因于这样一个事实:从社会学的角度讲,斯坦纳团体在重要的方面复制了教会的模型,从而使它能够给予分隔孤立的个人以抚慰性的拥抱,让他获得一种安全的、有保障的感觉。我们可以理解为什么很多人都会受到这种诱惑的吸引,不过,确有一大把很好的理由说明,对思考者来说这不是诱惑,而是提供一幅扭曲的画面,使人以为可以真正加入绝对者之中。

然而,这里还存在一些其他的路径,最起码是不会被看作使人误入歧途的路径。举例来说,带有共产主义色彩的弥赛亚式狂飙突进(messianische Sturm und Drang)寄寓于启示录观念的世界中,等待着弥赛亚的降临来宣布尘世的神圣化。他们抵制意义虚空的单纯存在的危险,而是设置一些闪光的版本:意义的填充和对我们浮萍式游荡的克服。一个残酷的时代催生了人们的千禧(chiliastisch)梦想,使他们以一种狂暴之势(tempo furioso)冲破虚空,通过狂风暴雨攫取某种宗教的终极境地。然而,当他们固执于他们所欲求的乌托邦共同体之时,他们也彻底地践踏了所有能让人们想起理式(Form)和法律的东西,因为他们认为所有这些东西都只不过是一个更低层次秩序的预备性前提。——这种新的弥赛亚主义遥远地联系着共同体思想,这种理念经常是从新教的土壤中生长出来的,并且 110
同样具有宗教的特征。和人智学一样,但是出于不同的原因,共同体的理念也宣称能够在人的领域摒弃理式。根据这一观念,共同体严格说来既不是基于可定义的观念、被广为接受的信条,也不是基于人们在一起的归属感,而是基于"共同体的经验"而建立。这就意味着,它的持续存在依赖于那些愿意维护它自由的良好意愿,所以,为了能够存在下去,它就要求其成员不断更新他们在精神上的努力。可是一旦个人对共同体的经验的确证(这里对"个人"的理解应取它的当代的、有缺陷的含义)被当作共同体的首要基础,那么整个的逻辑结果,依据其原则,就将把浸透了意义的超个人的形式斥为纯粹经验的僵化产物,斥为"我"和"你"之间的不必要的干预。——与此正相反,信奉理式的人[例如就像我们在格奥尔格(Georg)圈子里可能会遇见的人]崇拜神圣的律法,把它视作可以将所有事物整合在一起的共同体原则。它不仅在与上帝和与其他人的全部关系中去除了偶然性的元素,依靠那些有需要的人,在暂存的尘世中反映更高的现实;而且它也制造了那个等级秩序,那个圈子中的分层,似乎是人们中间根深蒂固的差异使之成为必需。根据那些信奉理式的人的判断,加入一个严密的建制性的协会和奉献于作为绝对者之化身的人物(那个绝对者只有通过这个人物才能够被理解),才能使人们从缺乏纽带的状况中解脱出来,并且为糟糕的对无限性的追求设定限制。

这些可能性及其实现——我们不打算给予更多的关注,因为那样就太抬举它们了——在方向上跟那些企业有所不同(虽然本质上未必):企业的目标是再次唤醒旧的人文主义信条,希望通过比如说加入其真理内容现在必然会被重新凸显出来
111 的现有的宗教来消除那种虚空。任何从相对主义偶然性地带去接近这些目标的人都会不经意地发现信仰的宣言和文化共

同体,发现消除孤立和个体化的绝对者的力量,发现能使人从不虔诚的漫游中解放出来的虔诚的知识。今天那些带着新的、渴求的双眼得以从外部瞥见各种宗教的外壳的人们,都有着与漫游者相似的经验,他们在经过了多少次的周游之后,都会认为自己发现了遮风挡雨的家园。这些奇异鲜活的构造物漫不经心地从他们抱以轻蔑的时间中生长出来,其中包含着一个别样的世界、一个别样的现实,它与那个物质性的事件和经济过程在其混乱的多样性中展开的世界或现实是不同的。这些宗教向其信徒保障"我"与上帝、"我"与"你"的统一,并且多亏了传统——它们体现传统且传统借此得到延续,将信徒从无意义的变化的领域转移出来,使之进入一个充满了意义的永恒的空间中去。这样的洞见和相遇的结果,现在已变得一目了然、随处可见。正如天主教被注入新生命,一些强势的宗教力量也在新教共同体内部激发起来,这些力量在一定程度上已经被导向反对新教主义的世俗变体了;而犹太教——主要是犹太复国主义——也不甘落后。各大宗教开始发展出支流教派,这可以由其神秘主义转向和分支教派的建设来证明。对宗教的需求的内在动力是寻找一种完满之感,这样的探寻之旅的广泛性所对应的是一种根本性的(或许有时也是部分的想象性的)绝望的程度。因而不足为奇的是,对宗教的需求最终会以东方的教义为目标。一般说来,根据他们的特殊需求,人们在一些时候会去追寻不受限制的权威和诸形式的严格的发展,而在另一些时候他们又会去追寻对于宗教领域更加自由和个人的投入:对已经公式化的信条的接受,是与尝试去松动既定的约束的努力相交替的。这些探寻者,往往太过看重一种安定感,这种安定 112
感使他们在信念中找到栖息之所成为可能,而我们对此也只有欣然默认。

现在且回到那些意识到他们的处境、逡巡于空虚之中的人们:在面对向他们开放的各种道路的时候,他们将如何回应呢?我们首先排除两种情况:其一,在面临决定的时候求助于麻醉状态,躲进一个不真实的、用以分散注意力的影子存在之中,以逃避作出决定;其二,找到没有冲突的真正的信仰,从而到达现实的更高的层面而不必再歧路彷徨。排除这两者之后,我们还剩下三种行为类型的基本可选项。

第一种态度是原则性的怀疑论者的态度,这种类型的最佳范例或许是马克斯·韦伯(Max Weber)。这一类人清醒地把握到了现状巨大的严峻性,同时又确信他以及那些和他一样的人没有办法挣脱这一现状。他们作为知识分子的良心使他们极力反对走上周遭提供的任何通向可能的救赎的道路,因为这些道路在他看来都是各种各样的错误路径,只会引领人们退入不合法的强制局限的领域。其结果是,出于内心的诚实性,他决定背离绝对者:他的不能去相信变成了不愿去相信。对以信仰行骗者(Glaubensschwindler)的仇恨——一个已经被遗忘的并且长期被压制的渴望或许仍可以在这一仇恨中找到共鸣——驱使他为“世界的祛魅”(Entzauberung der Welt)而奋争,而他的存在就在一种空的空间糟糕的无尽性当中任其自然了。然而这一孤独的存在,在任何意义上都不再是天真的;毋宁说,它诞生于一种无与伦比的英雄主义。如此一来,这种处于自我施加的悲惨中的存在就比只求公平者(Nur-Gerechte)
113 的安逸的存在要更加接近于拯救。这一类型的心智会愿意拥抱一种很难再被轻易超越的怀疑论;他们穷竭其自身去描绘可以想象得到的所有决定性因素和关系,而从不像先知似的涉及意义,而只是不时地会离开免除了价值判断的观察领域。然而他们在人文学科和人类学范围里已经获得的认识(这样的认识在某些特定方面是可疑的甚至是浅薄的,恰恰因为它们宣称自己是纯粹的认识),是根植于放弃(Verzicht)的。或许正是贯穿其中的弃绝(Entsagung)的底色赋予他们终极意义和深刻的光芒。

第二种态度——出于可理解的理由,这是我们更经常碰到的——是那种短路的人(Kurzschluß-Mensch)的态度。无论我们在这一阵营还是那一阵营遇到他们(在任何看似备有关于信仰问题的解决方案的地方我们都会遇到他们),他们的共同点就是趋向于掉头逃离这沉寂的外部世界,以便迅速钻到避难所里面去。因为在一定距离之外观察,他们不仅从表面上看起来很像是真正的信仰者,而且从主观上他们的行动至少部分是由真诚的信念所主导的,所以他们在心理上和在客观上颇成问题的态度都还不是一目了然的。值得注意的是,这里要检验的并不是这些个人信仰的转变(我们对于自己都尚不能领悟,又有谁会认为能够烛照他人的心灵深处呢?),而是在于要指明这是一种典型的转变,这样的转变之所以总是会不了了之,就是因为它并不是真正的转变和转向。

被当作一种类型的短路的人或许真的以其部分的存在遍及于宗教的领域,但是他们的信仰并不是由他们丰满的整个自我来体现的,所以也并不要求乞灵于宗教的真理。这更需要的 114
是一种对于信仰的意志而不是停驻于信仰之内,更多的是一种轻率的解释而不是完成了的事实。受到对他们内部和周遭的虚空的强烈的绝望驱使,这些人一会儿撞进这个宗教领域,一会儿又跌入那个宗教领域;当他们从这种疲惫的漫游中解脱出来时会很高兴,但也会陷入一种错觉,就是以为归家可以终结他们的游荡,就好像小说那样以订婚来做一个圆满的结束。然而也就像小说一样,他们的游荡只是看起来像是已经结束了,因为除了现在的生活又再一次地从头开始这一事实之外,他们由于太过迅速地逃离了他们的怀疑而不可能这么早就抵达他们的第一个目标。但是究竟是什么构成的这一短路呢——他们既是这短路的制造者,又是它的牺牲品?这是由以下事实组成的:他们既认识到对信仰的需求,又被缺乏耐心的渴望所消磨,于是他们就闯入了信仰的领域——由于他们缺乏信仰的真正的征服所需要的广泛的前提条件,所以他们只能人为地和依靠心甘情愿的自我欺骗来维持他们的基础。总之,短路就在于,他们采摘的果实对他们来说尚未成熟,而他们自己作为采摘者也没有准备好。设若他们曾几何时有过哪怕很微弱地近似于宗教经验的东西,他们就可以以此为基石不再需要大费周章地(也即不必在一个很不牢靠的基础上)建起一整座大厦,以保护他们免于在空的空间里所承受的所有痛苦了。他们更多是出于形而上的懦弱,而非真正达成的完全的确信,迫使自己整个生命进入一个于他们不完全合适的状态中去,他们不仅扭曲他们自己的存在,而且扭曲了由这一状态所揭示的信仰世界的存在。对他们来说,这一处境绝不是自然的,并且因而有一种对于他们自己的秘而不宣的不信任感在他们中间苏醒,为了继续掌控这一现状,他们就必须使自己保持在一个持续的狂喜的状态。他们所做的一切都变成了被迫的,于是他们最终开
115 始过度强调他们的信仰——鉴于那种信仰的脆弱性,这一事实本身是足够清晰的。他们想要压制与他们对立的精神的声音,这一需求迫使他们陷入一种不惜歪曲事实的狂热之中;不确定

性使他们不得不更加强调他们的确定性，迫使他们投入巨大的精力去倡导他们已经接受的教义——举例说，他们所花费的精力要比真正的信仰者更大，因为后者并不需要这样一种对内对外都采取持续不断的辩护姿态的立场。这些真正的信仰者尽管或恰恰因为从内心深处抱有一种确定性，反而可能受到怀疑的折磨。对于灾难的恐惧，也即对于太过仓促地建立起来的一切大厦将要崩塌的恐惧（这样的大厦的建成实际阻碍了他们去接近它），驱使短路的人们的忠诚宣言变得越来越夸张，以致于在那些敏锐的耳朵听起来就显出一种令人不安的空洞。这些躲避虚空的避难者将真实性和非真实性以一种磕磕绊绊的方式相混合，而（第一种）知识分子亡命徒则至少在诚意上远胜他们。

当然，知识分子亡命徒不会被允许拥有最后的决定权，因为那样的话就会让这个世界彻底地屈从于无意义。但是我们怎样才能逃避这样两种位置可怕的非此即彼的选择呢：一边是以怀疑论为原则的人，另一边则是短路的人？或许唯一剩余的姿态就是等待。如果投身于等待，一个人既不会阻断他的信仰之路（就像那些挑战似的去确认空虚的人那样）也不会硬挤进一个信仰，就像那些无节制的渴求者那样。一个人等待着，那么其等待就是一种犹疑中的开放性存在，虽然这是很难解释的一类存在。在为此而等待的人身上很容易发生的一种情形是，他们可能会以这样或那样的方式找到一种圆满之感。然而，在这样一个语境下，我们首先应该想到的是，这些人他们始终是在门前徘徊而且至今仍在徘徊，而且由于他们是自愿在等待的，所以他们就是此时此地在等待的人。让我们假定，基于他 116
们作为自然存在的不能剥夺的权利以及他们的现实感，他们拒绝热衷于弥赛亚的人们的那种欲望和热情,就像他们也会拒绝加入秘教圈子一样,他们认识到了现代的共同体理念的某些弱点,还有最后一点,当他们尝试使自己沉浸在现存的宗教传统当中的时候,他们会遇到难以克服的困难,这些困难部分要归因于他们对于宗教形式的构造所抱有的那种决定性的间离感。那么,他们的等待说明了什么呢?

从消极一面来说,等待者和知识分子亡命徒共同分享的,首要体现在他们持之以恒的能力中的那种勇气。几乎无须强调,等待者的怀疑论不会退化为一种原则性的怀疑主义。因为从一开始他的整个存在就被调适成要与绝对者建立一种关系的状态。他的态度的真正的形而上学意义是在于这一事实:只有当个人以其全部的存在投身于这一关系中时,绝对者的突然降临才可能发生。因而那些等待者就会尽可能地对自己严厉,这样才不会被宗教性的需求所吸收。他们宁可丧失掉他们灵魂获救的机会,也不愿屈从于某个时刻的迷醉,不愿把自己抛入狂喜和各种愿景的冒险之中。保持着最大可能的距离,他们几乎把变得学究气和某种程度的冷酷当作他们的野心,把它当作保护他们免于灰飞烟灭的一种手段。他们与亡命徒一样极少将自己的困顿转换为美德,抵毁自己的渴望,也很少轻易相信渴望的电流会把他们带入某种虚幻的完满。

从积极的一面来说,这一等待指示着某种开放性——这种开放性自然是无论如何都不能与对指向终极事物的灵魂力量
117 的放松相混淆的;而刚好恰恰相反,它是由紧张的活动和投入的自我准备组成的。这是很长的一条路——或者,更好的表述是,是必须经过一段漫长助跑的一跃——这是向着宗教领域生活的一跃,是向着宗教语言的一跃,甚至是向着基于共同信仰

的人们之间紧密关系的一跃。对于任何就像空的空间中的居
住者那样切断了与绝对者的联系的人,要实现他要求于自己的
转向都是极其困难。一个等待者究竟需要做些什么,才能让信
仰在不被魔法给吸引走的同时依然不会被排除呢?这一信仰
不能以知识的形式被传递,因为它必须是活生生的,必须先于
观察者的认识掌握生活及其教训。无论如何,我们顶多只能
说,对于这里所讨论的那些人而言,他们所要冒的风险就是尝
试把焦点从理论性的自我转移到整个人类的自我上来,从那些
逃避意义的无形力量和修辞构成的原子化的不真实的世界里
走出来,进入一个现实的世界以及这一现实所包含的领域中
来。理论思考负担过重导致我们日益远离现实竟到了一个可
怖的程度,此种现实充满了有血有肉的人和事,因而也要求被
切实而具体地看见。任何想要使自己协调于这个现实并且与
之友好相处的人,自然不会轻而易举地达成现实所建构的意义
和在信仰中的存在。然而,他可能会发现内在于现实之中的这
样或那样的纽带;例如,他可能会越来越清楚地看到:和他的伙
伴们一起的生活以及总体而言的现实世界整个都臣服于多种
多样的决定因素,它们既不能通过理论概念性的方法来予以测
量,也不能被解释为只是主观任意性的结果。这会引领他逐渐
调整他的位置并开始摸索着向上攀爬他此前无法企及的那样
一些领域。不过,在这些领域里任何路标都绝无可能给他真正
指出一条出路。有必要再进行补充吗:让自己准备好,就只是
准备好接受那些无法用强力获得的事物,就是准备好转变和把 118
自己交付出去?至于这一转变究竟什么时候会实现,以及它到
底是否会发生,这都不是这里要讨论的议题,而且无论怎样,那
些正在努力的人都用不着去担心。 119

构　造

作为理念承载者的团体

酒店大堂

作为理念承载者的团体*

社会世界(die soziale Welt)无论何时都充满着精神力量或精神实体,可以简单称为理念(Idee)。政治运动、社会运动和艺术运动都体现出其中的某些内容,它们在某一天被唤醒并开始运转。这些理念有一个共同点,那就是它们都向现存世界进行渗透,并希望把自己变为现实;它们作为一个具体的、物质性的必要性内容(Sollen)在人类社会的内部出现,并伴随以天生的自我实现欲求。直到有一天,它们不再是对社会现实毫无影响的空想,而是开始在社会世界中产生作用并使世界沸腾,此时这些理念才被纳入社会学的考虑范围。一切渗透进社会世界中以使社会免于僵化凝滞的理念,都要经历一些过程,这些过程不仅展现在历史当中,而且还可以从中总结出其形式社会学(formal-soziologisch)上的特点。正如扔进水里的石块荡起涟漪时,其形状和大小并不主要看石块的形状和性质,而更多地取决于投掷的力气和方向,作用到社会现实中去的理念也是

---

* 原题为 *Die Gruppe als Ideenträger*,收录于《社会科学和社会政治学文献》(*Archiv für Sozialwissenschaft und Sozialpolitik*),第 49 卷第 3 册,1922 年。

如此,它在社会当中引发激荡,其运行过程是由一些基本的因素决定的。为了从必要性方面理解这些因素,需要从现象学深入理解的精神结构当中进行推导。这样人们就能将所有的特别之处囊括在内,来确定所有理念从必要性(Sollen)到现实性(Sein)这一路程的一般公式,来获得最一般性的规律——这一点虽然从未得到突出的强调,但却是所有社会学研究的基础之
123 所在。

如果说在社会上起作用的理念总是由个体的人物抛出,那么团体便组成了理念真正的躯干。理念可能是由个人产生和宣告的,但团体是它的承载者并负责将其实现。比如政党为自己设置某些目标,协会为自己制订某些计划。存在各种各样不同性质的团体。正如齐美尔(Simmel)令人信服地指出的那样,团体中聚集的人数的变化,能使团体的本质、团体的质量随之变化;一个两人团体的意义和可能的成就大概不能随意由一个各类人群组成的团体来说明。但在这里我们主要想明确的是理念运动的规律,比起按团体人数进行分类,将生活共同体和命运共同体从承担理念的团体当中分离出来就显得更为重要。对于那些生活共同体和命运共同体,我们可以将其理解为各部分紧密相连、密不可分的,而不是通过理念或某些原则简单地焊接到一起的。比如家庭,还有国家,都是属于这种共同体的构造物。这样的团体包含了天然从属于其中的人,比如人从出生到死亡,直至身后之事;而且这些团体基本是会永久持续的,就如同从母腹中不断诞生新的生命一样。从这些共同体的来源和目标来看,都是无理据的(irrational),它们并不是基于某些目标而确立的,准确说来,它们是要在运转的过程中达成目标的无穷无尽和多样性,而不是从某一个目标中寻找最终

意义。团体则与之相反，团体得以结合的缘由就是一种理念，并随着这一理念而发展和消亡，团体的统一性并非内在于团体组织的发展历程当中，而是仅仅存在于某个概念当中，这个概念要通过团体获得生命。这种情况到底涉及什么样的团体，是 124
可以辨认的：也就是其组织目的在于实现一种理念，而且这理念已经存在于从宣告阶段进入实现阶段的那样一些团体。所有这些通过理念建构起来的团体性个人（Gruppenindividualität）[1]的发展，同理念本身一样都受制于一般的规律性。团体和理念紧密地彼此相属，其中一个可以展现另一个，因此，如果没有确定由理念所塑造的团体中个人的本质，那么就不能掌握其理念的路线。

在对承载理念的团体进行特征归纳时，会产生两种截然对立的观点。按照其中一种可以被认为是权威性的观点，具有统一性的理念即被直接置于部分性的个体的团体成员之上，并完全剥离了团体成员的主观愿望。这种完全主导性的理念在一些丝毫没有个人情感参与的领域中散播开来，相比较而言个人的意志（作为自为的存在的个人的意志）则从来没有被纳入考虑范围。对这种学说的追随者来说，单个的人简直就是一种没有本质内核的构造物；对他们来说，只有要求人人都臣服的理念才具有意义和实质内容。个人是易逝的，在理念面前时间都不能与之比肩，因为理念是永恒的。比如，按照这种理论，国家就是一种独立自主、超越个人的存在，这种存在不仅不会同组

[1] “团体性个人”（Gruppenindividualität）是本文的中心概念，它由“团体”（Gruppen）和“个人/个体性”（Individualität）两个词组成，指的是个人自我意识中为团体目标而奉献的那部分自我，是团体中的所有成员所共有的，详见后文进一步的解释和分析。——译注

成它的人类一起朽坏,而且终归与其根本没有任何共通之处;仿佛所有的人类不过是国家理念得以实现的物质材料(Materie),一种被动的物质材料,不得不被印刻上理念的痕迹,但是对理念本身的形态却产生不了任何影响。因此,国家的命令都是神圣不可侵犯的,对所有个人的、不管是否有理有
125 据的批评来讲都是如此。规定好的法律条文就是通行的正当性,这些条文的来源是一切经验性的考量的彼岸,而且一经制定,即便与当下的法制观念有所偏差,原则上也不会被废除。基于这一权威学说,所有承载理念或从理念中孕育出的团体,都是不可分割的统一体,它们的理念性内容作为目的本身游移在绝对当中,既不会产生也不会消亡,在永恒存在的理念领域与不停变动的团体生命之间没有连接的桥梁。

另外一种个人主义的观点认为,每一种由团体所掌握的理念都是组成团体的所有个体的共同精神成果。存在的根本就只有个人,被草拟的也不过是由有才能的成员牵头,众成员感觉认同和一致的理念,是对团体个人的采纳。团体的精神是所有团体成员精神的和声,团体不外乎是其成员的总和。这种分裂倾向观点的持有者拒绝承认团体整体的质量性统一和独一性,他们将现实和重点转移到个体而不是整体中,转移到时间所限的许多个体的观点而不是超越时间的团体控制的理念。他们的学说在现实政治领域通常有此论调:“国家(或法律等)是为人而存在的,而不是人为国家(或法律等)存在。”于是,团体秉持的那些理念就失去了实质性,变成了个人多样化嬗变意愿的表达,团体存在的合法性便只在那些个体倾向赠予时才拥有。假如人们追随第一种观点,社会世界中的个人就在团体存在面前失去了意义。理念从个人存在中分离出去,像群星一样

在个人头顶自行转动。假如人们认同第二种观点,个人就成为 126
社会世界中唯一的真实,团体性个人变成一种幻影(Phantom),理念被限定在个体精神的内部,离开了个体就不复存在。

这两种观点的世界观来源清晰可见,但两者都用现象学可证明的事实伪装自己。就第一种权威性学说而言,它刻意划出一条深深的分界线,一边是理念或表达理念的团体,另一边是组成各个团体的人们。结论的出发点是正确的,即从团体的活动和团体所承载的理念的命运来看,它们事实上确实好像是一些独立自主的存在物的活动和命运,然后这一学说便走过了头,使那些因团体而闪耀或经由团体才产生的理念直接变成了自给自足的构造物,从此与单个的人类存在再无任何微小的关联。按照这种权威性学说,理念的历史发展过程跟它的陷落过程一样难以解说。理念出现的时间和地点可以暂且搁置一旁,因为理念就在那里,并作为脱离时间之外的存在凝视着社会世界的运行——似乎这就已经足够了。按照这种理念永恒的观点,团体的集体性存在受到蔑视,个体本身跌跌撞撞地闯入了一片灰暗地带,他们既没有产生理念,也没有真正受到理念的影响。

另一种即个人主义学说通过将起社会作用的精神实体与个体的人直接联系起来而赋予现实以正当性。在他们看来,不仅“理念遥远得不可接近,通过个人进行理念的创造和消灭也
同样不可能”这种说法不成立,而且“是团体才形成最终不可 127
分解的统一体,是它成功抵御其组成部分内部的分崩离析”也是不可靠的。个人主义观点没有认清的主要一点是,理念连同作为其躯干的团体要比纯粹由个体构成的代表人物所包含的

内容多得多。这种学说既不能说明使理念通往社会世界的道路是如何制定的——它通常超越经验性的个人意愿，也不能解释团体性个人（Gruppenindividualität）与团体成员（Gruppenglieder）相比强大的坚持动力。他们将理念过于密切地归于单独的个体，与此同时第一种观点却绝无仅有地将理念错置到超个人的领域当中。为了给被理解为目的本身的单个心灵赋予力量和庄严，过分的个人主义陷入了一个（几乎可以称为逻辑性的）错误：它轻视个人心灵所能产生的最高影响，也就是理念，并夺去了理念的意义和自主性——这些本来是从来源上就已得到保证的东西。同样不合逻辑的是，过分的个人主义从自己的立场出发否认团体存在有独立性和自我性（Ichheit），因为即便团体存在最终也是产生于个体；不管是谁认为最终意义体现在个体身上，他都绝不能轻易否认其一致性——由个体所组成的构造物的内在一致性。如果人们认为一切被创造的东西（理念、团体等）都不具有本质性，那么最终创造者（个体自我）也会失去其本质；他们将变成永恒的世界毁灭者，并且只有通过将自我延伸到有效的作品当中的方式来保存自我。这里所指的个人主义是启蒙运动的真正产物，启蒙运动不重视人们之间世界观的差别，秉持所有理性存在完全和谐均衡的观点，因此就忽略了团体作为一种特殊构造从理念到
128 个人的过渡作用，就好像这一过程很容易似的。在不断将芸芸众生与许多宇宙级的大人物区分开的过程中，马上就出现了理念以及从属于理念的团体在意识层面特有的活动，它们再也不可能被简单归纳为异质个体生命无尽多样性的精神影响了。

团体是介于个人和充盈社会世界的理念之间的中介。不管一种理念在何时从黑暗中产生并被表述出来，它便在遇到它

的人们那里形成均衡的心灵存储；当这些人为这个理念在现实中争取一席之地而结合成团体的时候，这一理念就开始付诸实现了。对个体来说，理念并非如权威性学说所认为的那样是超验的，而是对个人产生实在影响，但是通过理念在个人当中起作用的方式，那些个人本身就变成了理念的承载者，于是他们就不再是独立的、每时每刻都自由活动的个体自我（Einzel-Ich），而是与理念相连、由理念塑造的，进行统一又有限地思考和感觉的存在。他们通过理念塑造自己的内在，使自己从与该理念无关的大众群体中凸显出来，并开辟出一条特别的道路，而前进的方向早已通过理念来预先划定。团体只是——如前文所说——为了理念的实现这一目的而将理念相近的人进行必要的结合，而不是随意对理念还不确定的个体进行结合。当团体所有成员的意识表达是基于同一个基础，也就是某一理念的缘故，并且从经验来看也会趋于统一的行动时，团体在这个意义上就是一个集体存在（Kollektivwesen）。只有在与从一开始所假设的随意变动的个体多样性相比较时，团体和团体所承载的理念才具有一种位于个人彼岸的特殊存在，但与形态千篇 129
一律的个体心灵相比较就不再如此了。直到团体的成员脱离其理念的时候，这一理念才会像一个外在的强制力那样对他施加影响，在此之后那个仍然维系着与理念的关联的团体才会被他们看作一个强加于自己的独立存在。

假如团体成员偶然地理解了自己作为理念承载者的特殊性质，他们就会继续自问，这种塑造他们内在的理念是如何被自己所接受和加工的。每一种能缔结起一个团体的理念，都会结晶为有锐利边缘的构造物。它会变成政治纲领，变成被精心打造的主导学说或教条——简言之，它们出现时内容上就具有一定的必要性，并要求其实现。但这一准确制定的必要性往往指向自身之外，团体的那些表述只是其最大化的精神道路（Bahn）中变得可见的部分，而这一道路的整个长度已由团体加以总体测量。根本就不存在也不可能存在一个自给自足而没有交织在更大的意义场中的精神表述。精神的表述总是能避开某种最后的论据，而且总能引导到其他的表述上去，它连同这些表述一起组成一个统一的意义整体。因此在社会上起作用的理念总是内在地包含了这样一种方向，它要求继续发展，它是某一种总体观点的简短表达，每一次都由这一总体观点来强调在某一特定的时代、某一给定的社会形势下什么被证明是必要的东西。那些支持某种理念内容的团体成员，他们所经历的和要求的始终要比这种可表述和被表述的必要性更多；团体成员走上的是一条通往整个世界的道路，让他们为之奉献的理念内容，只不过是由他们被阻挡的意识的河流所抛起的一道巨浪，或者更准确地说：这些理念内容代表的只是他们理念
130 的洪流同遇到的情境正好相切合的那个点。不管理念出现时是否给定了意识的方向，或者，从首先给定的必要性内容这方面来看是否有必要踏入一条最大化的道路，都无关紧要，最多只涉及心理原因。不管怎样，团体成员总会从理念中获取理念内在具有的一切可能性，并将理念的扩展变为理念内在包含的完整性。政党的纲领都有其世界观基础，某一基本理念向四周辐射产生影响并引发组建团体时的各项理想化要求，并使这些要求同其他精神上的要求和价值观念有意义地联系起来。

人如何被理念所塑造，是以作为个人还是以作为团体成员的相应方式，这两者区别很大。对这一区别的观察首先导向对团体性个人（Gruppenindividualität）这一特殊存在的见解。首

先假设某种特定的理念仅仅涌入个人的精神当中。理念当然会在人身上扩展,并安排一条让自己从世界的一个尽头延伸到另一个尽头的成长道路。那么现在这个为自己存在的个体(至少从可能性上看)就是一个微观宇宙,里面激荡着各种欲望和精神力量,因此理念所创造的意义语境(Sinnzusammenhang)只在极少的情况下单独填充意识。来自心灵偏僻之地的想法和观点参与到这一语境当中,使其松动和被打乱。即使假定,理念在个人当中得到完全伸展,那它最高也只可能是单纯地获得对个人精神的统治——如果这理念涉及激发整体自我的崇高原则的话。主体虽然体验理念、完善理念并献身其中,但他总归来说都不纯粹是理念的承载者,它不可能轻易挣脱自 131
己无可比拟的命运锁链来让理念在自己心灵未填充的空间里发挥作用。不过,如果它走出自己的孤独隔绝而变成团体成员的话,那就另当别论了。个体之于团体的意义,根本就只在于个体纯粹体现了理念。个体同团体中其他成员的关系是为了扩建和实现团体造就的必要性内容,这是唯一和全部的目的;在个体中若还存在其他可能被宣告的内容,那一定是为了团体之外的用处。通过个体成为团体成员的方式,其存在的一部分——也正是被理念所塑造的那一部分——从个体存在本可能完善的整体计划中分离出来,并独立投入自我实现的实践。就像音叉只定一个音,团体也仅仅定调于其中一个交织的理念;一旦某种理念建立起来,就会自动排除一切跟这种理念无关的内容,因这种理念而结合起来的人们便再也不是完整的个人了,而是个人的片断(Fragmente),他们存在的正当性纯粹是为了团体目标的缘故。作为单个自我(Einzel-Ich)的主体同其他的单个自我相关联,这是一个在思考内容上无穷无尽的存在,它不可能完全被理念所掌控,而总是生活在理念影响范围之外的区域。作为团体成员的主体:这是一个从它的完整存在当中分离出来的部分自我(Teil-ich),它根本不可能走出理念预先为之划定的道路。

本文行文至此,可以首先理解为何存在一种像集体存在这样的团体性个人,它不会让自己在个人的多样性中瓦解,而是经常看起来像是独立于其成员的要求和(当下的)需求,超越
132 其成员并按照自己的规律来运行。团体理解不了完整塑造的个人,只知道被削减的自我,即对于人类本身的抽象化,团体纯粹是一个理念的工具,别无其他。但是,人们是否会惊讶于,已不再具有无条件自我掌控权的人在行为上会与完全掌控自我的人有所不同呢?在理念通往社会世界的道路上潜藏着一种紧迫的必要性。看到理念之光的个人必须同其他人联合起来,使之实现从必要性到现实性的过渡。在团体产生的那一刻,自我的减法也开始了;在致力于实现一种理念的许多个体那里,当他们感觉自己是独立于理念的存在时,他们其实是纯粹依赖于理念并受其恩惠而生活的生物,他们通过理念自身——也只有通过理念,被往前推进,必然地陷入无本质(Wesenlose)的境况当中。并非理念破门而入冲进他们之中而是缔造了他们,并非他们实现了理念而是理念实现了他们并给他们输送生命气息。将团体性个人说成是一种独立的存在,是有其积极意义的。因为这些部分自我,二分之一生物或四分之一生物,只有在为共同的行动做准备时(在团体协商时)才会出生,他们的席位不在各自的个体本身,更多的是在作为精神存在而进行团体结合时才成长出来的,这种精神的存在已经从他们自身当中分离出来,仅仅在团体中才能够存在。

完整的个人在团体中消失这件事,对于在社会世界中由团体性个人所呈现和扩散的理念性质有决定性的影响。人如果作为单独个体起作用,内在就会升腾交织起千万种激动、欲望、想法和温柔的感觉,即便是最轻微、细腻的内心波动也会交织 133
到精神的状况当中。但如果这一主体同任意一群各种各样的人结合成一个(通过某理念而确定的)团体,那么被自己隔绝的部分自我无论如何都不再具有单独个体独有的那种无尽多样性的特征。这是出于本质性的原因。因为当一定数量的人组成团体的时候,不可能使这些人的心灵完全按照自己的尺度相互关联。团体理念运行的精神道路,一定要这样来制定:要能够使所有的团体成员向一个方向靠拢。主体独特的完整性被重新产生的团体自我(Gruppen-Ich)中驱逐出去,只有这些特点在为建构团体性个人做贡献——即对于从属团体的不同主体来说共通的那些特点。换句话来说:单个自我所拥有的那种本能无意识的、机体旺盛的生命财富对于团体性个人来说是陌生的。同单个自我相比,团体性个人在追求和特点方面比较贫乏,他们缺少富有成果的创造力的心灵根基,理性所不能涵盖的各种内容即是从这种心灵根基中阐发出来。在个体身上(至少是可能找到的)那种平滑的过渡、难以名状的感觉和不同层次经历的相互叠加,在团体性个人身上去寻找是徒劳的;团体性个人没有能力向各种维度伸展,而是只认识唯一一个方向的运动,他们既不能向右也不能向左偏离这个方向,否则就会溃败。这种伸展的直线性形成了团体性个人存在的基本特征。但是同这种一维性特征同时绑定的必然是一定程度的生硬和粗糙,也正因此依附着团体自我,因为原则上团体自我不能够保存单个自我大量的完全类似的经验。团体自我缺少灵 134

活性和柔韧性,许多充满事件和经历的区域,对个体敞开大门,对团体自我却一劳永逸地关闭了。

任何一个能生成团体的理念的特点当然必须切合被认为本质上具有重要性的团体个人的特点。一种理念可能以无穷尽的许多种形式被赋予单个的人,他既能接受那些粗笨的,也能接受那些细心雕琢的理念形式。个人通过将其自身同化于这种理念,织起了从这种理念到自己意识当中其他内容的无数线条,一个关系网就这样联结起来,理念如此交织在一起,作为一个独立的构造就再也不能同个人分开了。与之相反,团体的构造原因只能是那样一些理念内容,它们缺乏不易被捕捉到的闪烁的微光。因为团体的特性恰恰在于此,即团体丧失了个体自我所独有的那种丰富性,其五彩缤纷的经历中只还保留着少量的基本色。但是一个这样形成的存在也只能经受得住比较粗犷的理念消耗(Ideenkost);而对有些内容来说,由于这种存在没有机体组织能够接纳,就直接拒绝接受它们了。每当一个由重要人物代表的理念形成它的团体骨架的时候,这个人物具有的独一无二的个性就在这个过渡的过程中消失了,在代表人物和他各种经历之间的那种联系被切断了——当单个自我还掌控这些经历的时候,理念正是植根于这些经历当中。有一两个例子再清楚不过地说明了这种在类似情形中随着理念而发生的转变,那就是瓦格纳对瓦格纳崇拜者的厌恶,或者马克思保证自己不是马克思主义者。为了避免对这种态度从其他原
135 因进行推测,我们可以作如此解释:当一种理念在通往社会世界的道路上创造了一个团体,并在另一个领域按照其自身的原则铺展开来的时候,这一理念的创造者便不再认识自己的理念甚至可能想要予以否认了。

但是在这样产生的理念的内部存在一种难以阻挡的，想要进行扩展的需求，它们想让自己永恒。只要纯粹作为个体的单个自我还以理念的实现为己任，只要还有一种向着无限（das Unendliche）飞升的关于联合（Assoziationen）的理念光束缠绕着他们，那么他们就至少能保持某种灵活性，处处适应以及让自己以各种方式进行调整。但是当这些理念由团体来代表的时候，那么那种最开始的灵活性就减弱了，这些理念就变成上面所描述的极为粗糙的构造物，艰难地向前发展，就像屈从一种硬性的要求一样。在一个完全被某种理念控制的单独个体那里，人们可能对此怀有疑问：单独个体是如何在这种或那种的情形下保存自我的，因为它本质的许多源泉绝不可能完全保持隐匿状态不受影响。相反地，团体性个人只有他们建构的理念这一个源泉，并无其他，并因此用严密的因果关系让自己深入现实当中。就好像仅凭内在于理念的冲击力就将理念继续推进到一个自己所选取的道路上，好像理念的道路就是理念所固有的发展可能性和不时出现的矛盾的结果。因为团体性个人无法做到其他还能在内容上填充社会世界的事情，所以他们的行动便是理念在当时既有情形下所能找到的最纯粹的表达；根本上说，他们只从事那样的活动——只要该理念是以一种非具形的形态穿越多样性的存在，并被它的先天的原初之力所推动着，那么这种活动便仍与这一理念相符。在这个过程中需要注意的一点是，这些以这种方式有逻辑地铺展开来的理念，都 136
已经是千篇一律、构架粗糙的东西了；但是这种本质的粗造化很明显完全是必须付出的代价，这样才使它们在从必要性到现实性转变的漫漫长路中得以保存下来，不至于无声无息地消失不见。

团体性个人只有在协助凌驾于其上的理念去实现的时候，才得以存在。就如同当人们从哥连（Golem）嘴中抽出写着赋予他生命的咒语的纸片时，哥连就会被毁掉一样，[2]当人们把团体从赋予其存在的理念中分离出来时，团体的命运也会如此。因为从完整的单个自我中分离出来的团体自我只通过理念才存在，那么，当它得以建立的根基被抽离的时候，团体自我就会马上崩塌（或者说，经常发生的是，它过渡到一种全新的、不同建构的团体存在）。这一点是团体自我和单独个体之间最深层次的区别。单独个体能够消化接受每种有个体曾为之奉献的理念，并且一直保持着一个本来的我。不管单独个体在时间的流逝中接收了哪些内容，他生命中的相互关系都被一次又一次地建立起来，因为他走过的所有道路，最后都通往他生命中一个取之不竭的源泉。但是反转（Umkehr）的经历首先将单个自我同团体自我分离开来。献身于某种理念的大人物可能会脱离这种理念，并转而推崇他曾经声讨过的另一种理念。尽管如此，个体的存在本质在转变之后似乎也还会继续保存着，在转变了的、新的人里面还安插着旧的、被转变的那个人，经历的相互交织容忍不了任何时候曾经存在过的裂隙；简单来说，个体存在不会被毁灭，而总是转化成为其他的存在形式。与之相反，团体性个人的僵硬恰恰使反转变得不可能。团体性
137 个人可能会转变（正如接下来会说明的那样），但是他不可能逆着理念来提升自己，因为它首先是在某一理念的委托下建构的。团体性个人所扮演的角色就是通过理念所促成的精神道

---

〔2〕 在犹太教的神话传说中，有些智慧的人（如拉比和大贤）可以通过在雕像嘴上或其他部位张贴符咒的方式赋予雕像生命，将其称为“哥连”（Golem），抽掉纸片哥连就会马上死去，犹太教法典《塔木德经》就有相关记载。——译注

路的有力的承担者和表现者,绝不可能比这更多,因此当团体性个人想要彻底摆脱这条道路时,他必须毁灭自己。可以想见的是,正是为某一个团体有所贡献的那些人,又在一个新的、同原来的团体设置截然相反的团体中出现;但是这样涉及的恰恰是另外一个团体性个人的形成,它同之前的团体性个人在本质上是完全陌生的,并且再也不会将其包含于其中。

另外,团体和理念的紧密关系对于阶级和大众阶层的产生也有一些意义,一部分人感觉自己属于一个整体并因此联合起来对抗其他人。有一种观点认为,现代国家尖锐的阶级差别是由曾经的外来侵略者掠夺土地然后形成上层阶级所导致的,这种观点当然有一定道理;但它并不完整,因为这种历史的而不是社会学的观察方式忽略了一个使阶级和阶层出现的重要情况。假设有一个更大规模的社群(Gemeinschaft),其成员大都处在相同的文化水平和单纯的人类高度上,没有任何的阶层区分。那么,几乎可以用数学般的精确来说明,这样的状态是不可能长久存在的,因为它违背了人类存在的基本特点。到目前为止所有我们熟悉的人类形态当中,如果成熟的民众的所有文明和文化需求都被满足的话,在所有稍大一些的社群中就必然会有一个相对完整的社会分工。(若有意地避免分工可能就要退回到原始社会的状态了。)管理机构的析出,在农民阶层 138
之上产生了不同的商业性和精神性职业,等等。只要生命之河长流,以后就一直会有各种各样的理念如雨后春笋般出现,给人们以组成团体的动机。每种职业的从业者就总会内在地形成一种从属于其社会位置的精神道路,也就是说,他们变成了典型社会性的个人。相似的思维方式和同行之间各种各样的关系原则上会持续产生影响,使他们缔结为真正统一起来的团体（各种形式的行会、专业小组等），或者至少感觉自己属于一个特定的团体。这样的话，无论如何都会在这样设定的社群中形成一系列的团体，它们部分是在社会世界中流动的理念的成果（即便假设这样的理念不存在，必然性也会不眠不休地从现实性中崛起，那也就意味着到了时间的尽头），部分是对适应于不同社会场域（Soziale Orte）的总体视野的体现。

但是团体性个人一直是同一性和某种程度上原始性的存在，正如我们所见，它是按照自己的规则发展的，而且根本不会随着组成团体的单独个体的数量多寡而起伏。社群当中会出现某种个体性（Individualität），这种个体性不可能由单个的人来完全掌控，因为它的运行是超脱于人的大脑之外的。尽管这种阶层的、阶级的或者团体的精神必然会向不同的方向发展，但其中大多还是由不同社会场域的稳定性特征（Konstanten）来确定的（假设不是这样的话，那就不存在社会分工，就与其先决条件相抵牾了）；各种精神的代表，即从被认为是完整个人中分离出来的部分自我，即使有可能被损坏，但它们本身是僵化的、顽固的、不准备反转回头的。一再被观察到的团体自私性（Gruppenegoismus）正可以由此来解释，通过某种理念来建
139 构的团体性个人并无其他属性，它只是这种想要自我永恒的存在的表现形式；它们必须依据对自我的认识不惜任何代价向现实发起冲击，不然他们就失去了存在性；或者这样表述：它们必须永远对它们所代表的意义语境（Sinnzusammenhang）保持忠诚，因为它们正是为此而存在的，当它们越过这条线时，就会自我毁灭。于是在我们的理念社群当中就形成了团体的和阶层的人员，他们感觉自己属于一个整体，而且只要他们周围有空余的空间，他们就会有无边无际地向四周扩散的需求。对一个

团体来说,另一个团体就意味着一种阻力,回应和战胜它的方法便是:每一个团体都排他性地强调自己的独特存在,并力求让自己和同样占据着社会空间的其他团体性个人截然区别开来。

从这一切当中可以看到,在不停的分化过程中,相互区分的不同阶级、阶层等的形成是不可阻挡的,即使在一个纯粹乌托邦的、其组成人员都是最高程度的社群中也是如此。但是这并不说明阶级(尤其是由经济产生的阶级)必须保持它以前的形式,也不必非像当今那样做如此严峻的斗争。对团体自私性和各团体精神之间矛盾的中和,对经济上严重不平等的类似情形的消除,正如所观察到的那样,是完全可以达成的目标,但要完全清除层层叠加的阶层和各团体之间的水平差异却是不可能的。托马斯主义的(thomistisch)社会哲学很可能包含了所有与这个话题相关的最深刻的东西。理想主义的乌托邦主义者总是会幻想着要通过教育来实现"自由和平等的"社群,在这个社群中,单个成员和团体毫无摩擦地在一个完备的、似乎是前定的和谐中共存。这样的东西可以在理念中描绘地很美 140
丽,而且作为有调节作用的原则发挥它不可缺少的作用;但是现实的走向并不会轻易遵循理性的要求,本体论的任务是揭示可怕的现实自身。理性理想(Vernunftideal)要实现的最大障碍是,当人们向着一个方向完全伸展的时候,即用最大强度铺展开来的时候,在另一个方向上则只能宣告缓和的状态。在"缓和的领域"中,人们并不是用自己所有的精神和力气在发挥作用,而是沦入僵化呆滞的状态,让沉闷迟钝的物质力量战胜自己。换句话说,现实,纯粹的存在者(daß Bloß-Seiende),不管在何时何地都是不可克服的,因此团体性个人的本质也是不可磨灭的，它将连同它的其他特征一起总会在社群中留下印记。

一个团体的生命长度取决于团体构建时设置的目标的生命长度——即便不完全是这样，也大致如此；它无论如何都与建立它的那些个体的生命和死亡无关。在团体行进于时间的进程中，团体性个人寻找到理念内在的可能性，或者更准确地说：当填充时间的生命伴随其一同流淌时，团体性个人尝试去把握那一理念。单个的人可能是作为单独个体来思考和感受他想要什么、想要怎样；一旦他变成团体的成员，就必须臣服于一种理念，然后他就变成了超越时间的团体性个人，他所植根于自己整个时间性存在维度上的独特自我（Sonder-Ich），让位给了只从属于理念的那个自我。教会公使恩尼亚·西尔维奥（Enea Silvio）〔3〕曾经支持自由精神，完全倾向于改革计划；但
141 在当他成为教皇的那一刻，他只还感觉到自己是教会及其传统的守护者，教会的精神吞没了他另外的、早期的自我。

以前的知识，包括纯形式社会学的知识，都和力学中的惯性定律有相似的意义。这个定律只有在伽利略式的（galileisch）空间，即一个空空如也、没有质量进入的空间内才成立。它是一个极限事件，描述一个不受任何其他现实状况约束的物体的运动状态。一旦质量进入这个空间，运动就会偏离理论的描述；尽管如此，它仍有意义，因为只有先把所有施加在物体上起作用的力放入等式，才可以从中获得实际运动的公式。类似地，在“伽利略式”的空间中，理念构建了团体的主干并产生了一个团体自我，这个团体自我与单独个体的独特生命无关，而纯粹表现理念内在的力量和内容。如果人们开始思考

〔3〕 恩尼亚·西尔维奥（Enea Silvio Piccolomini，拉丁语写作“Aeneas Silvius”，1405~1464年），于1458~1464年任罗马教皇。——译注

一系列的现实状况,就会发现,在形式上确立的团体的本质在材料社会学的(material-soziologisch)领域不再完全成立,或者说至少不再清晰明了地适用了。在存在者的重力作用下,团体自我从按照一般的本质本来要行进的那条笔直的道路发生了偏离,而且纯粹按照现象学的直观所得出的团体自我和它所承载的理念之间的紧密关系,也被成倍地破坏了。理念和承载理念的团体在现实生活中经历各种不同的命运,写这篇文章的任务当然不是要去一一验证它们。谁要是尝试这个原则上不可能完成的任务,谁就会让自己消失在一种糟糕的无穷无尽当中,此外最终就只有通过心理学观察来寻求解决了;因为他必须在实现目标的过程中越来越细致地直接进入个体的独特状况中去,这就会让他止步于具体存在者的主观描述,而不能从 142
中解析出其规律性。其间可能有几个理念或团体都经历过的典型过程会被当作证据。我曾经在别的地方将这些过程描述为社会学最高范畴的典型图式,它们展示的仿佛是从形式社会学通往材料社会学之路上的第一站;当它们也已经指向了个别事件的时候,它们还大致保持着在"伽利略式空间"里进行的那种本质直观的普遍适用性,从这种本质直观中它们可以作为一种理念实验被推导出来。

对承载理念的团体来说分裂(Spaltung)的现象是比较典型的。团体在社会世界中行进的过程里总是会一再出现战术的问题:在这样或那样的情况下怎样处理才是最好的选择,才能使团体为之奉献的理念得以实现?假设一个团体在成立时制定了一个既定的纲领,这个纲领包含着使该团体得以成立的理念在当时现实情况下的相应要求。在团体性个人按照这个纲领的标准进入现实之中的时候,现实本身就改变了(部分恰恰是由于团体的行为),新的情况开始出现,这就使团体有必要采取其他行动。假设这种理念还有生命力,那就必须修改团体的纲领,以适应现实的变化。(这会让人们想到改革前后政党立场的变化,或者教会对政治力量的态度上的变化。)虽然环境是渐渐改变的,但团体立场的推移一定总是波动式或跳跃式发生的。一旦有某些方针路线制定下来以指导团体自我的行
143 动,那么团体自我就会坚定不移地遵守,以使一切不会偏离轨道。如果要改变方向,总是需要先做出一个新的决议。属于团体的个人作为个体可能会对团体的运动进行思考:他们到底想要什么以及在新形势之下哪些行动已经不合时宜?因此如果没有一种新的动力将他们引向另一条道路的话,他们就会在开始的道路上继续前进;即便是被一种新的动力引向另一条道路,同样,在直到遇到新的起点之前他们依然不会改变方向。不管这个新的起点是怎样出现的——无论是出于领导者的带领,还是基于团体成员自身的意愿——其过程都是一样的:团体总需要这样的动力将其从一个轨道引导到另一个轨道上去。团体的道路不是一条连续的曲线,而是一条多次转折的直线;或者说如果用一条弧线来代表现实的话,那么沿着弧线的多边形切线即直观地表现着团体的路线。那些转折点就是团体又一次站在新的起点的时候。团体应该跟上周围环境的脚步,并随之决定调整自己的行动;只要是从某种理念的精神出发,就可以决定团体在某些情形下的态度。但通常情况下,从这样的切点出发会有许多可行的路径。即便所有的团体成员都受同一种理念影响,但基于策略的考虑也会有这一种或另一种方向的倾向。这个时候,为了能马上再组织形成新方向的、统一的团体存在,团体的个性便瓦解为团体成员的多样性,在这一刻

团体就分裂了。但分裂却不是因为某一部分达成自己新的意识的团体成员对其理念已不再忠诚，而是因为考虑到对现实的实际影响，在旧的团体存续的过程中已经悄悄产生了不同的观 144
点。团体整体性由于策略性原因而被打破了，但理念本身还一定会被坚守。

有一种团体的分裂恰恰是规律性发生的，因而尤其需要进行分析。假设一个团体最开始是处于和整个社会现实对立斗争的位置。团体通过实践为使之成立的理念争取现实的土壤，团体的脚步伴随着一定程度的成功。从最初的受压制，到渐渐提高到比较高的位置，团体不断扩大并在社群中获得影响力。团体所承载的理念的辐射面越扩越大，并且在有限的范围内从必要性领域过渡到现实性领域。然后在团体的生命中出现了某一个时刻，团体中的许多成员觉得其目标好像遥遥不可实现，无论如何他们都不再进行思考而唯独由其理念主导来与现实交涉。换言之，团体向现实挺进和渗透得越多，就越能感受到现实的权力。团体改变了现实存在，这是一定的；但现实存在一直还在那里，没有完全被征服或废除。现实清晰地、越来越清晰地向那些因为理念靠近过来的人们揭示出自己的沉重、笨拙和不可穿透性。最开始，现实就像浸没在雾中并且很容易被彻底改造。直到人们与它展开斗争时，它的焊接口（Krater）才得以被打开，它的一切单纯是其所是的存在（恰恰因为是这样的存在，所以不可能被弃置不顾）才以令人恐惧的清晰度而显现出来。此时，对命运的追问，对引导者的追问，在团体中会变成很响亮的声音：是否在某处有一个点，可以中断与现实的斗争而达成和解、获得补偿呢？有没有这样一个点，上面写着： 145
“就到这里，不再继续了”？每一个致力于实现一种理念的团体，都会在它的发展过程中遇到一次不得不回答这个问题的时候。会不会有零星几个团体成员认识到了开拓性的道路，认为在理念的逻辑之外还存在一种像是现实的逻辑这样的东西呢？如此一来，在这样或那样的时机，统一的团体性个人便瓦解了，在对于团体性存在的重建有决定意义的讨论中，与现实的关系也将会成为一个主题。从这个转折点开始，这个团体通常会分裂成为两个个体，他们将按照理念与现实间关系的不同观点来选取通向现实世界的不同道路。之后团体的其中一部分就会同纯粹的存在者签订某种和平协议。他们貌似已经放弃为理念继续前进，但事实并非如此；只是对他来说，在之前的所有发展过程中好像某一时刻已经获得了本质上重要的东西，另一方面他们已经深信，与理念相对立的存在也一直在以某种方式自我坚持着，因此要依赖他们来达成某种妥协。“温和派”“改革者”“修正主义者”，等等，他们是如此进行判断的。他们组成一个团体，其根源不再是理念本身，而是理念和现实的某种综合。他们所选择的(曲折)路线是两种因素——为了实现原本团体目标的意愿和为了认识当前世界的意愿——共同作用的结果。与之相反，团体的另一部分则更加强烈地以完整实现最初的理念目标为己任。对他们来说只做了一些事情就跟什么都没做是一样的。每一种对尖锐现实的考虑对他们来说都是一种逃避，把团体存在的视野限度纳入考量对他们来说已经是
146 “卡夫丁峡谷(das kaudinische Joch)”[4]般的侮辱了。这种“极端的”团体性个人忍受不了任何同现存事物的协议，他们一定要把乌托邦分毫不差地像所期望的那样来实现。每一个

---

〔4〕“卡夫丁峡谷”的典故出自罗马历史，公元前321年，萨姆尼特人在古罗马卡夫丁城附近的卡夫丁峡谷击败了罗马军队，并迫使罗马战俘从峡谷中用长矛架起的形似城门的“牛轭”下通过，借以羞辱战败军队。后来“卡夫丁峡谷”就成为“耻辱之谷”的代名词，也用来比喻灾难性的历史经历。——译注

团体都有可能这样分裂,或者至少倾向于这样一种分裂,这只是用以说明形而上的事实的最后一种表达,即心灵是理念和现实之间的东西,它既不可能完全落到现实这边,也不可能完全上升到理念的彼岸。作为一种从必要性到现实性的运动的承载者,团体存在一定会经历一次这样的矛盾:它是否应接纳现实以使理念完成跨越,还是应该实现理念成果的最大化,从而超越现实。通过分裂使这个问题得以解决,理念的发展此后走向两条道路。这种分裂并非其他,完全是人类悖论式的形而上处境的结果。

但是通过分裂产生的多个团体性个人在原则上是斗争得最激烈的。恰恰因为它们两个是同一个理念的结果,其中一种就必然会尝试毁灭另一个(或者一个寻求赢得另一个——这是一样的情况)。因为每一个团体都认为,自己才是那个理念唯一且真正的呈现方式,并且因此感觉到由于兄弟团体的存在自己最内在的本质遭到了否定。没有哪一种恨比对与自己精神临近的存在更糟糕、更严重的了,因为它与自己有同样的根源,但是有一天却从中脱离出去走上了自己的神圣道路。或者更严重的是,这根本就不仅是这些存在之间的恨,还有恐惧——因为害怕自己被孤立而使他们一直相互找寻;还有爱——它们仍然是相互关联的,也就是从一个母体种出来的两个造物之间的爱和虽然有各种陌生化但仍未丧失血缘关系的感觉。每种理念都会碰到另外一种理念与自己相对立。有些团体性个人 147
在社群中是相对立的精神力量,但它们永远不会用像对同根同源的团体那样的激情和狂热来对峙。在那种情况下有一种实质性的对立,它涉及这种理念如何对待自己,来设立对异教徒的刑事法庭,或者是为了赢回一个悔过的罪人,无论如何都不仅仅是两个敌对的党派之间的纯粹的斗争。兄弟团体间的态度与其他种类的不同之处具有一些典型特征。其中激进的团体一方,即杜绝同现实进行任何妥协的一方,感觉自己是没有被歪曲的那一理念的最纯正的承载者,并且给另外一方温和的团体扣上了对初始的团体性个人不忠的帽子。通过拒绝与现实进行和解的方式,他们可以在现实中朝着理念所指示的道路笔直地前进,而且在内心纯正性的意识驱使下,将明显偏离这条道路的一方批判为叛徒,还貌似义正辞严。而另一方被现实的权力所调和的(温和的)团体,与激进者相比在某种程度上更难表达自己的立场。他们很容易退缩到防守的位置,不得不去呼吁健康的人类理性和洞见(Einsicht),就这方面来说另一方团体只需要呼喊信仰(Glauben),而不用考虑现实。他们在另一方激进的团体那里几乎看到了更好的、但是走偏了的自我一样的东西,他们要去规劝这种自我从乌托邦式的不切实际的幻想回到一些可能性的效果。他们的力量和良心是基于这样一种意识,他们以能实现的目标为使命,并为理念进入现实钉入一块楔子;他们终结这一理念,是为了使其以这种方式失去部分活力。与此同时乌托邦团体的一方立志以其完整的无限
148 性实现这种理念,这样也就在追求理念完整实现的过程中剥夺了现实性。一旦母团体开始分裂,这两个从中生成的团体就在深层意义上对纯粹存在者的理念形成过程不可或缺;只有一起并借助两者由于对立而产生的摩擦,才能帮助理念形成其可能的形态。

对一个团体的命运来说还有比较典型的就是它会慢慢远离理念、逐渐陷入现实当中。当一个团体在存在方面还受到威胁的时候,它当然会单纯为了给予其生命气息的理念而存在。

假如团体抛弃了赋予其凝聚力的理念,团体就可能会在社群中被摧毁。在这样或那样的多次分裂之后,最终有某一个还能代表这种理念的团体性个人会掌握权力,并达到一个无人能危及的地位。但在这里,当它到了发展程度的这个点的时候,这个团体存在的能量就渐渐减退了,并且或长期或短期——要看具体情况——沉迷于纯粹现存的权力。那么这样一种在所有"飞黄腾达"的团体中都存在的衰退是由什么引起的呢?团体是由某种想要成为现实的理念所造就,就是说它是一个还完全没有在现实世界中生根发芽的一个生物。对它来说将理念铺展开来和将其持续下去是一回事;因为团体此时的存在方式与现实并无关联,还在一切存在和重压之上自由挥舞,所以团体的存在都是从理念中派生出来,这种理念将团体推向世界。团体为了这种理念而出场并一步步为其争取到现实的土壤,团体以这种方式渐渐向下扎根于现实当中。团体在社群中扩张,并越来越内向地交织在自己的生命中,直到最后离开了现实它便不 149
可想象。形成团体的组织机构承担了一些具有社会重要性的职能,由团体所派生的机构获准加入并获得了法律效力。纯粹从理论上看现在存在两种可能性:要么是团体作为独立的整体解散,因为它的目标总体上已经达到了;要么是团体继续存在,因为它代表了那种神圣的宗教般的理念,这一理念需要一个持续存在的代表。实际上这两种可能性不管哪个发生,都是一样的;无论如何,团体性个人都会追求无限的自我坚持并防御各种分裂的尝试。团体就像一个在"伽利略式空间"运动的物体,只能通过另外一个与之相反的作用力才能停下。团体的这种迟钝足以从它的出身和来源来解释。单独个体(原则上)能够随意地改变方向,它有能力自我否定和完全转向。与之相反,团体自我没有能够超越自我的意识,那是从单一心灵中挣脱出来的自我,它只能一直肯定自己,却不能限制自己或部分地毁灭自己。即使它的存在已经变得无意义和多余,它也不会因此从自身将自己解散,而是就这么空荡荡地继续漂浮,直到某种外力为它制造结局。一个团体性个人一旦获得权力并植入现实,这个团体性个人就很容易放弃自己所代表的理念,原因如下。这样一种集体存在不再只是依靠纯粹服务于理念而存在,它更牢更稳地固定在社群本身的现实生活中。换言之,团体已经在现实性领域扎下了根,并因此可以解除它同必要性
150 领域的联系,而不用害怕会陷入毁灭。当团体开始依附于现存事物且并不与现实相对立时,它就几乎已经自行结合起来,这既要归功于它曾被指引的方向,也恰恰因为它是一个团体。因为团体的继续存在不再急需传播和实现其理念,它也就马上放松了,只是渴求保持自己在权力中的存在。在斗争时期,团体还完全是新生事物,它所有的力量与神圣性都是由理念所给予的,现在,在获得权力的时期,团体的理念必须要感激一切使之走到今天的事物。现在,即使团体早已不会再为理念的实现而聚集,但它要防止自己正式地脱离理念。毋宁说,团体此时与理念缔结了一个对自己有利的自由协定(在两个独立的权力之间缔结的一个协定),以利用理念作为保护性的盖子,在它的掩护下团体可以不受惩罚地追求它的本质。类似的社会学现象可以用一个基本事实来解释:精神——倘若不是活跃不止——倾向于倒向物质。总是在那些具有最强张力的时期,心灵要超越纯粹存在者、超越法定的和必要的东西,并归属于自由的领域。但它们无力在空中长时间飞舞,在与现实的对立中疲惫地跌跌撞撞,成为魔鬼的战利品——魔鬼一直埋伏其间,

伺机将它们从上帝手中夺走。获得权力的团体,如前文所述,
绝非放弃了理念——虽然它实际上恰恰已经脱离了理念,只还
在现实中作如此追求状(比如可以使人想到文艺复兴时期的
教会)。一种确实可靠的本能教会团体懂得在理念上需要拥
有一个优秀的联盟同志(Bundesgenosse),只要当自己的存在
正当性受到威胁的时候,即可以用来引证和寻找依据。用一种
冒失的、走钢丝式的辩证法,团体从理念当中推论出一切在现
实中施行的内容,这样就会使一些单纯感性的人相信,团体是 151
作为理念的执行者来行动的。但团体同曾经建构自己的必要
性内容的关系实际只是徒有其表了,理念已变成一种装饰,变
成一个内在腐坏物的华丽外表,腐坏的内在和华丽的外表一起
呈现的恰恰是一个对精神加以嘲笑的整体。在此期间,精神不
容忍自己遭受嘲笑,理念对脱离自己的权力团体实施了高贵的
报复。理念被团体贬低为自我保存的方式之一,变成一个顺从
的工具,人们可以按照自己的判断进行操控,但即便如此,理念
还久未丧失其超现实的必要性意义。理念只被现实所缠绕、压
迫和滥用,而非按照其意义改造现实。但是到最后,以这种方
式被毁掉的,真的是理念本身吗?一旦被抛掷进世界,理念之
精神就永远不会消失;一个团体——一个同理念一起渗透进现
存世界的团体殒灭(geht den Weg des Fleisches)了,那么在它们
通往社会现实的道路上,恰恰仅仅是这个团体的失败,而不是
理念本身。理念坚定不移地伫立在地平线上;那个人类世界假
如不曾一再热烈地扑向这个理念,一定是完全被上帝抛弃了,
那应该不是我们的这个世界吧。假如一个团体因此不能忍耐
在理念的标签下长久地存在,那么这个理念——受到背叛的理
念——就开始重新在要求超越现存事物的精神方面施加影响

并保持它的吸引力;如果其中一个通向实现之路的尝试并没有如愿达成,那么其他的尝试将会紧随其后。通过这种方式方法,理念继续证明自己在物质上的创造力(如通过建立新的组织等),但是这种方法由太多个人因素所决定,因此不具有典
152 型性。理念通常运用精妙的计谋把曾经驱逐自己的团体主干从内部分解,并且在里面重新生成自我。最深刻地感受到沦入地狱的恐惧的是团体的成员,他们向控制团体的伪精神开战,将团体从它的松弛疲惫中唤醒并使其通过理念重新散发光芒;在这个过程中他们通常——不管是有意还是无意——变成了服务于理念的集体存在的教导者,这个集体存在继续从母团体中解体并走上自己的道路(教派开创者、宗教改革者)。正是从理念被撕裂的这个存在的旋涡当中,再一次涌现出走向理念的渴望;理念只是燃烧成了灰烬,正如凤凰这种鸟一样,是为了不断浴火重生。

承载理念的团体中,尤为典型的一种是那些集体性的整体(Kollektiveinheit),对它们来说理念从一开始就只是一个借口,用以实现在现实中形近而实异的目标。这样的团体视自己为正当的牟利者,截获一个能最好地服务于它们目标的理念并用作他们现行道路的助推器。[5] 资本主义利益集团大概就以支持个人主义文化登场,渴望殖民的各个国家以“文明”的推进者自居,追求权力和影响力的政治党派,征用一种恰好正切合实际的理想,并通过这种充公行为马上将其变为意识形态。在所有这些情形当中,道路尽头都是一种极现实的愿望要求,只是这种愿望因为羞怯裸露在真实当中而借理念的外衣改头换

---

〔5〕 原文直译为:“直接让(这些理念)拉着他们乘坐的马车”。这里是意译。——译注

面。不是这种理念——或者更准确地说,这种意识形态——而是在意识形态之后隐藏的本来目标将团体集合起来并引导它的所有运动。理论上也可以这样想,即根据情况的不同和历史条件的改变,团体性个人会望风使舵,也就是说,它们会直接推开一个被利用过的意识形态,并用另一个当下适宜的意识形态 153
来替代;它们考虑的仅仅是它们所追求的利好的实现,而非被推至前方的必要性内容。但实际上,这种为实际利益而征用的理念不可能就这样轻易地被甩脱。因为在征用了理念的团体当中,理念本身和团体实际的组织目的渐渐融合为一个不可分割的整体,到最后团体自我认为两者有同样重要的作用,再不可能将两者分开。即便是创办团体的领导者,也没有清晰的意识来区分出理念到底是如何存在于团体内部的——是作为其本来的动机还是作为其他内容的代表。当这种理念最开始被团体领导者有意作为其兴奋剂来使用时,它的作用仅仅是尽可能吸引更多人,并以这种方式实现团体所需的影响力。所有涌入这个团体的人就直接认同了它的理念,并未真正理解这个理念的真正意义。但也是通过这种方式,使团体中的大多数人立誓效忠这种理念,团体自我就偏离了它真正的愿望,并以实现捞取到的必要性内容为己任。那么现在这个团体性个人——其精神轨迹归根结底主要是由理念这个源泉形成的——的推动力,即便是知道实情的领导者也摆脱不了。他们最终必须要亲自为他们所制造出来的这种信仰埋单,它在被一个呆板的团体利用之后,便再也没那么容易像随便某个借口一样被轻易调换了。“我自己召唤来的鬼魂,却摆脱不了了”——魔法学徒这样抱怨,从这方面来看团体的领导者最能体会这样的命运。在这样的团体中有一种介于其理念和实际目标之间的摇摆不

154 定的平衡在起主导作用，当某一时刻（通常是内在相互发生畸变的）两者的平衡被打破的时候，就总会存在一个问题，即哪一个被认为具有优先地位。

团体性个人的运动是在特定的区域完成的，这一区域的性质以及它同单独个体的运行区域的关系或许直到现在才清晰地展现出来。每个团体的轨迹大多通过多次转折的直线来象征，而理念，即团体的精神，则必须——与团体自我的原始和僵化相对应——显现为一种简单、粗略的形态。当各种各样的团体精神在社会现实中游荡，或友好地相遇或激烈地碰撞，那么此时总要涉及到联合与纷争，这些在某种程度上都在个人的影响范围之外。当所有的团体精神一齐涌入一个区域，即主体作为主体完全触及不到的区域时，它们的爆发便会成为一个无比恐怖的灾难事件。当为自己而存在的（个体）自我从与他联系的各种团体中摆脱出来，并且作为单独个体有意识地追随自己的运动时，他就会发现成千上万的解决方案和可能性——而这些是永远不可能通过团体自身产生的。理念在单独个体当中可以获得多维度的展开，而反观它在由团体所控制的现实世界中却只能朝向一个维度前进，并且失去了它所有的灵活性。在单独个体以及人与人交往的过程中，各种理念可以以其完整的伸展性、在它们的整体范围内相遇，但在社会现实中，它们只能相互碰撞到某一个边缘，此外就再无其他的接触了。在那些形状不规则的、有棱有角的和千篇一律的团体精神之间是纯粹的空洞空间，而一个理念形态（Ideengestalt）就突兀地直面着另一
155 个。单独个体用质料填充空洞空间并完成连续性过渡的尝试，在团体性个人自身的建构上却一定会失败；团体性个人与单个自我相比是笨重的巨人，与个体相反的是，它们承担不了那些

精致的装饰性部分。尽管领袖人物总是干涉团体运动的路线，或者在一种理念的标签下创立另一个团体，但这也说明不了什么。因为这些人不是作为方方面面都很优秀的完整个人（Vollindividuen）在起作用，而是他们的本质已经经历了固有的削减和紧缩，正是这一点使他们能够在团体性个人的领域有所创建。 156

酒店大堂*

在高等领域(in der oberen Bereich)[1]向上帝伸展的社群定当知晓:它作为有指向的社群,既在时间中也在永恒中,既存在于法(Gesetz)的范围之内也在法的范围之外;社群固守在自然与超自然之间总是站立不稳的中间地带;社群不仅展现自己的悖论状况,而且还去经历它并为之命名。而在具有较少现实性的领域,对存在的意识和对原本事件的意识连同存在的痕迹一起消失,迟钝的知觉迷失在歪曲事件的迷宫当中,却对歪曲本身毫不知觉。

去现实化的生活已经丧失了自证的力量,却可以通过它在美学的塑造作为一种语言来进行补偿;因为,即使艺术家不直接将沉默和表面化的内容推举到现实中去,也会通过对这种生活的塑造来表达其向上帝伸展的自我。生活陷落得越深,它就

---

* 原题为 *Die Hotelhalle*,出自未发表的论侦探小说的哲学论文(1922~1925年),后收入《文集》第一册(*Schriften*, Bd. 1),1971年。

[1] 此处的"高等领域"当指宗教领域。克尔凯郭尔认为,生命有三种不同的阶段,从低到高分别是审美阶段(美感/感性阶段)、道德阶段(伦理阶段)和宗教阶段,对应审美的、道德的和宗教的三个领域。——译注

越需要艺术作品，因为艺术作品能开启它的封印并将它的元素
进行整顿，使分散的元素相互关联。美学构造物的统一性，即
构造物分配要点并连接事件的方式，使无言的世界开始表达，
并赋予在世界中激荡的主题以意义。但这些主题各自意义如
何，还有待阐释，也在很大程度上取决于其创造者现实性的程
度。在高等领域中艺术家证实的现实性是倾听自我的；而在低
等领域，艺术家的作品变成多样性的宣告者，却缺乏任何解答
式的话语。艺术家的任务随着世界去现实化程度的加深而增 157
加。而像胶囊一样被包裹着的精神（Geist）——它难以到达现
实，最终强加于艺术家教育者的角色，观察者的角色，不仅观
察，而且如先知般进行预言和联结。假设美学的这些过分要求
将艺术家指向了错误的地点，它仍能被理解，因为未被本来事
物触及过的生活在构造物这面镜子里准确地认出了自己，并一
如往常地由此获得其远离现实和充满假象的消极意识。因为，
艺术创作能推动存在性的力量，不管这力量多么微小，它总是
不断把意图内置于交织的素材当中，以使素材透明可见。

侦探小说没有变成艺术品，但它向文明社会所展现的文明社会的面貌却比文明社会在别处所能见到的更为纯粹。在侦探小说中，文明社会的倡议者和他们的功能是给出自我解释，并泄露了自己隐藏的意义。但侦探小说只能迫使这个自我掩饰的世界如此进行自我暴露，因为产生侦探小说的意识并不仅限于这个世界本身。在这种意识的驱使下，侦探小说首先打算把由自主的合理性（Ratio）所控制的、一切遵照理念（Idee）的社会真正结束，然后再合逻辑地对由这个社会所生发出的各个部分（Ansätze）继续予以打造，以使理念充盈在情节和人物当中。一旦贯彻这种一维的非现实风格，那么侦探小说就使足够

用于建构的单个内容被纳入一个封闭的意义语境中去了——它所依据的原则是侦探小说的存在性,即并非转化为批评和要求,而是转化为美学的建构原则的存在性。只有交织成的一个整体才能真正使呈现出的结果有意义。因为美学机体同时意图为哲学系统赋予一个对文明社会的承载者自身遮遮掩掩的
158 总体性,这一总体性以某种方式扭曲了经历的整个现实并就此将目光指向文明社会;仅仅从这种结果将自己接合成总体性的方式中,就可能因此推断出文明社会的真正所指。这是艺术作品存在性最基本的贡献:艺术作品是从一个崩塌瓦解的世界里盲目翻腾的因素中形成的一个整体,即使它只能从表面上反映这个世界,但它也能捕捉到世界的整体性并因此允许将世界的元素投射到真实的事件中。由侦探小说所呈现的世界包含一个典型的结构,它说明创作侦探小说的意识并非个体性的、偶然性的,同时还暴露出,看起来形而上的特点其实是精心挑选出来的。就像侦探揭发深埋于人与人之间的秘密,侦探小说以美学手段开启了两个秘密:社会的去现实化和社会中傀儡的无本质性。侦探小说的构造将难以理解的生活变成可翻译的、原本现实的对照物。

教堂是以现实中存在的社群(Gemeinschaft)为前提的,教众(Gemeinde)在此完成联结(Verknüpfung)的事业。这种关系是教堂得以存续的基础,一旦人们脱离这种关系,教堂几乎只剩装饰性的意义。即便此地陷入虚无,这个被建构到极致的文明社会仍然拥有证明自己之非存在(Nichtexistenz)的极好场所,恰如同以教堂来证明在现实中所联结的社群。然而,文明社会对此并不知晓,因为它不能望向自己的领域之外;仅通过美学构造物就可以表明相对应的内容,因为它通过塑造使文明

社会的多样性投射出来。在侦探小说中一再出现的酒店大堂这一典型标志说明,酒店大堂是教堂的倒像(Kehrbild)。酒店大堂是负片中的(negative)教堂,当我们只考虑限制不同领域 159
的条件时,酒店大堂就可以转换成教堂。

在教堂和酒店大堂中都有人来作客。在教堂里,人们是来做礼拜、走向上帝的;而酒店大堂里的人们不为走向任何人。酒店大堂是这样一些人的活动场所:他们既不去找也找不到那个一直被寻找的人,因此他们几乎是在一个空间里做自己的客人,这个容纳他们的空间也仅有容纳这一个功能。由酒店经理所代表的那种客气又疏离的虚无,在这里代替了教堂中那个不相识之人的位置,教众以他的名义聚集。当教众为了结成联系而呼喊着名字做礼拜时,散落在酒店大堂的客人们却要接受酒店主人的匿名化而且对此并无疑问。他们简直是些无联系之人,在同样地必要性之下滴入真空,追求现实者和现实中的追求者也在这种必要性之下从无所在之处(Nirgendwo)跃升到自己的使命(Bestimmung)中。

在教堂中祈祷和敬神的教众超越了共同生活的不完美,不是为了克服它,而是为了一直记挂此事并将其一再置于张力(Spannung)之中。他们的集会是对社群指向性的生活的集合和统一,这种生活分属两个空间:法的范围之内的空间和法的范围之外的空间。在教会的属地——但不只在那里——两个并行的轨迹交汇,法在这里转弯,但没有被折断;这种悖论式的分裂在这里通过不时地取消迟钝的连续性来获得合法性。通过教众的内省修身,社群也不断重建自身,对日常的升华保证日常本身免于陷落。要追溯社群的源泉,必须受到地点和时间

160 的限制，即社群是从世俗的共性[2]中产生并在特殊的仪式中形成。这只是一个信号，说明了人在高等领域和低等领域之间令人生疑的地位，这一地位促使人不停地主动固定住在张力中或被施与或所达到的成就。

因为低等领域的决定性特点是无张力（Spannunglosigkeit），因此酒店大堂内的聚集毫无意义。虽然在这里也摆脱了日常，但这种摆脱并不会导致社群像教众一样确认自己的存在，而是仅仅将人物从奔忙的非现实中转至一个让他们可能撞见空洞（Leere）的地方——就好像他们不仅仅只作为参考点（Bezugspunkt）似的。在大堂中人们与虚无面对面，大堂纯粹是一个空隙，从未像股份公司的会议室那样服务于合理性所设置的目标，这个目标顶多能覆盖在关系中所得的指令。但既然在酒店中的居留既不提供望向日常的视角，也不提供逃离日常的出口，那么它造就的是一段同日常之间无根基的距离，最多只会有审美上的用途。这里的审美指的是作为非存在性的人的使命，作为那种积极意义上的审美的残余——它使非存在于侦探小说中的适用得以成为可能。无所事事、四处闲坐的人们，对这个自我创造的世界充满了一种无利害的愉悦感。人们感受到了这个世界的合目的性，同时它又并未呈现出任何目的。康德对“美”的定义在这里得到了实现：美同审美的真正隔绝和美的无内容性——因为在侦探小说中个体被抽空了，他们作为合理建构的复合体堪比（康德的）先验主体，实际上他们的审美能力已从全人类（Gesamtmensch）的存在痕迹中被抽取出来并被去现实化而成为纯粹的形式关系，他们对待自己和

---

〔2〕 在《侦探小说》的相同段落中，这里的措辞是“社群”（Gemeinschaft），而在收入《大众装饰》的这一篇里则改为“共性”（Gemeinsamkeit）。

对待材料一样漠然。康德本人可能会忽略这种先验主体的恐 161
怖的冲刺,因为在他那里,先验仍可无缝衔接转入预先型构的
(vorgeformte)主—客体世界。即便在审美领域,他也没有完全
背弃全人类,这一点可以由他对崇高的定义来证实,因为他将
道德也纳入考虑,以此寻求将破碎整体的残余重新聚合起来。
但是酒店大堂中的审美却与崇高毫无关系,只是不加考虑地力
求展现高级,康德“无目的的合目的性”这个公式也已穷尽了
它的内容。正如酒店大堂这个空间不会指向自身之外,从属大
堂的审美状况本身也是它为自己设置的最后一道护栏。跨越
这道护栏是被禁止的,因为此时促使跨越的力量被束缚的、合
理性的傀儡(而不再是人)远离了奔忙。但审美在这里走到了
尽头,将自己连根拔起;它阻挡了自己本应指引的更高的层面,
只指向自己的虚空,按照康德概念的字面意义只剩由多种力量
交织的纯粹关系。它也可能从毫无意义的形式上的和谐中凸
显出来——当它服务于某物的时候,当它并非要求自主性,而
是参与到本不适用于自身的张力之中时。如果人类的追求超
越了形态,那么美也可能会成熟,这是一种被填充的美,因为它
是结果而非目的——但在美仅被当作目的(而非其他)的地
方,美就只剩空壳。审美的意义在酒店大堂和教堂都表明了自
己的正当要求,两个地方也都对此进行了回应;但是教堂里的
美拥有一种反向自证的语言,酒店大堂里的美则独自缄默、也
不知去找寻其他。在品位高雅的俱乐部沙发上,以合理化为目
标的文明走向终结,与之相反,教堂座椅的装饰是从张力中产 162
生,并由张力赋予展示性的意义。两者相比,赞美诗——礼拜
的表达——变味成了大杂烩,以刺激性的手段通向纯粹的虚
无;虔诚和热爱则跌跌撞撞变成了情色愉悦,没有目标地四处

游荡。

教堂内祈祷者之间的平等在酒店大堂中也得到歪曲的反映。当教众集体产生的时候，人与人之间的区别就消失了，因为所有造物都只有一个使命，而且在规定他们使命的神(Geist)面前，一切不能定性为神本身的东西都消失了，如人类设立的紧急边界和自然所导致的区隔。共同生活中的临时应急状态在教堂里也得到体验；罪人同义人一样进入到“我们”——这使得义人的确定性不再能得到保障。这些事情，所有与人相关的都要视其条件而定，成就了被限定者的公平性；当教众对待那些无标准可衡量的事物时，大就在小旁边迷失自我，善便与恶漂浮不定了。这些品质的相对化不会使它们混杂，而是将他们提升到现实中去，因为同后者的关系令前者在不被毁灭的情况下发生震动。平等具有积极和本质性的意义，并非勾勒和布景，它是对差异的填充——差异必须放弃自己的独立存在，以拯救最独特的东西。最独特的东西要到教堂中去期待和寻找；只要人的边界被划定，最独特的东西就存在于阴影中；当人直接移动到边界时，最独特的东西自身将影子投向特殊性。

酒店大堂中的平等是基于客人与虚空(Nichts)的关系，而非如教堂中教众与上帝的关系。在酒店大堂这个无关系的空间不允许具有目的性的行为发生，而是因自由之故将它包裹起
163 来，这种自由仅指向自身并因此沉没到放松和冷漠中去。在教堂中，人与人之间的区分降格为暂时性，这一点由那种使得对于所有确定性的确信(Gewißheit des Definitivums)都大打折扣的严肃性暴露出来。相反，在酒店大堂中无目的的停留(人们没有承召受命)则导向一个纯粹的游戏，将本不严肃的日常生

活提升到了严肃的层面。齐美尔将社会定义为"社会化的游戏形式"是完全有道理的,但它仅止于描述。酒店大堂所展现的人物之间形式上的协调一致是一种均衡,它意味着抽空而非填满。一旦从奔忙当中解脱出来,人便可能同"原本"生活的特性之间产生距离,同时却没有担负新的使命,没有从上层开始限定自己存在的适用领域;人就这样在不确定的虚空当中无助地消散为"完全的社会成员",多余地站在一旁,在游戏进行时头晕目眩。这种聚集本身已经丧失现实性,已经失效了,它不会上升至现实,而更多的是向下滑入由无差别原子组成的、双倍不现实的混合体,从中建构产生了假象世界(Scheinwelt)。在教堂中出现的造物(教众)知晓自己作为社群承担者的身份;在酒店大堂中出现的则是些无本质的基本元素,合理性的社会化可追溯至此。他们接近虚无,其形成可以类比抽象化与形式化的普遍概念——思考摆脱张力,臆想着用这些概念去理解世界。这些抽象概念是关系中的普遍概念的倒像:它们剥夺了其内容可能生发的无限可能,却未通过关联更高的使命而使内容上升到现实;它们并不适用于有指向性的全人——因为全人掌握世界、超越抽象概念,而是为先验主体设置的——因为先验主体允许抽象概念参与到昏沉无力(Ohnmacht)当中,先 164
验主体妄称创造世界时便已陷入这种无力。即使自由漂浮的合理性——在隐约意识到自己限制条件的情况下——也接受上帝、自由、永生这些概念,那么合理性发现的也不是这些同名的实存性的概念,绝对命令也一定不能代替道德判断的指引。这些概念交织成一个系统,这无论如何都能证明,人们不想抛弃已经遗失的现实;只是人们捕捉不到这个遗失的现实,因为人们在寻找它时运用的思维方式已经与现实脱离关系。要完全遗弃合理性,就必须使合理性摘掉面具并跌入某种抽象概念的虚空之中,此时抽象概念已经不再是对上层领域的攀附和模仿,因为它们已经放弃迷惑性的和谐并在概念中寻求自我。作为绝对的合理性那里仅剩如今已被公开认可的虚无,因为合理性在这虚无中从下向上攀爬,寻求建立那难以触及的现实。对处在张力中的人来说,上帝是所有造物的出口和入口,类似地,误入自恋歧途的智识(Intellekt)创造的是从零当中填充形体的假象。智识意图从无意义的普遍性那里夺走世界,因为它是离虚无最近的,只在必要时为推导某物才与之相区隔。但世界只有经过真正验证过的普遍性的阐释之后,才能成其为世界。智识将充满多样性的关系缩减为能量总概念,与零之间只有薄薄一层的区分;或者它忽略历史事件的悖论特性,使其平整化并将其理解为一维时间里的进步;或者它(貌似自我否定地)将非合理性的"生活"升格为实体的尊严,目的都是从人存在所
165 释放的残余中有限地扳回一局并最大限度地穿透所有领域。假若人以现实最极端的缩减为基础,那么人们可能——正如齐美尔的生命哲学所证明的——获得一个扭曲镜像,扭曲地反映在上层领域所获得的结果,它不失全面,不亚于宣传"上帝"或"神灵"这些词时的画面。但是,比范畴被滥用和越来越难以理解更毫无疑问的是,对空洞的抽象概念的使用宣示了思考滑落出张力的实际位置。与那些被用尽的术语对应的正是酒店大堂的客人们,因为这些术语是从单一的零当中推出的各种不同,而客人们则使个体性消失在社交面具的外围平等后面。在教堂中,不确定的特性让位于站在上帝面前的人们之间不可见的平等,从这种平等中个性更新和确立自我。而在酒店大堂中,客人们通过盛装礼服消除了不确定的特性。客人们平庸乏

味的言论无目的地指向虚无的事物，以使人们仅在外表上相遇，这是祈祷的对立面，因为祈祷所指向的，恰是低等领域客人们在闲情逸致中绕开的东西。——还有对安静的维持，这个要求在宾馆中也不逊于教堂，这说明，人们在这两个空间内本质上是平等的。在小说《死于威尼斯》(*Tod in Venedig*)中有这样的描述："大厅中十分庄严安静，这是大酒店才有的追求。服务员走动时脚步很轻。茶具的碰撞声，一两句耳语，这便是能听到的一切。"这种由惯例要求的安静而产生的内容空洞的庄严，并非出于处处可见的相互体谅，而是为了消除差别；这种安静从区分性的话语中抽象出来、强迫人们进入直面虚无的平等当中，不许有人高声说话破坏这种平等。相反地，沉默在教堂中意味着内省至向上帝伸展的自我，这里止息对人类说的话， 166
只为释放另一种话语，这个话语不管说出与否，都指向人类之外。

在这里真正重要的并非言谈者的对话，因此教众成员是匿名的。他们超越了自己的姓名，因为在祈祷中陷落的恰恰是名字所表明的经验性本质。所以他们并非作为(由许多限定性存在交织进世界中的)独特的人而相互了解。假如有一个专属名字泄露了它的持有者，那么同时也把他同其他人隔离开了，使他暴露、混沌不清；难怪相互敬爱的人们想要毁掉名字，就像推开分隔它们的最后一道墙。只有放弃名字，即为自己在高等和低等之间的领域一半的联结画上句号，才使完整的联结成为可能——从亮暗相交之地遁入黑夜、由神性的秘密之光所照亮的联结。只是他们不知道，谁是距此最近的人，他们觉得那个人是相邻者，因为从他正在瓦解的外表当中升起的造物，带有与他们同样的特征。但只有站在上帝面前时，人们相互之间才足够疏远到可以彼此互认为兄弟；只有在袒露到这样的程度时，人们才能在不相识和不知名的情况下相爱。在尘世的的边缘他们推却了自己的称谓，这样才可能获悉那个话语——这个话语比人类所有的条文都更能打动他们。而在形态相对化和隐秘化的同时，他们又在隐匿当中探求自己的形态。知晓了放弃名字的秘密，也在同上帝的关系中相互透明可见——他们就这样进入了“我们”，即所有造物的一个共同点，它既取消又建立了所有名字所附带的区别和联系。

教堂中由剥离自我的人所组成的、在人类的边界发生的“我们”，由于人类的有限性它在教堂里只能得到代表性地实现，而在酒店大堂中，“我们”则颠倒成了匿名原子的孤立性。
167 在这里职业同人物分离，名字在空间中消失，因为只有尚未被命名的人群才服务于合理性，才作为弱点被攻陷。合理性想要从虚无当中生产出世界，也要将那些假象个体（Scheinindividualität）推入虚无，因为那些假象个体的个性已被它剥离，他们匿名化的唯一目的就是在惯例（Konvention）的道路上无意义地运动。但如果匿名化的意义仅在于展现虚无的开端，在于展现形式上的规则性，那么它就不再促进从名字的限制中解脱出来的人们的联结，而是从相遇的人们那里抽走联结的可能性——而名字是本可能使相遇的人们相联结的。就这样，个体的残余滑落进放松（Entspannung）的涅槃中，脸庞消失在报纸后面，持续的人工照明照亮的纯粹是些人体模型。陌生人来来往往，因失去代号而变成空壳，像扁平的幽灵从旁经过却又遥不可及。即便他们拥有内在，那也缺少一扇窗户；他们在无限荒凉的意识中逐渐消逝，而非像教众一样知道自己的家乡。但他们是作为纯粹的外在彼此之间消失的，而且表达自己的不存在的方式是以糟糕的审美认可他们之间的疏离。他们着迷于表面的呈现，乐于接触异国风情的气息。是的，为了掌控以绝对性吸引他们的远方，他们自己召唤亲近却又退却：他们独白式的想象在面具上贴上称谓，将会面当作游戏；而瞬间的眼神交换本可以创造交流的可能性，但它之所以得到承认，只因为可能性的错觉证明了距离的现实性。同在教堂中一样，酒店大堂中人们的匿名性也揭示了命名的意义。但在教堂中有一种在张力中的坚持来证实命名的暂时性，而在酒店大堂中的匿名性则退缩到无疑的无根基之中，智识使这种无根基成为名字的 168
来源地。但不管在哪个结合成"我们"的呼喊不被听到的地方，那些逃离形式者就会不可避免地彼此隔绝。

在教众当中整个社群得以重生，因为教众同超越法的秘密之间的直接联系开启了法的悖论，法在与上帝关系的当下可能被中止。当联结发生时，因为联结打破了绝对的安全并将危害纳入内部，法就成为过去而退居其次。即便是酒店大堂中毫无张力的[3]人们也能代表整个社会，但不是因为在这里先验得以迅速实现，而是因为固有的奔忙被隐藏起来了。并非秘密给人指向人类之外的方向，而是秘密潜入了面具之中；并非秘密穿透人类的外壳，包裹所有人类和人性的其实是一副面纱；秘密并非直面临时应急方面的问题，而是直接不让提问。"就这样又一次得到证实"，在斯文·埃尔维斯塔（Sven Elvestad）很有启发意义的侦探小说《死亡降临酒店》中的一段这样写道，"就这样又一次得到证实，大酒店是一个自成一体的世界，这个世界同其他的大世界并无不同。客人们在这里闲逛着度过

〔3〕《侦探小说》的相应段落中这里的措辞是"ahnungslos"（毫无疑虑的），但收入《大众装饰》时这里改为了"spannungslos"（毫无张力的）。

他们轻松无忧的夏日时,并没有意识到,在他们中间活动着一个奇特的秘密”。这个奇特的秘密就是:话语带有讽刺性的双重含义。某一次它完全是普遍指活着的存在的伪装,另一次它又指被扭曲的高等领域的秘密——它可能被利用到危及安全的非法行为中去。所有合法和非法活动的隐秘性,即这个表达最初和最直接的含义所指,是一个信号,说明在酒店大堂纯粹
169 向其固有性展开的伪生活(Pseudo-Leben)被挤回到无差别的开端。剥去秘密的外衣,纯粹的可能性实际上就消失了:通过非法从虚无中分裂出来,好像已有“某物”出现。这些秘密本可能消除装扮虚无的那种糟糕审美状况,但被酒店管理部门贴心地向客人隐瞒住了。如同教堂中再也无法获悉了解的高级领域的秘密将奔向自己的人驱赶到由法来设置边界的中心地带,(在酒店大堂中的)秘密——它既是对其神性根基的扭曲,也因此是对破坏固有生活的那种危险的最大抽象化——也把人归入凝固在无意义开端中的中立,在那里产生了中心地带的假象。这个秘密阻挡了(服务于被解放的合理性的)特殊性的爆发——这一合理性通过使惯例掌管大堂的方式,强化了自己对于“某物”的胜利。这些惯例已被消磨平整,以致一个以惯例之名进行的活动同时也是掩饰性的活动。这一活动可用来保护非法生活,也同样适用于保护合法生活,因为它作为所有具有可能性的社会的空洞形式,并不指向特定的事件,而是在
170 无关紧要当中自我满足。

视　点

德语圣经

普世主义和相对主义

科学的危机

格奥尔格·齐美尔

瓦尔特·本雅明

弗朗茨·卡夫卡

德语圣经*

《太初之书》(*Das Buch im Anfang*)刚刚出版,这是计有二十卷之巨的《旧约》译本的第一部分。[1] 德语译者是马丁·布伯(Martin Buber)和弗朗兹·罗森茨威格(Franz Rosenzweig)。这项工程标志着他们思想发展的一个阶段,而这一发展也不仅属于他们自己。

罗森茨威格的思想洞见甚至要比马丁·布伯更加深邃,因而也更难以参透。他的主要哲学著作《救赎之星》(*Der Stern der Erlösung*)的基本意图,就是要否弃已然衰落的唯心主义哲学;这本书以丰富的系统性概念给出了有效的阐释,作为已趋向其终结的一个时期里的有代表性的表达,它也是一部高级的历史文献。与他否弃唯心主义哲学的姿态相一致的是,罗森茨威格的全部身心已完全内在地被与宗教紧密相关的犹太生活的现实所占据。他在法兰克福创办的"自由犹太学堂"(das

---

* 原题为 *Die Bibel auf Deutsch: Zur Übersetzung von Martin Buber und Franz Rosenzweig*,载《法兰克福报》(*Frankfurter Zeitung*)1926年4月27、28日。

〔1〕 *Die Schrift*. Zu verdeutschen unternommen von Martin *Buber* gemeinsam mit Franz *Rosenzweig*. Berlin, 1925.

Freie jüdischen Lehrhaus)，和他对象耶胡达·哈勒维(Yehuda Halevi)这样的作家的翻译，是他从理论转向实践的外部证明。布伯是部分年轻一代犹太人群体(特别是那些更倾向于犹太复国运动的年轻人)的领袖，他也加入了罗森茨威格的这一转向。布伯在德国公共领域的知名度，并不是得自于他对东方文学的翻译，而是他近几十年来为使哈西德主义(Chassidismus)〔2〕得以普及而付出的努力，这种种努力的成果就是他所辑录的系列哈西德传说，它们已成为西欧文化传统的重要
173 补充。

今天由布伯和罗森茨威格所展现的对于生活和知识的态度，只有在某些限定条件下才可以被称为是"宗教的"。只有当它不是像通常那样被用来为其自身划定一个特殊领域(在此情形下，这个特殊领域就是宗教)的时候，这一措辞才可以被使用。相反，在这里，它必须被理解为是赋予一种存在形式，其意向是要在现实中确定完整的人的位置。这里，"宗教的"意味着一种生活实践，一种在与本质性的真理内容建立起真正联接的基础上兴盛起来的生活实践(在这一情形中，它是通过犹太教经典传播的)，而不是一种意识的理论方向或者一种接近礼拜仪式运动的纯粹内在的宗教活动。

新版德语圣经译本或许就产生于要加强这样一种生活的意愿。人们不会把这一译本理解为自治的文学产品，而是会把它理解为一个宗教圈子的见证与产物——无论它是否事实上已经存在或者只是人们希望它存在。对于实现这一希望的期

---

〔2〕 哈西德主义(Chassidismus)或称哈西德派，是犹太教正统派中的一支，是18世纪起源于波兰犹太人的一个虔修派和神秘运动。到19世纪，哈西德主义已演变为一种极端保守的运动。——译注

待决定了译本的形式。它的缺少注释只能说明,它的意图是直接向整体的人或是完整的社群来宣讲的;对批评性的参考文献的删除同样预设了对于经文仍然保存其固有力量的信念。两位译者力求让他们的文字翻译和节奏上的忠实性契合于罗森茨威格在他对耶胡达·哈勒维的翻译中发展出来的原则:他们不是把希伯来语变成德语,而是让德语伸展进入希伯来语中,这样一来,德语就可以让它的准确相似性的力量去感染那些选择这一译本的读者。

第一卷提出了大量语文学的挑战,与原始文本的比较,对节奏的考察,对偏离马索拉本希伯来圣经(die masoretische,即犹太教传统所认定的圣经标准版)[3]之处的讨论。还有,无论这些语文学的论题可能具有怎样的重要性,它们都还不是最紧迫的问题。在译文自身当中去检视独立的德语形式才是当 174
务之急。两位译者之所以会毫不犹豫地选取了这一较狭窄的关注点,是因为事实上他们采用了一种既非常强劲而又小心谨慎的方法。尽管这是对语言的分析,但我们也能够描绘出这项工作铭刻在其立场中的特征;它的语言学的论述间接使这一立场的含义变得透明。这是宗教界的立场,他们可能是这部德语圣经译本的最直接的受众。在"宗教革新"这一标识之下,天主教和新教圈子里已形成的各团体与那些围绕布伯和罗森茨威格(由于他们两人共同努力重建人们与在宗教中被揭示的真理之间的关系)而联合起来的团体是高度一致的。关于这

---

〔3〕 马索拉学者(希伯莱文作"Ba'alei ha-Masora","masora"原意为"计算")是公元6世纪至10世纪的犹太圣经学者,他们的主要工作是抄写希伯莱文旧约圣经,并确定其发音和语法,使之标准化,以这样的编订本提供给世界各地的犹太人社群。由此而流传下来的希伯莱旧约圣经抄本称为马索拉抄本。——译注

部圣经译本理想的读者圈子，我们所能说的也一定会跟他们相关。语言就像是位于齐格弗里德（Siegfried）两个肩胛骨中间、被落下的菩提树叶覆盖住的那个点一样：那是强壮的现实的身体上唯一一个没有受到龙血的魔力保护的地方。〔4〕

圣经翻译不像其他文本的翻译，因为它们不象后者那样将美学标准作为它们主导性的规范。与存在于时间之中并随时间而变化的作品相对立，无论在什么时候，圣经都要求与真理的地位谐调一致。圣经具有与现时的直接相关性，对这一点的坚持（其合法性来源是圣经宣称掌握的真理）即要求纯粹美学的必要性要服从于译者在知识上的职责（Erkenntnispflichten）。优先于其他任何事物，译者必须揭示那一点，在那里，被词语捕捉到的真理可以渗透进入它（作为真理）必然指涉的时代。这一知识的内容决定了翻译及其形式的可行性，它能够防止一种看待原始文本的态度，即在其他的文本那里或许适用的内在的美学态度。博夏德（Borchardt）〔5〕把《神曲》翻译成但丁时代的德语——单就美学层面来看它取得的成就是正当的——但
175 这一翻译所基于的原则却不适用于圣经，其原因就在于它会给圣经文本制造一个审美的距离，从而剥夺其含义的真理性。然而，把这一真理性带入现时中来并不等于将它轻易地同化于现在。在一个异于圣经世界的时代，那些只通过损害原始含义而

〔4〕 典出德国中古史诗《尼伯龙根之歌》：英雄齐格弗里德浴龙血而得不破金身，唯两肩胛骨中间的地方被一片落下的菩提树叶遮盖，这里遂成为他全身唯一的致命要害；后来仇敌哈根获悉这致命处，从背后突施投枪将齐格弗里德谋害。——译注

〔5〕 鲁道夫·博夏德（Rudolf Borchardt，1877～1945 年），诗人、戏剧家和文论家，翻译了但丁（Dante Alighieri）的《神曲》（*Divina Commedia*，Munich：Verlag der Bremer Presse，1922 年）和《新生》（*Vita Nova*，Berlin：Rowohlt，1922 年）。——译注

靠近日常语言的翻译并不能很好地传递圣经的内容。这里所提倡的对于经文的正确的现实化(Aktualisierung)会抵制那种折中方案,那种折中方案误以为自己传播了这种语言,而实际上却是在损毁它。这样一种现实化必须天生与一种革命精神相熔合,因为真理并不会在现存事物中打开。当一个历史时期的革命性的语言——这种语言无论怎样变幻形状或者怎样不完整,都能够捕捉到真理——已经与原始文本(Urtext)的表达法相脱节时,原始文本便会退回到它不可被翻译的遥远处。

圣经路德译本实际就是这样。革命性的新教反对教会的滥权(在社会经济方面教会也是一样),它就回到圣言本身以重新发现恰当的表达,这要归功于那个时代的历史架构。圣经翻译成了一种武器,并且意图去阻止“教皇权力”对拉丁文俗语圣经的滥用。这样,圣经的真理性就通过现实化而得到了自我证明:就像后来莫泽斯·门德尔松(Moses Mendelss-ohn)[6]对《摩西五经》(*Pentateuch*)的翻译,宗教性隐伏在政治性上面——如果它始终是想要努力消除这世界上的非真理性的话,它就无法否认这种政治性。但是,路德版德语圣经作为一件革命工具的适用性,尤其要归因于这一事实:在它产生的年代,世俗思想还很难使自己从神学思想中解放出来。只有人际间的亲密关系可以将“日常的”德语扩展到圣经语言中去,并使后者再回流到前者成为可能。保守的教会势力被剥夺了他们精心守卫的财产,这些财产被散播到了低下阶层中去,以帮助实 176

---

〔6〕 莫泽斯·门德尔松(Moses Mendelssohn,1729~1786年),德国犹太哲学家,“犹太启蒙(Haskalah)”概念是他在思想上的突出贡献。译有《摩西五经》(*Die fünf Bücher Mose,zum Gebrauch der jüdischdeutschen Nation,nach der Übersetzung des Herrn Moses Mendelssohn*,Berlin:Nicolai,1780年)。——译注

现合理的事物秩序的更新。以一种颇具代表性的风格(尽管它是没法模仿的),路德把圣经经文从那个不可企及的领域中抽取出来,并植入人民的生活当中,让处在最卑微的地位的人们也可以得到它,那些人们更渴求真理,因为那里正是人的框架的建构中的裂隙之所在。路德在给斯帕拉丁(Spalatin)的信里写道:“因为它是用城堡或宫廷之外的语言写成,所以这部书只能用一种简单和平实的方式来解释。”

“世俗”(Profane)长期以来已发展成为神学范畴,在宗教改革时代它就已经(或多或少地)被包含于其中,或者至少是已成为其适当的上层建筑了。从这些神学外壳之下显露出了一些兴趣,其特征完全是世俗的:现存的各种宗教共同体所面对的是一个自成一体的、有着自己的概念和既定目标的社会。正是在这样的社会中,而不是在任一既存的宗教中,栖居着当下的现实性。这个现实性总是正好位于这一点上:在那里,人民的共同生活实际上受到巨大威胁。然而我们看到,决定着今天社会精神结构的经济社会权力关系在其所有枝蔓上都构成了对恰当的共同生存的阻碍。在历史进程中,这些权力关系变得越来越公开化;那些最为自信的文化都注定要衰落,因为它们是建筑在这样的权力关系的腐败基础上的。似乎正是为了真理——在历史进程中,它将自己揭示为一种逻辑动力——的缘故,经济事务的世俗领域才获得了如此重要的现实性。因为物质因素的专断已经毁灭了与它们相关联的文化产品,一个新的秩序便只有通过改变这些因素才能实现;反过来说,直到这
177 些因素除去遮蔽、隐匿它们的面纱之前,这种改变也不可能发生。所以在目前状态下,真理本身就位于“平常”的公共生活中;这倒不是因为经济或社会方面其本身有什么重要性,而是

因为它们是制约性的条件。不可否认,它们不能完全解释宗教或精神的经验领域。尽管一方面,由于社会关系已经动摇,所以这些经验内容缺少真实的基础;另一方面,迁延于这一宗教和精神领域也使人们不再顾及社会存在本身是否应当被改变。今天大部分的文学产品都天真地耽溺于纯粹的精神领域,它们都有意或无意地试图去巩固统治性的社会境况,而从属于其中的则是一个已不复存在的私人个体。作为一种压抑的表现,这些文学产品已无足轻重。在这些领域,已不再能够直接觅见真理。

和真理一起,语言也已枯萎。路德仍然可以自信他有这个能力将圣经的语言和人民的语言熔铸在一起。古典主义、浪漫主义和唯心主义都可以使用一种自称是既由精神所决定、又由摇摆于先验主体和个性之间的自我所决定的语言,因为它们的信仰和理念对于世俗社会外部结构的依附性仍然被隐藏着。一旦物质力量的决定性功能得以显现,那么这些语言建构就会失去它们的规定性的力量。这些语言建构没有完全消失,它们被一种历史主义的立场所保存,并且被哀伤所标记,现在栖居于美学的空间当中;它们的句子的长度和它们的构型仍会传递着久已逃匿的物的世界的一种自明的和谐。现实已不存在于这些语言的形式之中,即便美仍迁延于其中。而且,跟随真理的进程,现实在一种语言中枯竭,这种语言的形式和类别材料(Kategor-ienmaterial)所表达的意识,就是今天那些本质性的事 178
件正在世俗的舞台上所展现的。无论这种语言可能会怎样的节制或消极,但它却有其自身的必要性,因为它能够在困境得以被逆转之处独自地建构其自身。而与此完全一致的是,与语言不同,通过对变得越来越成问题的正面意义加以不受约束的征用,语言的各种造型(Sprachgestaltungen)证明语言是无视于现实情境的，它们已然丢掉了其所宣称的形而上学力量并且屈从于主观的专断性。对从内在、高雅的此在的领域攫取来的概念加以俗语化，就和现在每一种把自己表现得像是神圣秘传的语言［就像格奥尔格（Georg）圈子的散文那样］所面临的实质的快速流失一样，并非偶然和可以避免的事件。进入这种被抛弃的语言领域，就等于是否弃掉了现实。

布伯和罗森茨威格的译本宣称要以其纯粹性更新经文的现实性。的确，我们可以感知到他们的欲求（这一欲求应得到承认和尊重），感知到他们为文本复原真理所投诸其上的力量。在就像描述亚伯拉罕"善终于高寿之年"（Sterben in gutem Greisentum）这样的新造词语里面，我们听到了在外语词汇中复兴希伯莱语节奏的努力。这里对德语词汇的信任是除路德的德语以外无与伦比的。但是，这种信任真的使译者进入圣经文本中去了吗？

在他们的工作的压力下——他们完全是通过他们自己的自由意愿去承担这项工作的——他们会采用一种显然不属于今天的语言形式来运作。但是这些语调也并不是从圣经时代以后就再没有引起过共鸣，尽管作者的确想要将他们的场景转移到那里去。恰恰就是在现在和古代之间，这一场景被建立起来。有几个例子可以确认这一点。典型的路德式表达"神的灵运行在水面上"（und der Geist Gottes schwebte auf dem Wasser），聪茨（Zunz）〔7〕版圣经里这句话采用的是一个单薄但干净和实

〔7〕 利奥波德·聪茨（Leopold Zunz，1794～1886年），德国教师、编辑，是颇具影响的"犹太人文化与科学协会（Verein für Kultur und Wissenschaft der Juden）"的联合创办人。他编辑了阿恩海姆（H. Arnheim）等人翻译的《圣书二十四卷，据马索拉本编译》（*Die 24 Bücher der Heiligen Schrift*，*nach dem masoretischen Texte*，Berlin：Veit，1838年）。——译注

在的形式:“而神的灵正运行在水的表面上”(und der Geist 179
Gottes schwebend über die Fläche der Wasser),被我们的译者变形为一个回响式的表达:“上帝以其涌流在水面上无所不在之处居伏”(Braus Gottes brütend allüber den Wassern)。是何种时代精神使这一涌流居伏于其中这个问题,在下面的事实中变得清晰起来:他们提升了高贵者,使云聚集成云,屠杀应被屠杀的动物;而在这些地方,路德则是让挪亚献牲燔祭,让云笼罩大地,以及,很简单地说,杀戮。从这样的事实亦可明显见出:他们把路德的译文“主闻那馨香之气”,提升为崇高的德语表达式:“于是他闻到了主闻的馨香之气”(Da roch ER den Ruch der Befriedigung)。这些头韵体的腐臭味并不是从圣经中来的,而是从瓦格纳式的魔咒符号中来的。《尼伯龙根指环》最高级的日尔曼主义应该会对以下韵文的问句感到满意:

你是想要成为王,居于我们中间的王,

抑或是统治者,居于我们之上的统治者?

(König wärst wohl gern, bei uns du König?

Oder Walter du, über uns Walter?)

类似地,如复古的表达法“神女”(Weihbuhle)与路德的“妓女”(Hure)和聪茨带有警方色彩的“性交者”(Beischläferin)相对,以及“画记号的地方”(Malstatt)(路德版仅写作“记号[Mal]”)对应的是乐剧当中诸神和武士说话的方式。这对于这句训词也同样真实:“愿你的后裔高据仇敌的城门”(Besetze dein Same das Hochtor seiner Hasser)(比较路德版:“愿你的后裔得着仇敌的城门”)。一条常有人走的小路从瓦格纳的英雄般的上层领域直通向附近的腓力克斯·达恩

(Felix Dahn)[8]和古斯塔夫·弗雷塔格(Gustav Freytag)[9]的平原——我们是被这样的措辞迅速转移到那里去的,比如"无可估量"(ohnemaß)和"诚然"(fürwahr),或者被兴奋地加了标点符号的彩镶玻璃窗上的致语:"请您允许,我的主!"(Mit Verlaub, mein Herr!)。

例子够多了吧:这种语言在极大程度上被古风化(archaisierend)了。然而这各种考虑并未顾及它们的效果,其结果之一就是这个译本恰好使用了那些路德早已有意识地废弃的、现在已完全不再合用的"城堡与宫廷语言"。它们的源头是显而易
180 见的:它们产生自神话活动(Betrieb)和对消逝的19世纪充满崇古色彩的浪漫主义想象,有教养的中产阶级因为需要精神的支柱所以维系这样的语言,而在当时,这样的语言因其对社会情境的适用性,确也曾经能够据有一定的现实。然而现在这种语言已堕入废墟,这一点通过与一直保持着生命力的路德译本相比较就会清晰地显现出来。

这些错置的语词所界定的语言的荒地在最大程度上得到了两位译者的灌溉——由于他们两位都希望这种语言得到尊敬的对待,维尔海姆·米歇尔(Wilhelm Michel)甚至认为布伯已"跻身于德国最具当代性的声音",但这样的语言实践却只会使其更难承担这样的名声。他们相信他们创造的德语具有

---

〔8〕 腓力克斯·达恩(Felix Dahn,1834~1912年),德国作家、历史学家、法学教授。根据北欧神话创作了13卷本的《民族迁徙小说》(*Kleine Romane aus der Völkerwanderung*,1882~1901年)。最著名作品为四卷本的《为罗马一战》(*Ein Kampf um Rom*,1876)。——译注

〔9〕 古斯塔夫·弗莱塔格(Gustav Freytag,1816~1895年),德国作家、语文学家。他的三卷本现实主义小说《应与有》(*Soll und Haben*,1855年)以一种狄更斯和司各特式的笔法描绘了时代的阶级状况。多卷本历史小说《祖先们》(*Die Ahnen*,1873~1881年)则是一部德意志民族编年纪事。——译注

超越时间的本体论的力量，这诱使他们离开了语词“神坛”（Altar）的被驯化了的领域，而进入狂野的“屠场”（Schlachtstatt）；这激励他们把路德习语式的“全世界”（alle Welt）或“所有的土地”（alle Lande）置换成了伪碎块状的（pseudo-schollenhaft）“大地上的人民”（Erdvolk）这一表达。然而，这种元德语（Urdeutsch）式的表达并没有将圣经的固有的距离带入现在，而是把圣经拽进了只有数十年之久的一种元德语中。这是语言的复仇行为，为的是反对把它呈现为一种已不复存在的现实的莽撞无礼。当下的语言缺乏内在一致性（尤其是在超越于尘世的那些领域），就像它没有能力对诸多的本质性去加以命名（这可以被解释为是由于客体世界的功能化）一样，这一点被极大程度地忽视了，以至于我们毅然地要对那些传承了几个世纪的概念描画以新的暗影。［只有这样的地方还不错：偶尔出现的本来意在本体性的概念，却不经意间将其自身揭示为一种单调的功能化——例如将路德版本中的“世系”（Geschlecht）变形为“后裔”（Zeugungen）。］按照出版商手册里说的，《历代志》将会变成“故事”（Begebenheiten）书，《先知书》会变成“预言”（Künder）之书——这种原初性的印纹（Originalprägung）与其说是取自旧约，不如说是来自格奥尔格的《同盟之星》（*Stern des Bundes*）。但就其本身而言，作为一个进入到普通用语之中的习用语是很难被预言化的，因为它已经属于某个过去，而且还是资产阶级的过去。在一个根本 181
上来讲是以历史主义为方向的时代，［维尔海姆·米歇尔在他的著作《马丁·布伯：他的通往真实之路》（*Martin Buber. Sein Gang in die Wirklichkeit*，美茵河畔法兰克福，1926年）归之于布伯的］某种“现实化的倾向”就不可能得到这样的或者其他形式的德语化的支撑,因为这些德语化的处理都忽视了它们自身的历史位置。如果这是可能的,那么所达成的现实就会将自身揭示为令人不安地接近于由民族浪漫主义所计划的那种现实。这并不必然与如下事实相矛盾:与要将一切日尔曼化的超路德倾向相反,有些特定的名字是以希伯莱语的形式插入其中的——Eszaw(以扫),Ribka(利百加)和 Jirmejahu(预言者耶利米)。或许,这是民族利益在要求着他们的“大地上的人民”的权利。

如果这些名字的实际情况不符合译者的意图,那么我们就只能认为,是美学的志趣导致了希伯莱命名法的外来植被移植到了纯粹德语的环境中。当然,这样一种美学的志趣可能是与实际的志趣相异的。然而,无论这个译作是不是由这种美学的志趣所促成,它的形态和语言的确看起来最终是由它所决定的。和译者的美学效果同样会有的问题一样,它间接地确认了它的现实性其实只是美学的现实性。但就是在它最决然地想要实现一种现实效果的地方,它却又回落到了美学的无能为力之中去了。决定不将评论包括在内——这样做也许是为了不加任何干预地来呈现圣经的真理,这给人留下了一直以来都是为了追求艺术的纯粹性的印象。语言学的成果被创造来用做一种重新唤醒圣经本质的手段,但它并没有在移情的再创造的节奏(博夏德更长于此道)中将自己阐明为真正本质性的东西,而是被迫以巨大努力进入其中并刻意地强调它们自身的美,无论它其实已怎样暗淡下去了。在这里艺术并没有将其自
182 身建筑在现实的基础上;相反,是现实遁入了艺术的造作。

圣经的德语翻译并没有激活现实,它缺乏现实性;这是与路德的译本截然相反的,路德译本的革命性成就就是突入了它

的时代。它的语言之古远背离了它的主旨之古远;真理并没有通过一种仅仅是最近的过去不再使用的语言而被传递出来,这个时期的社会结构本来应该不是太难被识破的。两位译者本应早已辨识出今天哪些领域是需要用真理去轰毁的。路德版的圣经直接对那致命的一点发起攻击,而布伯和罗森茨威格对德文的使用却从我们社会生存的公共空间偏转开去,转而进入到了私人领域。圣经文本本来的意图是要撕裂日常生活,而他们的译本却从日常生活的空间被分割出来,并且变成了一种想象中的节日庆典舞台剧的基础。仿佛唯有如此,这种德语才有可能确保其有效性;而它从来都不是对一种真正的压抑的表达或一种认识的手段。

这一译本的反时性质为它隐含的立场赋予了一种反动的意义。借由对世俗语言的逃避,它对世俗施以压制;借由对日常公共空间领域的远离,它放弃了使他们自己拥有真理的紧迫需要。无可否认,这一领域就是外部事物的领域,但对内在的提升却紧密地联系着外在的变形。圣经德语表述的词汇表证明,这种操作的意图是要用关系性的语言对个人言说,但是这样的个人的社会关系却未被纳入考量。它对意义重点(Bedeutungsakzent)的盗用使之远离了外部事物,因而变成了一种阻止真理得以幸存的工具。由于对私人自我的错误的提升,作为其言说对象的私人自我就必然要阻碍它自己进入公共空间的路径。它的非现实性是由这一译本的浪漫主义姿态暴露出来的,其美学效果是将这一译本标记为一个逃离的症候,将私人领域标记为它的避难所。这样一种后撤的潜在后果(包括政治后果)正从一些新圣经阐释(neubiblischen 183
Manifestationen)的民族主义声调中浮现出来。

对这一译本做一基本的批评是必要的，因为有真实(Wirklichkeit)这一坚实的概念支持这样的批评。布伯在他题为《我与你》(*Ich und Du*)的论宗教哲学的著作中发展了这一概念。在这里他将“你—世界”(这个表述中的我和你都是作为完全的个人而处在相互之间的非客体化的关系中的)从“它—世界”(这个表述中人们将他者客体化并由此进入到了与这些客体的一种抽象关系当中，他们将自己从这些客体中分离出来)中区分开来。在前者里面，所有的造物都是通过它们内在的相互连接而获得真实性的，而在后者，布伯声称，却只有关于真实生活的种种验证凝固在非本真性的各项声明(Bekundungen)当中。沉沦于此“它—世界”就是人的命运，而我们的职责就是拒绝它。所以，在布伯看来，真理就只有在人可以凭借其全部的存在而把握到它的地方才能显现其自身；不过它也会抵制任何一种认为它可以以抽象形式将真理把握为客体的理论沉思。作为精神的领导权的一部分，这种使真实反对非真实、使具体反对非具体的阐释，已经变成了更加受欢迎的一种意识形态，因为从形式上来看，它是完全正确的。从社会状况的角度考虑，受教育阶层正是依赖于那种种姿态(其本身是无伤大雅的)以作为他们良知的救生圈的。布伯的真实概念具有直接的意识形态特征，举例来说，当一种实质上不复存在的真实想要宣称对一种理论具有优越性的时候，这种理论无论(或者更准确地说，因为)具有怎样的抽象性，它就是今天现实状况的处所。布伯和罗森茨威格对圣经的德语翻译就是这样一种实践的颇有说服力的证据；它的真实的性质被它的语言所否弃，因为较之于海量的日常散文，这种语言的诗化倾向对于真实是要更加陌生的。布伯忘了——而且很多人跟着他一起忘了——真理本身是从一个点漫游到另一个点、从一个空间漫游到另一个空间的；而且在某一特定时刻，真理也很可能会被迫在世俗领域里发起攻击，在这个世俗领域，一种社会批评（无论多么抽象）要比略过现实的沉思来得更加适当到位。这些世俗领域眼下正是为真理所洞穿的本质性的场域。当他撤向他的"你—世界"的时候布伯就牺牲了这些世俗领域，在那个"你—世界"中，用他自己的术语来说，他所能希望的就只是一个"它"了。 184

但是如果仅凭穿越世俗之"非现实性"的道路就可以抵达现实的话，那么今天也就没有必要翻译圣经了。圣经德语翻译的根本意图已经在如此之大的程度上远离了真理，以至于它自以为能直接传递圣言所具有的全部原始力量。路德的处境不是我们的处境；德语——或在这种情况下的任何语言——能够合理地去涵盖圣经真理的那个时代已经过去了。对于我们来说，这种真理确实在路德的译本中保留了下来，否则它也就早已不复存在了。因为正是通过路德的译本，也只有通过路德的译本，圣经才在我们的历史中的一个特定的时刻进入现实中来。更进一步来说，即便当世俗已将其自身从神学的领域中分离出来，而传统却还有可能依然能够将圣经保持在那个现实当中，那也是因为这个传统是建立在路德翻译的基础上。唯一能与世俗化的版本旗鼓相当的，恐怕就是文本批评版（eine *textkritische* Aufgabe）了，例如，正是这一版本使考齐（Kautzsch）〔10〕奠定了现代犹太圣经研究的基础，并且，就像人

---

〔10〕 爱弥儿·考齐（Emil Kautzsch，1841～1910年）：德国新教神学家，编辑了弗里德利希·格塞尼乌斯（Friedrich Gesenius）的《希伯莱语语法》（*Hebräische Grammatik*），翻译和编辑了两卷本的《旧约伪经和伪铭文》（*Die Apokryphen und Pseudoepigraphen des Alten Testaments*，2 Vols.，Tübingen：Mohr，1900.）。——译注

们常说的那样，它能够满足科学所有的合理要求。一边是语文学的注释，另一边是路德的翻译，在这两者之间，并不存在第三条可取的道路。无可置疑的是，一部产生于今天历史主义思想方法的注释本应将其目标限定在只是澄清和保留原始文本，这样的话，随着时间的流逝，它或许可能会比布伯和罗森茨威格浪漫而武断的尝试更为忠实地传达圣经的精神，这样一种工作应该慎重地使圣经沉默无言，而布伯和罗森茨威格的译本却是
185 在迫使它以一种不合时宜的方式发声。

由圣经翻译提出的这个问题，是宗教革新的一般问题。出于对这一革新的语汇的着迷，各种运动、圈子、团体纷纷涌现，并基于与现存信仰之间有时较为淡薄有时较为近切的联系，它们都努力地显明了存在（das Sein）的转变。把经文翻译为德语，是不能脱离开这次宗教革新的现状的，它为这样的运动可能陷入的危险提出了某种警示。也许，在他们“进入现实”（Gang in die Wirklichkeit）的行动中，那些群体事实上可能会错失在可见的外部世界中的真实的东西。也许，他们认为他们可以通过他们的生活而进入现实，而事实上他们只是为了挽救他们自己的私人的存在而丢弃公共性的现实、放任其自我照看而已。也许，他们相信他们是在致力于真理，而事实上他们根本不知道如何在其现时性中寻找到真理。因为，在今天，通往真
186 理之路，只能借径于世俗。

普世主义和相对主义*
——论马克斯·舍勒《关于人身上的永恒性》

最近出版的《关于人身上的永恒性》(*Vom Ewigen der Menschen*)第一卷,是科隆哲学家马克斯·舍勒的最新一部著作,其中汇集的一系列文章,有些是此前发表过的,有些是战争期间做的讲座。这本文集——就像它的副标题所提示的,其意图是促进宗教革新——只收录了一篇新写的文章,即题为《宗教问题》(*Probleme der Religion*)的长篇研究。由于本书实际上是一本文选,这种形式允许并置呈现不同方向的思想训练,要找到其一方面由纯粹的哲学考察,另一方面由更富文化—政治性的研究所形成的共同的精神基础是有难度的。然而,对于舍勒这样的作者,一种原则性的检视会取得更丰富的成果。因

---

* 原题为 *Katholizismus und Relativismus*,发表于《法兰克福报》(*Frankfurter Zeitung*),1921 年 11 月 19 日。众所周知,"Katholizismus"直义是"天主教",本文自然也包含这一层意思,但是作者在这里所思考的是它的本来涵义,即"普世主义"。——译注

此，与其对内容上广为不同的各篇文章本身加以检阅，不如去剥离出使这本书根本结果得以产生的那个思想内核。

在序言里，舍勒阐明了他在本书关于宗教哲学的核心部分为自己设定的任务。他想要去发覆的是“一种自然神学的系统构造之潜在基础”，并通过这一呈现来提供一个平台，使不同宗教的依附者可以彼此相遇，穿越他们各自信仰特定的不适应性而达成和解。舍勒继续说道，只有“当它已将奥古斯丁主义从其历史迷雾中解放出来，并使用现象学哲学的概念资源为它提供一种新鲜的、有着更深根源的基础时”，关于上帝的自然知识才能完成这一任务。显然作者为自己设定了两个目
187 标——一个是哲学的，另一个是教育的。为了直接切中要点，他试图抽取信仰的自然行动和内容的努力最终证明是失败了。尽管这一批评无疑是正确的，但我们还是必须要承认这种努力的伟大，认识到舍勒将自己浸没在宗教现象的世界中的那种直觉性力量。舍勒的错误是他切入问题的一般路径的产物，这一路径自身则是带有一定必然性地从我们现有的精神和心智状态中产生出来的。

一开始的一些概念界定对于接下来的评论是根本性的！舍勒在现存的和“自然”的宗教之间做了区分，后者被理解为任何具有理性的人在任何时候通过宗教行为都可以获得的关于上帝的天真的知识。自然宗教是通过自然启示而达成对其信仰客体的沉迷的，与自发的知识相反，这种自然启示是个人可以在自然宗教行为经验中学习到的本质事实的自我揭示。如此一来，它就不像现存宗教的启示那样是和特定的人的存在以及教义联系在一起的。

在关于自然宗教概念的讨论中，浸透在本书中的不幸的情

感矛盾就已经非常明显了。在某些点上人们会得出这样的印象，舍勒假定一种自然宗教是适用于所有人的，同时在另一些点上，他又解释说“所有宗教中的自然宗教”所依据的是某种特殊世界观的特定自然—历史形式。然而，后面这一解释的隐含意义就是，最终在不同的文化范围里自然宗教是有着不同的特征的，显然在这种情况下，我们就不再能够说存在一种普遍适用的自然宗教了。

即使暂时忽略了这一不协调的游移不定，但我们仍面临着关于上帝的自然知识是如何联系着通过形而上学方法获得的 188
洞见的这一问题。在他的系统考察中（这种系统考察本身是非常值得推荐的），舍勒批评了西方思想史的历程中曾出现过的对哲学与宗教的各种划分。在他的工作进行中，舍勒本人却转而对形而上学的理性知识和可以通过自然宗教的行动获得的宗教知识之间做了区分（这一区分看起来是十分暧昧的，不过其原因我们在这里还不能说明）。根据舍勒，哲学和宗教代表了两种完全独立且具有对等合法性的行动领域，无论哪一种都不能以任何方式从对方那里衍生出来。要把从这两个相互分离的领域生发出的知识编织成一个更高的整体，这一任务被交给了“自然神学”，由此它便终于开始起作用。

借助“现象学哲学”，舍勒想要和其他的问题一起客观地论证自然宗教行为的特定本质以及归之于它的对象领域的本质。与此同时，他还尝试去发展在宗教领域内判断什么是正确和错误的各种法则。如果现象学可以满足舍勒要求于它的一切，那么它就必须具有真如神迹般的力量，并且人们渴望知道它那里到底有什么如此之特别。简单地说（这是目前的语境所要求地），现象学致力于对精神之诸“本质”的直观，所以并不关系对既存现实的描述和阐释。它更感兴趣得多的是去揭露那个无可比拟的所有给定事物的“什么的性质（Washeit）”——也即本质。根据舍勒，要抓住这样的本质，要求哲学家去培养一种对于绝对价值和存在的爱，使他的自然的自我谦卑，去实践某种自我节制。然而，舍勒并没有揭示，是否满足了所有这些先决条件（都是心理学的先觉条件，尽管与舍
189 勒所宣称的相反）这一点的确可以成为一个有效的保障，即保障人真的有可能到达事物的本质。舍勒所号召的争取“道德提升”在任何情况下都没有在它自身之中建构起一个以这种方法获得知识的真理的标准。

尝试规划出一种自然宗教（或者就此而言亦可称为自然神学）的努力，确乎可以说是成功的，只要舍勒在形而上学和自然宗教的领域所演示的经由“本质直观”而产生的结果是绝对无懈可击的。但是，正如一些测试的例子已然显示的，这些结果作为部分相互矛盾，作为整体更加可疑。例如，在一个地方，舍勒展示了从特征上有所区分的不同主题（人民、种族等）中涌现的一组本质直观，这把他引向了彻底的相对主义，认为所有这些关于上帝之精神的不同洞见和理念都可能会是真的。而稍后他又评论道，世界是由上帝的意愿而得以创生的这条教义（此一宣称是从本质的语境中衍生出来的）明确地驳斥了关于上帝和世界的其它著名的形而上学信条；在另一个地方，他甚至说到加尔文的“可怕的错误”。这些价值标准和这些真理标准是从哪里突然冒出来的呢？

这样的追问是徒劳的——毋宁说我们已经预料到答案了。不过，在给出答案之前，我们建议更近距离地检视一下一些观照于自然宗教的本质直观以及人与宗教的一般关系。运用这

些直观的内容,我们就能够以可求而得之的明澈性去揭示它们
的真正起源,就能够去评判它们被认为的那种自明特征和它们
的客观性。例如,根据舍勒,一个恰当的价值形而上学必须坚
决采信这样的教义:世界上所有的不幸都植根于一个邪恶的高 190
度集中的权力;更有甚者,由于“邪恶”只能是一个人的本质属性,因此,它就植根于一个邪恶的人的权力当中。借助现象学,舍勒同样能够极其轻松地论述:对于我们当代人来说,一种新的宗教(实在说,这意味着,除天主教之外的任何宗教)是不可能的。例如,我们可以读到这样的段落,他宣称:所有伟大的宗教的人(homines religiosi)的目标都是对一种原始宗教的复原(在这一过程中,当然,某种象是新的宗教的东西或许最终会得以产生);圣徒是“存在的可想象的最高形式”,正是圣徒的理念一定会使其形式显得很“独特”(这一结论当然不会排除新的圣徒的降临);人类作为一个种群已经上了年纪,所以今天年岁较大的人有义务忠实地执守于在年轻人那里被经验为超验性现实的东西;如此等等。你最好加入教会(这或多或少是这些观点的论调),因为任何其他的行为都是“本质上不可能的”甚或是“荒谬的”。

举这些例子已足够了——舍勒式现象学的秘密犹如白日般清朗。简单说,它存在于这样一个事实:在某一时刻,通过否弃他自身的价值评估,舍勒试图在一个多少有些空洞的空间里去捕捉特殊事物的本质;然而在下一时刻,他又会将事物描述为像是从一个自然会带有特殊评价的特别的视点进行观察的人所感知的那样。取决于他的需要,他有时候是一个相对主义者,有时候又是——普世主义者。要是他至少能自始至终公开承认他的普世主义该有多好!但这恰恰是他没有做的。大多

191 数时间他只有在他已经抛弃了相对主义的时刻——例如,当他宣称,在这个由至善而真实的上帝创造和引导的世界上,在救赎的问题上一个绝对可靠的“教会权威”的缺席是荒唐的——他才会坚持一种预设的天主教观点,忽略作为本质需要通过其视角获得的种种洞见,然后把这些洞见用作普世主义的基础。

这简直就是一位揪着自己的头发想把自己从水里拖出来的明希豪森(Münchhausen)! 作为一个摇身一变(malgré lui)的相对主义者,他赋予所有人以他们自己的方式认知上帝的权利,并向多元主义表示敬意,等等。而作为一个普世论者(Katholik),他又宣称除了普世主义之外便没有其他认知上帝的形式是有效的——这当然不能用它恰当的名字来称呼它,但却是纯粹的本质上的必需。我们不得不赞赏这位领航员的机敏,他对现象学的所有航道都了如指掌,可以引领我们绕过无数危险的阻碍。然而,这一赞赏并不能消除在这样一条批评精神的不稳定航线中给我们带来的压倒性的不适感——顺便说一句,这种曲折历程在舍勒的强烈风格中已经很明显了。

我们无须再费更多笔墨在这种大量的所谓“本质直观”的专断上面了。舍勒偷偷地把主观臆断的观点经变形后纳入到被认为是建立在给定事物自身的存在基础上的客观真理之中。如果说比起其他作家他的洞察力在某些点上更深入些、而在另外一些点上则较为肤浅,那么这也没有多大区别,因为在每一个案中到头来都是事物的本质在发挥作用。更有甚者,当舍勒偶然地将他那些既不具有必然的合法性又无法证实其一般性的论断(如这样的论断:知识是建立在爱的基础上的;或者,每一个有限的精神要么信仰上帝要么沦为偶像崇拜)指定为“基本公理”,继而使用这些“公理”以衍生其他的论断(也无论人们相信这些论断与否,因为那只取决于一个人的倾向性)之后,这种专断往往就会退化为空洞的经院气(Scholastik)。 192

那么自然宗教现象学的立场是怎样的呢?要是让作为相对主义者的舍勒来说,那我们就会看到自然宗教的多样性。但要是让作为普世论者的舍勒来说,那自然宗教不过就是羞羞答答的普世主义,或者是在任何时候都可轻易借普世主义的面貌出现的一神论。通过发明这种自然宗教的雌雄同体,舍勒这回是真的坐在两张凳子中间了。一方面,他冒犯了天主教徒,因为他通过这项发明将天主教的观点相对化了,并为教会关于救赎的具体真理奠定了一种现象学的基础,而实际上,这种方法是扬弃(aufhebt)了他们的教条意义。[2] 无可否认,自然宗教是教会信条;但是也正因为如此,它的内容就不可能不带有那些在空的空间中产生的预设而予以理解。然而,另一方面,舍勒也冒犯了非天主教徒,因为他们很快就察觉到隐藏在本质直观背后的天主教意味,并且开始对那些其来源被如此之精心掩饰的洞见产生怀疑。无论在清晰表露他的观点还是在真正实施他的不偏不倚的计划方面,舍勒都本可以做得更好。而像他这样,想取悦所有人的结果,就是哪一方也没讨好。

只要这一哲学议题还没有解决,它的教育的目标也就不能实现。从以上所述我们看到,很难指望让不同信仰的信众能够通过舍勒架起的自然宗教的浮桥走到一起去,更不用说让他们在那里和解了。人们是否可以经由现象学的大门而抵达普世 193

---

〔2〕 本文最初发表时作者原注:奥托·格伦德勒博士(Dr. Otto Gründler)发表在1921年10月号杂志《高地》(*Hochland*)上的一篇文章《现象学对于精神生活的意义》(*Die Bedeutung der Phänomenologie für das Geistesleben*)里指出,在一些天主教的圈子里,人们还没有意识到现象学哲学的有限意义或其真实的用意。

主义——也就是说,本质直观事实上可以起到传教的作用——这也同样很成问题(就像天主教徒他们自己会率先指出的那样)。现象学——尤其正如舍勒的例子所体现的这样——就像是"给所有人的童话",对于佛教徒就和对于新教徒或天主教徒一样适用。通过征用而实际上是误用现象学作为进入天主教世界观的门径,舍勒证明他本人是一个真正的折中主义者,因为在宗教的问题上只有一个折中主义者才会尝试去征召现象学研究的支援,以这种方式强行使形而上学的认识和宗教的救赎真理结合在一起。

这样的实践结果就是既丢掉了天真的虔信又失去了哲学的不自知,只留下一个人工制品,顶多也就能满足受教育的后来者。谁不认识像他这样的人呢?——今天的这位知识分子,再也不能忍受失落信仰的虚空,于是便在浪漫化的依靠意志作为解决的基础上的任意一个地方寻求庇护所?或许,对于这类人,舍勒已为他们扫清了通往普世主义的道路。但是这一类人显然不是最好的,他们利用这种脆弱作为他们的退路(尽管这种脆弱是很可以理解的),因为他们过早地欲求着实现他们气喘吁吁的渴望,而不是勇敢地坚守在那空虚中——等待。——至于其余,我们可以就这样的事实给出一个完全正面的评价:舍勒也努力想要在他的最新著作中传播和加强这一针对普世主义的本质的富于沉思的精神态度。因为这种态度无论对虚无的勤勉还是对认为这样的运动就是其目的本身的行动主义都构成了某种不可或缺的制衡。

舍勒的基本哲学立场是站不住脚的,但这丝毫不能减低他
194 在探索其他思想领域时所取得的哲学成就的意义。这个具有耀眼才华的知识人展现了一种心理学的洞见,其深度在今天的

思想家中几乎是无与伦比的。例如,他的论文《悔悟与重生》(*Reve und Wiedergeburt*,收录在新书里),尽管有一些段落极具争议性,就是主要就精神的本质属性进行心理学分析的一篇杰作——这一类分析是从基督教伦理中开出的最绚烂的花朵。通过从一个天主教视角展开的特定精神结构的特异性,舍勒确实澄清了许多问题,并且,附带说一句,比起他在自然宗教领域所做的建构,舍勒可能为天主教生活灌注了更多的能量。更进一步说,他的覆盖和分解精神与心智多层面向的能力赋予他以一种发现隐蔽的社会学关联的能力。因而,不足为奇的是,在本书最有价值的论述中,我们会发现有很多都是关于社会学上以下两者之间必要的相互关系的:一方面,是被认为是一系列历史哲学体系的宗教教派;另一方面,是其社会条件。总之,我们可以赞同舍勒对形式的唯心主义和施莱尔马赫(Schleiermacher)宗教哲学的带有批判意味的忽略(这一批判性的忽略,依舍勒的风格,是来自他把握事物物质性存在的努力)——虽然由于其核心观念的缺漏,它们也并不总是有着一致性的基础和充分的原则的。

在这本书中,舍勒的形象,连同他的优点和缺点,都跃然纸上。在很多方面,这一形象都带有我们这个时代的特征。在今天,日益疏远上帝而导致的绝望又因一种比已知此前任何时代都要严重得多的宗教贫乏而雪上加霜。今天的人们都迫切地想要找到一条通达宗教信仰的门径,然而他们似乎只有通过思 195
想的中介才能达成此目标,而这种思想的中介所表达的更多的是对信仰的愿望而非信仰本身。由于我们仍处于无根的状态,所以我们就很难摆脱相对主义,而只能不停歇地从一种表象漫游到另一种表象,从一种文化漫游到另一种文化,把我们自己——因为我们自身存在的匮乏——浸入到无论什么的任一现象的存在中去。舍勒也是这样的一个漫游者。他是受到一种无限趋向于所有存在的本质的意愿所鼓动,如果他没能抓住这种本质的存在本身,那么这并不是他个人的错;这是一个缺乏绝对意义的时代的错误,正是这一时代背景使他要超越现存信仰去寻找一种自然宗教的原因。对于从单纯知识立场接近自然宗教的人来说,自然宗教毕竟只能作为在物质领域无法实现的理念而存在。总而言之,舍勒的现象学仍然是以相对主义的精神性(Geistigkeit)为源泉的,这种方法使他能在不被注意到的情况下不断打破天主教原则,并且滑入一种无尽的距离;而后为了逃脱这一令人焦虑的宽广无垠,他又同样在未被注意的情况下退却,遁入普世主义的安全地带。但我们不要误解:舍勒的缺乏原则最终应归因于时代的精神状况,这个时代才刚刚开始意识到它所缺少的一切,而现在——与其说是这个时代的开始,不如说是它的尾声——则正在这个过渡期的成千上万
196 种碎片化的色彩中闪耀。

科学的危机*

1

科学的危机如今已成为街谈巷议的话题，这在历史或社会学等经验科学中表现得最为明显，这些学科致力于研究有意义的人类行动的思想语境并做出解释。在 20 世纪里，当这些科学在范围上变得越来越宽广的时候，日益显著的是，要实现对普世合法性的承诺（就象科学一样，这些学科也必得宣称它们的发现具有合法性）看起来提出的是一些无法克服的难题。举例来说，假若它们想要通过将自身严格限定在建立无关价值评判的知识上面以维系它们的客观性，但结果却是它们或者转向规避内容的概念的形式主义、或者陷入无休止的事实收集的广阔无限性，而最终还是会发觉自己无法避免卷入到价值评判中去。但假若它们最初就从价值评判的角度去接近它们的材料，那么它们一开始就会屈从于被当代科学称为“主观的”观

---

* 原题为 *Die Wissenschaftskrisis*，发表于《法兰克福报》（*Frankfurter Zeitung*），1923 年 3 月 8 日和 22 日。

察事物的方式,因为这些价值本身是无法得到科学、"客观的"解释的。这一困境的后果已变得一目了然了:一方面是无意义的材料累积;另一方面则是在所难免的相对主义。这些已足以解释为什么在当今学术青年中那些最优秀的人才那里这种"对科学的憎恨"会像这般蔓延。年轻一代的人们对概念提出的要求是忠实于生活,这是对于思想建构的一个普泛的、总体性的观点(Zusammenschau),并且是对免除了任何一种怀疑论的"为了什么"的问题的回答。然而令他们失望之处在于,正
197 是那些关涉到思想存在与活动的科学无法满足他们的这一要求。作为其结果,对于强加在他们身上的专业化的反抗、对于那种相对主义思维的强制力的反抗,往往会逐步升级为反对这些门类科学自身的一种充满激情的抗议。但是在这一过程中,这些年轻人总是太过经常地忘记,不单是科学无法满足他们的要求,更有甚者,科学自身最终也只不过是我们发现自己今天所处的整体思想状况的一个局部表征而已。

马克斯·韦伯(Max Weber)和恩斯特·特略尔奇(Ernst Troeltsch)[1]都对年轻一代这种内心挣扎深有感触,他们尝试去处理这一弥散性的危机,对于他们被推上被告席的科学的任务和它存在的理由都提出了新的问题。我们的讨论从特略尔奇开始。在最近出版的他的新作《历史主义及其问题》(*Der Historismus und seine Probleme*)的第一部(《著作全集》第三卷,图宾根,1922年)里,特略尔奇提出了某种接近于为历史哲学

---

〔1〕 恩斯特·特略尔奇(Ernst Troeltsch,1865~1923年),德国新教神学家、历史哲学与宗教哲学作家,在第一次世界大战前的德国思想界颇具影响。著有《基督教会与团体的社会教学》(*Die Soziallehren der christlichen Kirchen udn Gruppen*,Tübingen:Mohr,1912)等作品。——译注

或历史学思想恢复名誉的东西。也就是说,他试图既要消除历史主义的世界观(根据这种世界观,所有的机制和价值都可以从历史的发展中被推演出来——无论它应该怎样被理解)中无可把握的暧昧特征,又要维护这种历史主义世界观、使之免受已经变得非历史的年轻一代的质疑。为了这一目的,他发展出了他自己的关于历史哲学意义与本质的理论。这样一来,在他看来,历史哲学就能不再受到更多的攻击。为了表明他的立场,特略尔奇给他的理论附加上了一份历史哲学的系统综述,从黑格尔和兰克(Ranke)一直到克罗齐(Croce)与柏格森(Bergson)。对历史主义本身的历史所做的这一前所未见的批评性的概览具有强烈的指向性,而且验证了特略尔奇经常引人注目的组织大批量材料的非凡能力。还有,这部著作也自始至终地证明了他萃取问题本质的艺术(关于马克思主义辩证法 198
的专论只是其中一个例证)。特略尔奇将这部论述范围广阔的著作构想为是他在接下来的几年里将要完成的一部物质的历史哲学的准备和基础。

尽管,如果对特略尔奇的著作整体——特别是他的历史分析,那是无论怎样高的评价都不为过的——做一全面的述评会很有帮助,但在这里我们必须把我们的讨论限定在他尝试解决历史思考核心问题的努力以及他关于科学的危机的基本立场上面。通过对历史客体和历史发展的基础范畴——这些范畴是每一个历史研究的构成性的要素——进行具体检验,特略尔奇以一种无可异议地姿态宣称,历史生命绝不能同化于自然科学的范畴。他还进一步驳斥了那些坚持认为历史主义与相对主义相互之间必然交织重叠的论点。在这里,我们必须要了解的是,特略尔奇的确把问题推向了一个决定性的关节点上。他强有力地论述道，我们不能通过纯粹的沉思而从一种绝对状态来把握普遍历史进程——这是甚至在我们能够去阐释一个单独的历史事件之前，我们就必须懂得的原则。相反，对这一进程（就像对待其他任何意义语境一样）的理解必须建立在坚决秉持某种价值的原则基础上，这些价值总是相应地作为一个研究者的特定立场来起作用。因为，毕竟，普遍性的历史进程总是延伸到现在并且超越现在而进入未来，因而其建构总是预设了一个置身于现在并面向未来的人的价值判断。这一进程的形成，用特略尔奇的话来说，必然地联系着"当代的文化综合"（*die gegenwärtige Kultursynthese*）。但是人民是从哪里获得建构这种"文化综合"的价值标准的呢？特略尔奇并不愿简单地
199 把它们构想为非时间性的绝对，他强烈反对年轻一代的"幻想式的神秘主义"，因为他们只喜欢逃避历史、在"绝对的教条"和"宗教性的权威"之下寻求庇护。特略尔奇发现自己被迫进入到一种循环论述当中，其结论是，作为研究对象的"文化综合"只能从被认为会帮助阐释的同一历史进程中生成。然而，只依靠一种"科学的—历史的自我反思"还不能使我们走得更远。要想真正发现科学探索的标准，还必须依靠由此自我反思支持的"直觉"——这一直觉是从那个准备做出判断的人的内在深处生长出来的，并让这个人能够去优先确立当下的目标。所以，"文化综合"的创造就要求着直觉的"冒险"，特略尔奇通过召唤克尔凯郭尔（Kierkegaard）而反复尝试去验证这一直觉。因为，在特略尔奇看来，克尔凯郭尔关于"跃升"（*Sprung*）的论说恰恰隐含着这样的观点：每一件事都依赖于某一次决定性的"跃升"，"通过这一跃升我们经由我们自己的决定和责任而从过去移向未来的"。然而，他没有忘记加上一句：直觉的产物

具有“内在的、客观的必然性”，只有当做出跃升动作的人可以跳跃离开安全的历史知识的平台。在特略尔奇看来，无论这发生于何处，在历史进程中取得的标准(且无论取得这些标准的特定的时间性)都会拥有一种形而上学的意义，正是这样的形而上学的意义使这些标准免受相对主义思想的牵制。“这样的标准的创造区别于单纯的主观主义……因为它和这些标准得以生发于其中的历史总体保持着一种深刻而生动的移情，并且坚信，通过这种移情我们可以把握住这样的标准发展的内在轨迹，这种发展是居于宇宙或上帝内在生命之中的运动。”为了证实这一理论，特略尔奇(通过回溯至莱布尼茨[Leibniz]和马勒布朗歇[Malebranche])认为，就像是一个单子一样，有限 200
的精神参与到无限之中，因而有可能从每一时刻揭示一种世界历史的意义，这样的时刻每一次都必须被理解为是世界理性的表达。因而，在最后的分析中，特略尔奇尝试去解决我们的问题的方式是放弃“当代文化综合”的一般合法性，但同时又仍然借助形而上学的阐释努力将其调整至一个超越单纯相对主义的更高的位置。——我们只要稍稍回顾一下，在进行他的研究探索时，特略尔奇也打算以一种与其基本信念协调一致的方式去划定历史材料的界限，就可以了解。因为，在他看来，历史必须在它在何种程度上显明了它对当下所具有的重要性的核心含义下来予以认识，所以世界历史的主题几乎是自动地限定在地中海—欧洲的文化发展的范围里。为了投弃更多的压舱的材料，特略尔奇还主张我们应优先梳理至今仍然活跃的那些主要的思想力量的历史，因为要理解政治、经济、法律的当下状况，并不需要去整理它们的过去。

这些为数不多的观察已显示出，特略尔奇已经超越了那些经常足以使历史的形式逻辑和历史哲学沦为牺牲品的一系列错误。它们也充分证明了特略尔奇历史思想二律悖反的知识的可靠性。唯一的问题是特略尔奇所宣称的对相对主义的克服是否能够真正经得起更进一步的细读。如若确实如此,那么科学的危机就将会过去,年轻一代"对科学的仇恨"就会丧失其根基。特略尔奇教导我们,摆脱相对主义的方法就是要通过直觉的跃升紧紧把握住那些为实现对历史过程的建构而必需
201 的标准;这样的一次跃升将它的实践者置于"神圣意志的创造性生命"的中心。这一观点的确为人们自己的价值决断(Wertentsc-heidung)披上了一丝形而上学的光泽。但是纯从科学、客观的角度考虑,这用在这里是很适当的,它绝没有排除其他价值标准的自发存在,因为这样的价值标准也已经由历史经验而被直觉地把握到了,因而它完全可以对等地宣称拥有同样的超越了相对性的意义。人们可以看到,必然会伴随历史而生的相对主义并没有得到一丁点儿的改变,尽管特略尔奇努力想要通过他的解释去消除它。相反,一切都恰如以前一样得以继续。

但是为什么呢?特略尔奇——这是真正的重点——从未能真正实现那一次跃升。克尔凯郭尔,他的主要见证人,的确实现了跃升;但不像特略尔奇,他并不想要通过"科学—历史的自我反思"来确保他的直觉的"内在客观必然性"。相反,克尔凯郭尔决定接受(正因为它是荒谬的)永恒在某一点上会进入时间这一悖论,并由此实际上直接跃入绝对。然而,在这样做时,他已经发现外在于历史过程的阿基米德点(der archimedische Punkt),而且无论什么都不能致使他去做特略尔奇所做的事情——也就是说,把新把握到的绝对重新放回到历史中

去,以便再次把它相对化。可见在这方面,特略尔奇对克尔凯
郭尔的误解有多么严重!特略尔奇曾带着一种高傲的口吻表
示惋惜:“如果克尔凯郭尔……通过实现这一跃升而投入到一
种苦行式的基督教中去,那么,在其他所有问题之外,这里还明
显地存在着一种对于绝对权威的本能的需要。”一种本能的需
要!即便克尔凯郭尔曾经冒险跳出本能的需要而不是跳出绝
望,即便他所应当为之负责的恰好是对跃升的微小的尝试,以
便在那之后借由通过此次跃升而幸运地获得的价值标准的帮
助,来重启他原先已尝试通过同样的跃升来逃离的完全同一种
历史哲学的沉思。但是特略尔奇这两个都想要:跳出相对主 202
义,同时作为一名科学家又要保留在偶然性的事物中并以此
来处理历史。他没有看到,一个人一旦进入到与绝对的关系
中,历史主义便立即变得不可能了;或者反过来说,在历史主
义占统治地位的地方,与绝对的接近就不可避免地要被隔除。
尽管由于太过痛心于年轻一代对科学的控诉,以致他不可能
直截了当地承认历史思想再也无法凭借它自身的意志来迫使
绝对进入到它的影响的领域,但是特略尔奇却试图去调和那
不可调和的矛盾。在这一过程中,特略尔奇逐渐为一种幻象
的循环所捕获,不难理解,其中的幻象式的终结必然会导致他
接受一个令人不快的妥协。因为这一妥协所采取的各种价值
标准和文化综合是植根于历史但又从历史中被剪除的部分,
它们只是对一种绝对意义进行化妆之后的修饰,其目的不过
是为了拥有一副更加体面的表象而已。特略尔奇的形而上学
解释只说明了一件事:历史的观察者就其本身而论是无法避
开相对主义的,他必须投以巨大的关注以避免将直觉的跃升
与跃入绝对混为一谈。特略尔奇的文化综合的相对主义的自

然后果就是他的材料选择的相对主义。

2

马克斯·韦伯——特略尔奇恰当地把他描述为“德国人物中最强有力的一位,最全面的一位,同时也是这个时代的知识分子当中在方法论上最富活力的一位”——显然会拒绝特略尔奇所做的那种妥协。他的关于科学理论的文章最终可以在他
203 的那本《科学论文集》(*Gesammelte Aufsätze zur Wissenschaftslehre*,图宾根,1922 年)中找到,这本文集收录了他的慕尼黑演讲《以科学为志业》(*Wissenschaft als Beruf*),该文引发了所谓的“科学论争”(*Wissenschaftsstreit*)。这些文章以其全部的魔性(Dämonie)暴露了韦伯消极的宗教观。韦伯和其他人一样强烈地体验到了由于科学造成的“世界的祛魅”(Entzauberung der Welt)而给年轻一代带来的痛苦。但是他也知道,年轻一代对于绝对的渴望是不能由科学本身来满足的。根据韦伯的判断——就这方面而言,韦伯的这一判断要比特略尔奇的判断深刻多了,因为它更加激进——跃入绝对就是跃过深渊而进入到信仰的领域,因而这样的一跃就注定要引领人出离科学的领域。韦伯——作为前提预设完全颠倒的克尔凯郭尔——直截了当地解释道:“‘科学’的价值领域和宗教救赎的价值领域之间的张力是无法逾越的。”然而,如果从科学的角度,我们的行动的所有价值决断和目标设定都必然是相对的,那么,按照韦伯的说法,为了让科学能够延续以实现它的客观性的理想,它就必须消除所有的价值评判,并且将其自身严格

限制在证明事实和事件的各种状态之间的联系上面,限制在揭示文化产品的内部结构关系上面,如此等等。对他来说,这就是“智识的正当性”(intellektuellen Rechtschaffenheit)的材料,它要求他摒弃任何在科学层面上拐弯抹角的“讲台预言”(Katheder-prophetie),这样的讲台预言总是在演讲厅里假装去传达“只有一位预言家或拯救者”能够去宣布的事情。

韦伯为获得对富有意义的事件的一种客观的、摆脱了价值判断的理解而遵循的程序,在这里只能被非常粗糙地勾勒出来,它的难题也只能点到为止。从一开始他就认为,思想世界内部无限延续的各个事件之间无所不在的因果相互关联性(附带说一句,对于这一相互关联性,特略尔奇有相当充分的理由质疑它的自明特征)从来没能得到完整的阐释。所以我们必须把自己限定在对从取之不竭的经验语境(Erfahrungszusammenhang)中选取的唯一确定的部分的理解把握之上。为了达成这一目的,韦伯简化和图式化了他所检验的无论哪种错综 204
复杂的语境(如“基督教”或“资本主义”),以致他通过对于显然是或多或少任意性的细节的片面强调,以使他能够获得某种内部的没有矛盾的、不真实的概念意象,即所谓的理念型(Idealtypus,同样比如“理念类型”或“资本主义”)。这种理念型,由于它是毫不含糊、完全可以把握到的,所以对于一种现实的理解来说它就可以充当一个出发点。理念型的构造的数量,就和相关于现实得以被检验而依据的价值数量一样,是无限的。通常这些理念型的构造会采取“目的理性”的形式——换言之,它们表达的是如果一个行为追寻的是一个纯粹理性的、排除了情感干扰的特殊目的(如经济利益)的话,它会如何行事。但是即便在与此情况不符的地方,理念型的构造也总是依赖于这样一个“如果”,因为要呈现任何事件的理念型的状态,它们都有必要首先把特定的条件加诸于经验的多样性之上。现在的问题是,对现实的解释本身怎样通过这些理念构造而得以进行?在韦伯看来,通过将特定的经验语境与从这一语境中提取的理念型的构造加以比较,然后决定在何种程度上两者彼此相符或不同,我们就可以达成一种客观的理解。这样一来,经由对毫不含糊的理念型概念的不断使用,我们就可以一步一步地理顺这个特定的语境——不过,这个拆解过程至多只能做到接近。韦伯基本立场的一个直接结果是,他对材料的处理主要是倾向于社会学的方法;这样一种方法,特略尔奇观察道:“缺少一种历史哲学的模型和对这一过程的意义的解释。”这种基于伦理的对宏大的历史综合的弃绝是从韦伯关于这些历史综合的价值超载的洞察中产生的,这种放弃并不会妨碍他把
205 特定的历史发展建构为各种理念型[可参看他 1901 年的研究著作《新教伦理与资本主义精神》(*Die protestantische Ethik und der Geist des Kapitalismus*)]。然而韦伯也从未停止过提出警告以反对将理念型与现实相混淆。只要最终涉及科学的意义,韦伯都会委派给它以一个彻底的仆役式的角色,其任务是帮助实现技术对生活的统治,去确认为达成各种各样的目标而采取的最佳策略,最终将每个个人的价值判断追溯到它得以产生的世界观,因为这样就可以促使进行这一价值判断的个人去解释他的行为。不难看出,科学在生活总体性中的这一定位也会导致对物质无限性的一种界定。

就像特略尔奇那样,我们也必然会疑问,韦伯是否成功地克服了相对主义并且实现了科学所宣传的客观性呢?显而易见,根据他自己的意图,他从一开始就把个人的价值主张包含

了进去,他挑选的都是只与价值有关的经验材料和理念型。然而,从它们丰富的经验特征来看,不只是这些理念型本身的建构颇成问题,而且当它们以上述方式被役用来检验经验的语境时,情况就迟早会变得清晰起来:韦伯事实上不可能兑现他所追寻的客观性。因为使一个既定现实得以建构起来的全部相互关联的菁华,事实上是取之不竭的;为了从客观上把握住这一菁华,韦伯就不得不用一个接一个构成性的规定,无止无休地补充以开启现实的理念型。显而易见,这种规定程序(Bestimmungsprozess)基本上是不可能充分实现的,因为它不可避免地将在某一点上崩解。然而,它陷入停滞的那个点(在那里,理念型构造中的那个幽灵般的"如果"就会和现实表达 206
中的那个"存在[Ist]"发生碰撞),完全取决于接受检验的经验语境得以理解和评判的方式。换言之,尽管有足够多的预防措施,永远都会有延迟了的价值判断最终会溜进来;永远都不可能避开价值判断以及随之而来的主观规定的视点。所以,韦伯的方法近似于在经验的地下世界(Schattenreich)展开的一场无止境的追逐,在其中他既是追逐者又是被追逐者;他被他当面所否决的价值判断从背后袭击了。与此同时,他试图去抓住的客观性也在他的眼皮底下逃进了无限当中;它必然会这样逃走,因为,如果他总是想要去抓住它的话,那么对他来说,它——即便似乎只是在它的镜像里,在它的空洞的形式中——就会变成绝对自身。这样的探险,伴随以无可比拟的狂怒,是一部双重的悲剧演出——不只是因为在它们无效的逃遁和无效的探寻中它们完全偏离了轨范,而且因为在它们拒绝赋予事件以意义时,它们自身的意义最终也就变得问题重重了。韦伯事实上的确是把科学明确地放在服务于人的决定的位置上,有了科学的帮助，人就能够理解他的行为的起源和结果。然而，问题在于，是否正是这一无限度的理解的欲望（它最终使对于材料的界定陷入一种武断的境地）排除了做出决定的可能性。这可能只是价值评判的秘密复仇吧，为了客观性的幽灵，价值评判做出了英雄式的牺牲，而客观性却最终也没能被追寻到。

与韦伯相反，特略尔奇正确地将意义语境的建构与价值评判关联起来；然而与他所构想的不同，在科学发现的框架之内，
207 这种价值评判并不是那么简单地就能够从相对渐变为绝对。所以韦伯反对特略尔奇也是有道理的，他坚持认为，从科学的视角来看，所有价值的判定都有其相对性；但他的失误是在于他相信可以悬置这样的价值判定。其结果就是，出于对理解智识的经验世界的强烈渴望，科学必然会屈从于相对主义。附带说一句，科学规划所遭遇的无法克服的困难（他们也略微触及到了这一方面）也可以由在面对思想存在与活动的物质材料时专门的科学范畴的不充分性来解释。但是只要关涉到这一物质性的科学将它们自身建构为纯科学，它们就别无选择地只能沦落为现在这个样子。想要把科学限制在其自身内部，这个努力方向恐怕是完全错误的。因年轻一代内心觉醒而激发的“科学的危机”无法由科学自身或是在哲学思辨的帮助下来化解。要克服这一危机，就要发起一次从整个思想现状的撤退，恰是在这一现状当中我们这里讨论的那种科学才会最终成为可能。要消除相对主义的思想，把视野打开——所有这些都紧密联系着我们整个本质的一次真正的转变，甚至或许还不止于此。在进入到这一转变可能带来的绝对领域之后，人们也许会提出这样的疑问：思想活动会呈现为什么样的面貌，会有什么样的限制加诸在遵循这种理解的“科学”上面？但是要就这样
208 的问题给出答案，恐怕就要远超出这篇论文的主题和范围了。

格奥尔格·齐美尔*

齐美尔经常被描述为一位文化哲学家，人们也可以称他为一位心灵哲学家，个人主义的哲学家或社会哲学家。然而，所有这些标签都是不准确和片面的，甚至根本未及涵盖他的著述范围。所以，到底什么才是他的思想的真正主题呢？

从一开始，我们就必须从齐美尔的研究领域中将一系列目标和基本问题排除出去，因为这位哲学家从来没有尝试去处理它们。除了他的晚期著作的例外，齐美尔很少通过斯宾诺莎、德国唯心主义或叔本华的传统中崇高的形而上学理念的棱镜来阐释这个世界。他从未发现那个能揭开隐藏在所有存在形式之下的宏观宇宙的魔咒，因此他还欠我们一个无远弗届、无所不包的世界观念。同样，他也缺少一种把握历史的宏大风格：对各种历史事件的解释在他来说是很陌生的，而且他对于人们可以于其中的任一时刻找到他们自己位置的那种历史情境也较少了解。他与自然科学几乎没有什么关系，他的思想并不是（举例说像柏格森那样）从与生物学问题打交道的过程中

---

* 原题为 *Georg Simmel*，收录于《逻各斯》(*Logos*)，第 9 卷第 3 册，1920 年。

生发出来的,他也从未采用过实验心理学的研究方法。齐美尔也并没有覆盖到纯粹心智现象领域的整个范围。举例来说,他拒绝对意识的一般结构性的构成——思维过程、情绪、想象的
209 行为、爱与恨等——给予任何关注。虽然在其论著中他经常论及这些元素(在那些著作中,我们的确会经常遇到相关于这些元素的各种各样的讨论),但是他从没有把它们当作是独立的理论研究对象。然而,对于狭义上的现象学的这样一种拒绝,并没有让他加入那些经验心理学家的阵营中去,后者遵循那些伟大的法国文论家[如拉·罗歇福柯(La Rochefoucault)和尚福尔(Chamfort)]的模式,以描绘典型的人物为乐趣,非常擅于阐发灵魂中的个别品质,寻求区分各种不同的道德品性。当人们在齐美尔著作中的无论什么地方遇到这样的描述和分析时,除了它们作为整体的思想训练是不可或缺的之外,它们本身并不具有内在价值。哲学家的意图并不是要用它们来做结论,而毋宁是通过克服它们以达成另外的目的。

在这篇文章的开始,我想尝试先为齐美尔的世界勾勒一幅真正的草图。他的思想的原材料是由心智状态无可穷尽的多样性构成的,无论在公共生活还是个人生活私密领域,其心灵的存在模式和事件都具有重大意义。事实上,在无数的例子中,引发哲学家反思的客体是从极为不同的个人经验和遭遇中衍生出来的。位于齐美尔视域中心的,永远都是人——他被认为是文化的承载者和一个成熟的心智存在,他在对他的心灵力量的完全掌控中行动并做出价值判断,他在集体的行动和感知中与他的同伴联结在一起。这个世界有一个上层的和下层的界限,它的上界是由宇宙领域构成的,世界被从那里分切出来并因此而被宇宙环绕包围着,换句话说,它所对应的并不是天

体哲学而是大地的哲学。它的下界是由基础的、非精神性的偶发事件(Geschehen)的领域构成的,是属于本能的人的领域;任 210
何仅仅出于自然而不是从发展了的心灵中释放出来的事物,都会从这个世界中被放逐到下界了。

一种更为精确地观察很快能使我们区分开齐美尔工作的不同的材料领域。最大限度吸引他的注意力的东西——至少初看起来是这样——来自社会状况与构型,以及在其中发生的人类行为。他的社会学研究几乎贯穿他的整个职业生涯,只有在他的晚年,他的关注点才与日俱增地转向新的研究目标。他真正意义上的第一篇哲学著作《论社会区分》(*Soziale Differenzierung*),已经是在处理公共生活的一些特定规律了。在他最主要的两部著作《货币哲学》(*Philosophie des Geldes*)和最终的《社会学》(*Soziologie*)里,他继续进行这些研究,其动力是迫切地想要使得社会关系的结构变得充分可见。他探入所有人类关系的类型中去,描绘较小的和较大的社会机体的特定构成,揭示一个群体对另一个群体产生的影响,以及社会机制的巨大多样性之间的必然联系。齐美尔的很多研究都致力于理解个别的社会现象:例如,他探寻时尚、调情、社交等的本质。对于劳动分工过程,他给予了特别彻底的关注,因为在今天,劳动分工是有着如此重要的意义。他探寻了劳动分工对于社会存在各个层面的共同体所具有的含义,并且展示了这一进程(在其他很多事物中)在资本主义时代控制个人与个人之间外在关系的同时,也如何影响和决定性地形塑他们的内在生活的。

齐美尔游弋其中的第二个材料领域,涵盖了相关于既有的个人生活的一切事物。作为一个思想家,他沉迷于灵魂状态的

211 所有形式;他的著作是提供给心理学家的真正财富。由于具有非同寻常的观察和辨别力以及无与伦比的敏感性,他使自己浸淫在人类存在的深度里,并且显明了发生在我们自身当中、经常是在意识表层之下的种种过程。他以轻柔的触感小心翼翼地摸索着人类的灵魂,使此前隐而不见的东西呈现出来,暴露其最隐秘的动力,解开我们感情、渴求和欲望的紧密编织的网。齐美尔从这一语境中引申出来的结论所关心的是一般意义上的人,以及特定的孤立个体。有的时候,哲学家所阐明的一般心理状况足够典型,以至于如果存在证明它们的适当预兆,它们就会在某个人的灵魂中得到实现。举例来说,他区分了女性的特质,并且描绘了诸如“吝啬鬼”和“冒险家”这样的特定类型的内在构成。在另一些时候,他也探索了一些伟大人物的精神世界,揭示他们的存在和他们的创造性的生产,因为这些对他自己的发展也很有意义(这一点下面还会论及)。他始终投注于其中的是对受规则掌控的发展过程的探索,无论是一般的人类心灵还是个人的发展过程;他的目光始终聚焦在我们内在力量的必然的相互关系上,他从不会像单薄的经验主义者那样,仅把描绘个人基本品质的偶然共鸣当作他自己的任务。

最后,齐美尔思想材料的第三个领域,覆盖的是客观价值领域以及人们在这些领域中取得的成就。这与前述领域是不能截然区分开的。这位哲学家的几乎所有作品都贯穿着认识论的考察,这是他的著作《康德》(*Kant*)和《历史哲学诸问题》(*Probleme der Geschichtsphilosophie*)的首要关切。在他的《论
212 社会区分》和《社会学》中,齐美尔都以对其社会学研究方法的认识论批判作为导言。实际上,这是齐美尔典型的一般倾向,即将焦点从他的思想的内容转移到思考过程本身。因为有了

对后者的理解，才使解释这样或那样种类的内容为何被置于优先位置成为可能。认知主体与被认知客体之间的关系，乃是这位哲学家最核心的问题之一。如果去检视一下他的发展历程中，他对这一主题的研究怎样变得日益丰富起来，而且在一定程度上相互校正，将会是很有启发性的。他同样一再反复地去寻找真理的概念，正是这样的概念为他的相对主义提供了基础。他涉入这样的问题经常采取的是旁注的形式，非常有代表性的是，齐美尔会中断他在存在前景中的逗留，从他刚刚还居留于其中的特殊现象那里离开，一头扎进对认知条件的理论思辨之中。——齐美尔很早就进入到伦理学的领域，然后再也没有彻底离开过它。在他的早期著作《道德科学导论》(*Einleitung in die Moralwissenschaft*)中，他划分了伦理学的基本概念，而在他最后一项研究《个人的法》(*Das individuelle Gesetz*)当中，他试图去说明，个人总是必须去遵从的伦理要求的内容是个人生命历程的结果。这两个文本构架了这位思想家创造性的活动，标记着他所经历的过程的开端和结束。或许已有人短暂地提到过，齐美尔从未以任何未经中介的方式揭示过他自己的伦理观(ethos)。然而，他是通过诸如康德、叔本华、尼采和歌德等一系列伟大人物来确认其伦理信念的，他从不放过任何一次机会来澄清他所描绘的文化潮流与心灵条件的伦理意义，他的内在的伦理学观点经常明确无误地闪耀而 213
出，就像从一面镜子里映照出来的一样。——直到他的著述生涯的后半程以前，齐美尔对美学问题的涉猎从一开始并不是面面俱到的，而且它也从未凝结成为一种艺术理论。在美学领域——与他在认识论批判的研究中的目标相反——他对艺术感受与创造的可能性条件的研究并不怎么感兴趣。相反，他更多地集中在产生特定类型和个别的艺术成就的经验重构上面。他揭示了米开朗基罗、罗丹和伦勃朗的创作植根于其中的土壤，而且在这一过程中，他揭示了这些大师们的艺术的本质和含义。他的目标始终是从他所研究的艺术家——甚或是像文艺复兴这样的整个时期——的核心展品（Kernschauung）那里撤去其面纱，以重建其创造性。某些时候，他会从我们在美学上予以欣赏的事物（如一个壶的手柄或一片建筑废墟）中读出更深的象征性的意义，这样的含义一下子就解释了这些事物对我们的感情所产生的影响。齐美尔以其极致的独创性进入到艺术创造的精神中来，然后努力去争取建构各种公式，以能够传递出被探究的现象中的特定内容。——在宗教问题与经验的广阔领地，齐美尔只进行了有限的耕耘。这或许是他的品性的一般构成所致：齐美尔无疑从不具备任何基本的宗教本能或需要。即便是在这里，而不像在其他地方，他更多的是从外部来接近他的对象，但这位思想家仍然表现出一种无可比拟的移情力量。他再一次地回到由宗教情感所扮演的社会学角色中来，展示了例如哪些社会化的形式是由宗教的动力所支撑的，
214 并使人的生命达到其丰盈。明亮的聚光灯被投向单纯信仰的品质（如在《伦勃朗》中），这种单纯信仰的源泉如此之深地埋藏在心灵中，以至于它不再依赖于任何教条或现存的宗教。正是这种不需要任何特殊的袍服褶痕（Gewandung）而成为我们生命特征的虔诚，齐美尔都已从伦勃朗创造的诸多形象中解读了出来。

在综观了这位哲学家施展其创造力的各个领域之后，我们现在有必要去看一下他解构其问题的方法：在给定的原材料上面，齐美尔是怎样进行他的工作的？在他可能获取的不同呈现

方式中间,他选择的是怎样的路线?在他这里,现象的多样性是被合并纳入哪些类型的一致性当中的?这里有两种方法来规整一个人的成就的实质。无论哪一种方法,首先都集中在这些成就如何相互区分开来,一种方法所强调的是在视点中的变形和转移,以期达到理解它们的创造者的心智发展的目的,就像是这些成就自己显明了这一发展一样。另一种方法是强调这些成就中的共同元素,试图去发现在所有这些成就当中共同出现的(产生共鸣的)主题,在这样的一些情况下,后一种方法是值得推荐的:最为重要的是穿透一个思想家的心智世界,并且获得其特殊构成的前提性的图景。如果有人认为,每一个心灵都形构了一种生活的一致性,以显示自始至终不变的一些决定性因素(即便其发展是由一系列暴力性的颠覆事件构成的),那么这一心灵的各种表达也必须放在一起来理解,由把它们全部连接起来的纽带将客观表达赋予这一整体性,而不管存在多少内部的矛盾。举例来说,一种情况是一个人的本质可在一个理念当中将其自身客体化,这个理念就像一根红线贯穿其创造性的工作;另一种情况是那个本质通过某种其他特性得以映现,这一特性不断从那个人的创造中获得新的结晶。通常 215 我们很难发现作为一个单一性的释出的标记着特定个人行动和观点的性格特征。例如,有很多艺术家都富于变化,他们的晚期作品往往看起来是从跟他们早期作品全然不同的精神建构当中产生出来的。然而即便是这种自我流溢的类型也不能逃离他们自身,他们的变化倾向甚至他们的自我描绘仍然会揭示那个自我。最终,他们所实现的东西的实质,某种程度上仍是由一个整体的本质特征所标记的。相反,作为进行终极追问和为了达到这一目的而必然牢牢地扎根于其本质的中心的哲学家,却只有在确认其自身的范围内才能确认其真理。他和艺术家类型正好相反,并因此而必然对心灵的变幻抱持着最低限的怀疑态度。无论他获取的是哪种真理类型,它都必须要保持永远的唯一,同时它也是他的精神存在的对等物,与其他类型的人的状况不同,这种精神存在在哲学家这里要比在其他的人的类型那里,更加依据意识的原则、准则等形式来获得其自身的实现。由于他生活在对绝对的渴求之中,哲学家所展现的就是他的内在世界于各种变化中仍保持同一的那些持久的元素。——无论谁只要对齐美尔的思想世界略知一二,很快就会发现他自己处在一种富于特性的精神氛围的支配之下,这种精神氛围用一种几乎是切身的可把握性(Greifbarkeit)环绕着他。人们会为这位思想家全部著作的那种本质的一致性所打动,并且意识到他以相同的方式解决了极其繁巨而多样的问题。这样的经验和造访异域的旅行者很相似,他在那里会遇到自己非常不熟悉的人。这位旅行者最初尚无法从单个的居民那里感
216 知到这种不同,他的注意力只被那些共同特征所吸引,这些共同特征就其总体性而言是他所不熟悉的。只有当第一次把它当作一个整体来予以接受时,人们才征服了一个新的精神领域。只有当人们把它的整个轮廓剪裁出来,才能清晰地感知到作为其构成的那些碎片,并一个接一个地去把握它们之间所发展的各种关系。齐美尔著作特别展现出的一致性的深厚程度,其本身就是他的哲学的整体特征的一个功能(这一点下面我们还会再论及)。然而,这种一致性的来源之所以能够成为一个可借由概念性的术语来予以准确表达的原因,却绝非是必然的。其精神越是非体系性的——齐美尔绝对属于非体系性思想家的阵营——他的成就便越少植根于确信概念清晰度的那

种耀眼光芒中。一方面,他已写出的作品的生动一致性可以被再次惊艳到并引起共鸣;另一方面,它永远不能从死板的、与生活相异化的基本原则中推演出来。不过,由于齐美尔毕竟是一位哲学家,我们可以在他的作品中一路前行直到碰到位于其概念领域、并起到他大部分著作锚定点作用的核心理念之时。这同时会提供一个他的哲学的横截面,尽管无可否认地,这个横截面显然也还不能揭示其概念大厦的所有方面。用一个精确的比喻的方式说,只有在极罕见的例子里,一座建筑的横截面才能揭示整个房子的结构,呈现所有内部居室的布置。结构的某些元素是看不见的,为了揭示它们,我们还需要一个纵截面或者是一个附加的横截面。而这些截面之一总是会较其他截面更具优先性,因为它使得该结构主要的空间布局变得可见了。齐美尔思想的核心原则(下面我还会进一步展开)应当被理解为这样一种占优势地位的横截面,它引导我们进入到齐美 217
尔哲学的本质,但又不会是这座哲学大厦的全部支点。对这一关键原则可以做如下表达:所有精神生活的表现都是以无数的方式相互交织在一起的,没有一个是游离于这一关系网络之外的,因为每一个都陷入与所有其他类型表现的网络之中。这一观点反映了齐美尔最基本的经验之一,他对世界的理解建基于此。以此为向导,我们可以找到穿越这位哲学家的思想迷宫的路径以及最深远的分岔路口,同时又毫不触及一些旁侧的通路和平行的轨迹(例如,主体与客体之间关系的认识论研究)。

有两种事物之间的关系类型是齐美尔一再去予以阐发的。首先我要命名的是截然不同的现象之间"本质上的总体一致性"(Wesenzusammengehörigkeit)关系。没有任何的个别存在或个别事件可以被抽离出精神生活的总体性,因为现在这种总体性已可单独依凭其自身得到解释以及单独就其自身而得到观察。还有就是,我们可以有规律地将部分从它们本来交织于其中的多重语境中分离出来,并将这些部分看做是界线分明的整体,我们这样做有时候是出于完全可以理解的实际需要,而有时候则是因为这些部分中的多数或者是它们形成的部分组合(比如一个历史时期或者一组精神特征)的独立自主的性质证明了我们这样做的合理性。然而,大多数时候,人们并不会记得这些已从生活的总体性当中分离出来的片断之间紧密的相互关系。相反,这些片断被认为是独立的,并且实际上凝固成了坚硬的实体,其意义不可撤销地附着于这样一些特征之上——这些特征是或多或少有些武断地从它们的语义总体性中挑选出来的,而不是从对那种总体性自身的思考中发展而来的。所以,举例来说,人们把情感或性格特征注入有着较分明
218 的轮廓线条的构造当中,注入彼此截然区别开来的事物当中,由于这些事物可以通过剪裁来获得呈现,因而它们的概念在各个方面都不再指向存在的多样性,而这种多样性毕竟是同时伴随它们而被呈现的。齐美尔的基本目标之一是从每一个思想现象当中剔除掉虚假的自为存在(Fürsichsein),并且展示它是怎样植根于生活的更大语境之中的。通过这种方式,他的思想方法所起的作用既是连接也是消解:前者体现为他从表面看上去相分离的事物中到处都能揭示出关联性来;后者体现为他每每都会使我们意识到在很多被认为是简单的对象和问题之中总是蕴含着复杂性。只要去读一下这位哲学家的著作,在现象之间建立起相互关联的这种例子便俯拾皆是。它们经常出现在他的社会学的研究中,毕竟他的首要关切是去发现在大量的社会表象当中存在的必然关系。例如,齐美尔论证说,一个高

度发展的货币经济是怎样决定了个人在经济以外的领域的行为的，也就是怎样决定了一个时期的整个生活方式的。于是他考察了一个特定的社会事件的发生是如何在一个总体的社会多样性当中制造出一种特定条件的。或者就像他在关于交际、调情等的论文中所展现的，通过揭示它们共有的意义或起源的背景，齐美尔把一系列现象从它们的隔离状态解放出来，这样它们每一个的单独的意义也就从这一背景中得到了解释。以这种方式，他把本来分离的事物连接在了一起，将分散的事物集成很大的一束，他拨开了高山上的浓雾，使被模糊了的事物之间如此紧密的联系得以显露出来，而原先只有孤立隔绝、独自存在的事物的山峰能够矗立于这浓雾之上。齐美尔也会有规律地关注到完全位于心灵内部的各种关系。例如，他问自己德行和幸福是否是以某种方式相互决定的（顺便说一句，他对这个问题的回答是否定的）——这只是他寻求确定在人的情 219
感、意志的行动、价值判断等之间建立起关系性的连接的诸多例子当中的一个。有时他也会描述一个从某些本质特征的结合中产生的具有不同寻常特色的精神总体性：他刻画过守财奴、厌世者和其他各色人等的肖像。

本质的总体一致性的关系对立于类比（Analogie）的关系。正如浅薄的日常理解会抹去现象之间所有流动着的过渡的痕迹，撕裂表象的织体，并且将此后每一个被隔离的部分都禁制在它们各自的概念之下，它也会窄化我们对世界多样性的意识的空间。通过把现实的片段托付给不同的概念，它就只会让它们当中最必不可少的面向得以显露出来，就好像是给每一个概念贴标签一样——这个标签只展示共通的实际需要认为是值得注意的东西。寄居在它们死板的概念之下，事物就变成了单义的存在;在它们的各种面相当中总是只有一个会朝向我们,而我们也只会以让它们对我们有用的那种方式来把握它们。难怪它们都是一个挨一个地排列,这毫不为奇!它们的共通性消失了,它们的诸多意义当中只有一个可以幸存,就是指示着设计好的用途的那个意义;它们已经变得浅薄狭隘。现实越是将自身向人敞开,日常世界就越是会因其被扭曲的概念僵化而变得对人陌生。他意识到有一种品质上的无尽丰富性居留于每一个现象之中,而且每一个现象又都臣服于广阔的差异化的法则。但是,他越是认识到事物的多面性,对他来说就越容易把它们彼此关联起来。在他面前展露的某一现象的诸多规定
220 当中,一个现象也可以被归为另一个现象:无论他看向哪里,他都不得不接受现象之间的关系性。齐美尔不知疲倦地去建立各种类比。他从不会错过机会去展现,客体的某些本质特征(无论这些特征是形式上的还是结构上的)之所以能实现,不只是因为这些特征得以被发现的客体本身,还是因为由许多客体所组成的整个系列。例如,他指出了在艺术作品的结构关系和某些社会组织之间的相似性。或者他解释了社会生活与心灵内部的某些进程是怎样根据同一模式来运行的。他把经济结构与法律结构相比较,在艺术和游戏、历险和恋爱之间进行类比。经常的情况是,齐美尔必先对他所检视的任一客体的熟悉、平凡的形象进行一番彻底的严厉批评,这样一来,这一客体与其他客体共有的那一面向就会被凸显出来。这一过程中思想家所要达成的目标就总是要把事物从它的孤立隔离的状态之下解放出来。他以这样或那样的方法来转化他的对象,直到我们在其中辨认出一种合法性的充分实现,这种合法性同时蕴藏在其他许多地方,因而我们可以把它纳入到一个广泛的关系

网里面。但是,对于各种现象在形式上的相似性这样一种高度发达的敏感,就其本质而言,是和一种对于差异的同样可靠的敏感连接在一起的。所以,齐美尔也会表现为去打破在事物当中到处都存在的表面相似性的那样一个人,去展现各种教条基于对这种相似性的悄然接受的谬误。

在这一点上,我们应就类比(Analogie)和比喻(Gleichnis)的差别说上几句。前者是将两种现象放在一起,它们以某种方式表明同一种行为;后者则试图通过一个意象来为提供给我们的现象赋予可感的意义表达。例如,当我们将近古的生活方式与西欧的生活方式进行比较的时候,或者当我们将光的反射与 221
声的反射平行并列的时候,我们所做的就是类比。这两个例子都是通过它们相应的行动过程在现象之间建立起关系。另一方面,在比喻中(例如,歌德的诗句:"诗歌就是彩镶玻璃窗。"),抒情诗的本质并不是直接描绘出来的,也用不了许多的词句,而是迂回地经由一种现象而使得诗歌的意义从遮遮掩掩的纱幕中透射出来。如果有两个客体,A 和 B,以类比的方式相并立,这就意味着 A 和 B 都是同一种一般规则、同一种一般法则的主体。类比从不指涉只有通过经验才能把握的一件事物(它的价值、它的构成)的特殊存在。相反,类比只根据它们履行一种功能、体现一种类型、采取一种形式的情况去看待事物——简言之,只根据它们作为一般事物的特殊例证的情况来看待事物,而对于一般事物的理解是类比得以成立的先决条件。类比的价值完全取决于它的客观的合法性,因为它所比较的都真的是根据同一种原理运行的过程。当你建立起一个真正的类比,它所宣称的事件的平行法则必须真正存在才可以。它们的同义关系是不受任何主观任意性支配的;我们发现它,但并没有建构它。沿着这些相同的线条,我们只能在有限的类比基础上对一个现象的行为做出结论,因为最终只有当真正实现了一般性法则主导某种类比关系的展开时,现象才会进入这种类比关系。如果说类比适合建立以近似方式发生的某一类过程的话,比喻提供的则是对一个现象的解释。更好的表述是:一个比喻对我们关于一个现象的印象、概念加以概括;比喻
222 通过一个意象来反映现象的意义或内容。类比过程包含对等的状态,而比喻的各元素则有着根本不同的价值,只有这样一个元素才能赋予另一元素的本质以可感的表达。严格地说,采取比喻形式的是一个客体的不可比较性,是它的内部构造。我们对事物的经验越是深刻,它可以被最大限度地纳入抽象概念的可能就越小。起初它披着意象的外衣,向外散射着光芒;我们给它包裹上这外衣,是为了将它本身占有。它是如此之秘密以至于需要一层比喻的纱幕以使它能够彻底地暴露。类比没有对或错,无论这类比怎样的精巧或令人惊奇,它成立与否都取决于它的事实上的正确性。我们辨认出它来,它是各种现象自身的特征。而比喻则是幻想的创造,是心灵的想象力的创造;我们从美学上去评价它,并且更进一步要求它应当具有冲击力和启发性——要求它以一种彻底而纯粹的方式来使我们已经在客体身上进行了智力和情感投射的一切事物变得可见。它不是像类比那样的认识(Erkenntnis),而毋宁说是放置我们关于事物的思想的容器,是我们内在性的一种表达,是自我在表象世界中的一幅镜像。类比:客体之间的一种关系。比喻:主体与客体之间关系的一种再现。在比喻中基础现象和表达其意义的现象完美地彼此制衡。当然后者同样拥有丰富的意义,但是,一旦置于与前者的关系中,它即辐射出能够照亮基础

现象之含混性的那个唯一的意义。在比喻中,两个现象彼此交
织在一起形成一个意义的统一体,其中一个照亮另一个,且只
照亮这一个。在比喻中,两个现象都渴望与对方融合,其中一
个是因为希望使其幽暗处得以澄明,而另一个则是因为想要成
为澄明的工具。每一个事物都可以是一把火炬;每一个事物都 223
有它自己的火炬。由于语言总是忠实地引导着那些想要投身
到本质性中去的人们,所以它也能够帮助我们正确地区别类比
和比喻。一个小小的单词“像”,在后者中可能是缺席的,在类
比过程的连接中却必不可少。我们可以说“诗歌是彩镶玻璃
窗”,因为在这里(在其他任何地方都一样)意象据有的是谓语
的位置。而另一方面,类比中的“像”的作用则是表明相似的
结构化的行动,因而是不可去除的。任何比喻都可以转化为类
比(至少是形式上的类比)。这一点就是最经常引起两种关系
模式混淆的地方。我们只需要改变意图,而先前作为比喻的同
一种材料就可以转变为类比。“生活像一条溪流”这句成语作
为比喻是可理解的,因为“溪流”这个词具有一个意象的意义;
而当“生活”和“溪流”被把握为平行的现象,也就是被当作根
据同一种一般规则展开的过程来理解时,它就变成了类比。

即使是从最微不足道的侧门我们也可以接近人类本质的核心。通过整个前面的反思,我们可就无论是侧重于类比还是以比喻为主导的思想家的本质做大致的结论。假设哲学家具备为理解类比所需的发现者的眼光,具备为使比喻形象化所需的想象力和创造性才能的话,那么他在面对单纯需要挖掘事物之间的关系性时就会转向类比,而当他试图把他的洞见带入到事物的核心内容中去的时候,就更倾向于比喻。类比型的人从来不解释世界,因为他不会受到一个预先给定的概念的驱使;

他会满足于遵从事件本身的法则，通过对事件本身的多个面向
224 进行观察来把那些具有同样形式的事物配置在一起；他在任何时候都会克制他的自我。比喻型的人在态度上就远没有那么客观了。他任由这世界去感染他；对他来说，世界具有他想要传递的那种意义。他的灵魂为绝对所充盈，他的自我渴望着趋向这绝对。因而齐美尔作品中的大量类比——相对于数量有限的比喻——已经在提示我们（我在这里先提出这一点，后面还会进一步细化），齐美尔克制着不去解释世界，他的自我并不具有形而上学的深度，尽管只此形而上学深度就足以使他能够去对抗相关于价值判断的各种现象。这与叔本华那种彻头彻尾的比喻型的人是多么的不同啊！叔本华已被赋予可以帮助他解码现象世界的密钥，为的就是能够用一个意象将它传递给我们。

解开缠绕在现象之间的线索只是从齐美尔的基本信念中产生的（永无止尽的）任务之一而已。他的另一个任务是必须要把握住作为一种总体性（Totalität）的多样性，并在某种程度上掌控这一总体性，经验其本质，并将它表达出来。世界的统一性直接遵循着每一事物都和另一事物相关联的原则。每一个单独的关系都指向这一原则，它只是更大的宇宙中的一个碎片，如果我们想要去发现这个不只是碎片化和不完整的复合体的话，我们就必须充分掌握这一原则。正是现象全都是相互关联的这一认识要求我们去认真思考它们的总体性，如果我们不把这一总体性考虑在内，那么我们所能取得的成就最多也只是对在所有方面都超越了它们自身的部分统一体的理解。然而，这并不能满足要驾驭总体性的从本质上说是属于哲学的深切愿望。这在我仍是一项义不容辞的工作，就是去展现齐美尔是

怎样不断地努力尝试要把他自己从单独的客体中解放出来，因为只有这样他才能拥抱世界的整体性。为了达成这一目标，他 225
开创了两条道路：一是认识论的，二是形而上学的。前者把他带到了从真正的相对主义的立场去否定绝对，他放弃了任何就其自身来理解的对总体性的把握，去呈现这个世界的多种多样的画面。后者则把他引向了生活的形而上学，他进行了范围广阔的尝试以借助一种绝对的原则来理解现象性的事物。齐美尔只在其著述生涯的最后时期才发表了一篇关于生活哲学(Lebensphilosophie)的简要概述，它或许可以提示我们，世界实际上是在何种程度上作为一个整体进入他的意识的。所有客观的构造，所有的理念和思想动力，所有不容更改的存在结构原本都是从无止无休地流动着的生活之流(Strom des Lebens)中浮现出来的。这个"生活"才是世界的基础，它将每个个人都裹挟其中；或者更准确说(而这一点一定不要忘记)，它是齐美尔的世界的基础，它意味着世事百态的总体性，它的进程直接影响到了作为精神存在的人。对于这位思想家来说，总体性分裂成了对立的两极：一方面，是各种客观规律，它意味着统治着我们的严格形式；另一方面，是对日趋严格的各种形式的不屈不挠的违抗，是我们的文化和精神状况的不断变形。只有当他能够证明正是生活流成为了总体性两极之间的中介的时候，证明正是生活进程本身创造了撕裂世界多样性的对立而且这一对立因此而无法真正深入地延展到世界中去的时候，这世界对他来说才是可理解的。然而这怎么可能呢？——不只是暂存之物，而且持存之物也是从这生活中涌流而出的？按照齐美尔的看法，从生活中涌出的一切事物都会趋向于凝固，变成一个自组的构造物，而使它最初得以产生于其中的生活本身屈

服,将它自己的形式加诸于生活之上。生活最终就总会变得大
226 于生活。它歪曲了其自身以使它能够从自身当中摆脱出来,并作为一种明确定义的形式对抗其自身。它同时既是溪流又是坚固的堤岸;它屈从于从它自己的母腹里诞生出来的创造,但反过来又剥夺了它的创造力。齐美尔的生活概念是如此宽泛,以至于主导着生活过程的真理和理念都被纳入它的视野;因而没有什么会被排除在这一概念的影响范围之外。借助这一生活概念,总体性即可追溯到一个单一的初始原则。尽管齐美尔最终得到的世界公式验证了他想要涵括世界多样性的一致性的努力,但我们在这里至少还是要提醒:这对他关于统一体的欲求来说,并不是一个令人满意的实现。当然,没有谁比齐美尔本人更深刻地确信,只有具有绝对价值和确定性的人才能够框范这种多样性,才能把握住这种总体性。但是他自己深入绝对领域的探险却遭遇了失败,的确,考虑到他的存在的整个性质(Beschaffenheit),这一失败势所必然。

由于齐美尔没有被允许整个地覆盖这个世界,所以他就尝试去通过从各个方向铺展向单个现象来征服它。毕竟,他自己的核心原则要求他掌控总体性。这里实际存在两条路径去把握它:或者是打造一个它的完整性的概念并且将所有的特殊性都吸收到这个概念中去,或者是从特殊性开始然后从它们进展到越来越遥远的多样性的区域,逐渐迫使完整性进入到视野中来。那么齐美尔是从什么样的整一性辐射向世界的呢?他是围绕着哪些圆心划出他的范围来的呢?如果一个人游历遍表象世界,他就会遇到无数现象,其中的每一个都具有它的特殊本质并且紧密地联系着另一个现象。就像我所展示的那样,齐
227 美尔的题材范围覆盖了广泛的社会学的现象领域、人们的价值

经验、无数个人的灵魂轨迹,如此等等。从这些现象当中,那些明确区别于仍旧保留着本质属性的大众的个人便得以产生出来,因为他们是在组织层面成熟的统一体,是有着具体构造的总体性。根据人们看待这种多样性的立场位置,这些个人要么也从属于这世界(作为其成员),要么会发现他们自己面对着这世界(就像诸世界面对它们自身):他们要么是部分,要么是整体。无论什么时候齐美尔对作为个体的人物进行沉思,他都将他们从宏观领域中分离出来,使他们脱开与现象的纠缠。他把他们看作是独立的统一体,拒绝把个人的微观领域融入更大的总体性。谁要是想去描述齐美尔对这个世界的广泛进击,他就不得不从一开始即忽略他对伟大思想家的欣赏,因为对他来说作为个体的人终究不是这世界的一部分而是只有以他本身才能被把握的丰富而至高无上的构造。在下面,"世界"和"总体性"将被用来从主体的角度来理解多样性,而个体性是被排除在外的。

作为他世界范围的探索旅程的基础,齐美尔选取了一些一般的概念,以能够使他去揭示受法则统治的现象的一致性。为了证明这种一致性,具体的个别事件必然无法被经验为某种独特的、无可比拟的事物,而是一定要被把握为某种寓于各种不同的世界的广阔延展性之中的一般本质性的充分实现——而法则即趋向于完全地依附于这种本质性(只是因为它的一般性)。为了迎接他为自己设定的知识目标的挑战,齐美尔首先尝试迈向那些尽管一直在描绘存在于现实中的现象,但从未表达过其纯粹个别性的内容的概念。他的一些社会学研究,举例 228
说,包括《穷人》(*Der Arme*)、《陌生人》(*Der Fremder*)、《秘密和秘密会社》(*Das Geheimnis und die geheime Gesellschaft*)等,

就从属于这一脉络。甚至更为经常的情况是，作为哲学家的齐美尔会把一个这类一般概念的抽象运动当作是他的观察的起点。在抽象的过程中，我们认作是一个客体的本质的非独立的、决定性的元素被从客体本身分离开来，并且被提升到一个范畴的位置，这一范畴可以集合起多个客体的多样性。例如，在艺术作品的抽象的瞬间，我们可以包括进去它的各个部分、它的统一体和它的自足的完美之间的相互依凭的关系；更进一步，艺术作品是一个灵魂的表达、是它的时代的镜子，等等。在齐美尔的很多研究中，包括《论集体责任》（*Über Kollektivverantwortlichkeit*）、《团体扩张和个体性的发展》（*Die Erweiterung der Gruppe und die Ausbildung der Individualität*）、《社会水平》（*Das soziale Niveau*）、《社会圈子的交叉点》（*Die Kreuzung sozialer Kreise*）、《团体的量的确切性》（*Quantitative Bestimmtheit der Gruppe*）以及《优位之势和劣位之势》（*Über- und Unter-ordnung*），这种抽象过程都构成了其最精华的内核。每一种现象都体现了很多概念；每一个都更精确地由一系列原则上是无止尽的抽象时刻所决定。我们求助于哪些一般性这个问题不只是研究者的本质构成所起作用的体现，而且取决于他所沉思的对象。齐美尔深入研究了或多或少是占据了介于最高的抽象过程和严格的个别概念之间的中间地带的一般性层面；也就是说，他对客体整个的实质内容的剥夺如此之严苛，这其实是十分必要的，其目的是发现在客体之间的受规则支配的关联。因为尽可能地照顾到现象的个别性是他的基本愿望，他自然就不能满足于把这些现象归置在如此宽泛的形式之下，以至于让形式模糊了客体的独一性和特殊性。就此而论，他将自
229 己同那些植根于超验唯心主义的思想家区别开来，后者试图借

助孔洞比较大的一张一般概念之网去驯服世界的物质多样性，其结果就是这些现象的存在的丰富性便正好穿过它们的网罗而逃脱。齐美尔更紧地依偎着他的客体，尽管他也为对生命的这一亲近性而放弃了普泛性的原则。他的程序看上去差不多就像这样。他为我们呈现了每一种可能的状况、行为等情形，在这样的情形里，他正在检测的核心概念起到一个决定性的作用；这使他能够去发现被归入此概念的那种现象受法则支配的发展。他就像化学家一样将一种他还不知道的物质与其他的物质结合在一起，以通过它对所有剩余的化学物质的反应来获得一幅本质的图景和被探寻的实体的内容。正是以这样一种方式齐美尔进行了概念的实验，把它提交给更广范围的情境，并且提出一个又一个问题。在总会有某种意义被赋予一个概念的任何地方以及总体性的任一层面，他的态度都会得到检验，他可以从各种不同的立场被观察。在这样的评论的语境中，他的《社会和个人水平》(*Das soziale und das individuelle Niveau*)应该被拿出来当作一个范例，在这篇短篇的研究中，齐美尔首先注意到了人民大众的目标是多么的原始，然后他说明了这样一个大众的决断力是仅由最普遍的基本欲求所决定的这一事实的后果。接下来，他进一步考察了当个人变成了大众中的一分子时，到底他的丰富而充盈的生命存在中有哪些方面保留了下来。基础性的本能混入了集体精神(Gesamtgeist)；当
个人的更精细的心灵品质下降到社会水平时它就必然会被抛 230
弃。我们怎么评价集体的原始性和私人的自我的区分性特征呢？取决于环境，这两者都应该得到同样高的评价。前者被认为是易受伤害的，因其年岁、其散布之广泛以及其无可争议性而愈显庄重；后者则因预示着一种更高的精神性而受到尊敬，

还因为它是罕有的，它激发我们去行动，等等。循着这一思路，齐美尔以更丰富的细节呈现了个人在成为大众中的一分子时所经历的他们生命存在中的痛苦转变。在感受、感性和激情得以增长的同时，智性却被意味深长地限制住了。大众并不说谎，但它缺少一种责任感；它任其自身被直接印象所引导，而不带任何的自我批评；它的道德上的禁制是被悬置起来的。相对于个人水平的社会水平状态可由下述公式来表达："对于所有人来说共通的东西只能是那些占有最少的人所拥有的东西。"它总是会低于理论的平均水平，但永远不会完全掉到共同体中最低成员的水平以下。最后，齐美尔提请人们注意这一公式经常遭遇到的一个例外：有一些人拒绝对集体精神做出让步，他们不愿意加入到这一水平的下降过程中去，因为他们完全生活在他们最具价值的权利的连续满足感之中，而且，从人格上来讲，他们获得了如此之高度的发展以至于不可能为了较低水平的部分而牺牲他们生命存在里较高水平的部分。——所以，齐美尔使用社会水平的概念，是为了尽可能地传达多样性的本质的确定性；在总体性之内无论什么地方只要这个概念得以实现，他就会去探索它的实现方式并据此将自己从这一点向外扩展到整个世界。通过使他的客体——在我们目前的例子中，这个客体就是"社会水平"——从属于持续变化着的条件，他不
231 断地去发现新的特性，一旦他以颇具普遍性的术语将它们建构起来，他就会在经验中寻求对这些特性的证明。以此方式他能够揭示通常表面看来彼此之间没有什么共通之处的各种行动的法则和形式。他对社会水平的构成的探索引领他去揭露具有本质的一致性的各种各样的关系。举例来说，他发现事实上在大众中集合起来的个人被剥夺了他们最高的精神品质；或者

他表明对于差异化的欲望导致最初团结的团体分裂成相互分离的一些实体;诸如此类。社会水平中的这一面向每一个都是通过一系列极为不同的现象来体现的,这些现象都处在彼此之间的类比关系中,因为它们都从属于同一个法则、形式或结构。

然而,大多数时间,齐美尔并不只满足于在现象世界中去探寻一个普遍概念的各种不同的实现;他也同样寻求找到事物会以那样的方式彼此关联的原因。在将现象之间的关系追溯到一个可以全面解释现已揭示出来的规律的一般公式的过程中,他想要做的不仅是建立而且是解释现象的关联性。为了达成这一目标,齐美尔经常是以一个共通的意义作为基础(他从这一基础出发扩展至总体性)来支撑事件、条件等的这一多样性。假如这位思想家一旦放弃了这样一种意义的渗透,那么他就只好从任一一般概念或抽象的时刻出发去伸向这个世界了。他必须要做的一切就是直接摆出所有事实,而这些事实多少都是由相关的中心概念来标识的。他的任务不会要求他比这做得更多,事实上他也被禁止在每一个概念(所有被揭示的事实都可归于这样的概念之下)的统一性并不同时就是意义的统 232
一性的地方这样去做。在一系列社会学的研究中,齐美尔限定他自己只逡巡于现象的外部;在每一个案例中帮助他穿针引线的概念并不能提供任何深刻的阐释。其结果是,能够通过概念得到揭示的现象缺少一个可分享的意义背景。而当概念不再是一个人为的建构、一个任意的抽象,而是用以对其本身具有本质性特征的事实进行标识,那么事情的整个面貌就立即改变了。例如,我们可以比较《社会圈子的交叉点》的论题与另一篇文章《冒险》(*Die Abenteuer*)的论题。在前一篇文章中,齐美尔使用了一个完全是从他的认识论的兴趣中生发出来的基本概念,而且他把注意力引向了并未建构起一个自然统一性的多样性上面。相反,后一篇文章所使用的基本概念却标识出了其统一性可以被经验到的一种现实,而且它只适用于可以归之于某种意义的那一类现实;只有这一类现实能够被一种赋予意义的阐释所支持。例如,在他的题为《社会》(*Gesells-chaft*)的研究中,齐美尔把社会解释为一种社会化的游戏形式(Spielform der Vergesellschaftung),而且在这一过程中,他也达成了对社会性的全部表现的本质的解释。或者举另一个例子,他领悟到壶的手柄(Henkel)的意义在于它能将艺术作品的世界与实际生活的世界的相遇予以象征化。对于齐美尔来说,在像这样的例子里总要冒的风险就是他在一组现象中经验到的意义统一性的概念表达——就是说,用在他所经验的概念范围里作为一种完美反思的公式来完成的对统一性的表达。例如,他把人与人之间关系的丰富性、精神的历程,如此等等——所有能被"社会性"这个词所涵盖的东西——看作是和个人一样的一种自足的意义总体性的建构。尽管不能把世界的丰富性化约为一个单一意义的共有属性,但他确实把这个他在其中投射了他自己的世界的多样性视作为某种复合体。他以极大的明晰性从这样的复合体中抽取出本质性的内核,并将其概念投入到对从属
233 于被考察的复合体的现象进行阐释的原则中去。然而由于在更大的总体性之内没有哪一组现象可以截然区分于另一组现象,而是每一个现象都处于和所有其他现象的关系中,齐美尔最终是从每一个原则出发,一步更进一步地扩展向整个世界(而这样的每一个原则本来只是一组完全被限定的现象的意义中心点)。

我想要说明,齐美尔是如何借由精心挑选的例子而穿越这

个世界(Gang durch die Welt)的。根据齐美尔的观点,时尚的本质存在于它满足人们模仿别人的需要以及人们把自己同别人区别开来的需要的能力当中。它是这两种基础的社会动力统一起来的表现,它将它们连接为一个单一的活动。就其本质的确定性的这一方面来说,在时尚和社会荣誉之间立即产生了一种类比,由于两种现象作为以阶级为基础的区隔功能的产物,它们明显具有一种共通的起源,并因此而"建构起一个由一群人组成的圈子,同时将这个圈子同其他人分隔开来"。由时尚本质的这一表述,立即可以产生这样的推论:时尚的创造是从来不会建筑在实际需要的基础上的,而是社会和形式心理学需要的产物。这一发现允许这位思想家在时尚和职责之间建立一种平行关系:这两种现象都分享着"对于现实的一种陌生感",它们都不问"是什么"——换句话说,它们都不问它们得以实现的那个物质性的内容。齐美尔的方法在这里清晰可辨。他表明,每一种新发现的特征和他的客体的行为模式都是在其他的客体中体现的,以这种方式他为整个世界铺展开一张类比之网。不难解释为什么像宗教和科学这样的单纯依据事实形态来决定的领域会被排除在时尚规则之外,或者为什么, 234
至少在这些领域中,时尚的规则没有存在的合法性。时尚只适合上层阶级,在上层阶级那里把自己分离出来的需要是发展得最充分的。宣称人们必须把时尚理解为前述两种基本动力之结果的论点由丧服的不变性(只举这一个例子)得到确证,因为丧服的意义在于要让哀悼的精神状态变得可见,所以齐美尔称之为"时尚的否定表现"(Negationserscheinung)。一旦某种时尚取得成功,它就到处被人模仿,以至于全世界都在拼命地赶这个时髦。但是就在它被大众所挪用的那个时刻,它就不再成为时尚了——也就是说，它就不再能为上层阶级提供一种自我炫耀的形式方法了。时尚“因而属于那样一类现象：它激发起不断增长的、不受限制的扩张，总是追求更大规模的实现——但是，当它达成这一绝对的目标之时，它就陷入了自我矛盾和解体之中”。举例来说，我们可以在道德的努力和经济学的著作中观察到可做类比的行为。齐美尔关于时尚本质的洞见可以帮助我们理解，为什么在一个文明的时代——在齐美尔已知是属于现在的时代——它会得以如此之流行。根据他的解释，我们缺乏有着深厚根基的信念可以把我们的整个生活固定在一个形而上学的基础里面。由于我们缺乏由内在而生的坚定性，时尚便得以掌控我们存在的大部分领域，而且根据它自己的意愿来引领各种各样的行为。更有甚者，我们已变得过分的敏感；我们热衷于变化，大概是因为我们想要逃离我们灵魂的空洞吧。但正是这样的品质和倾向促成了时尚的出现，为了保持它的掌控力，时尚特别倚重于我们乐于变化的能力，
235 倚重于我们求新逐异的欲望。社会中的哪一个群体会成为时尚的首要支持者呢？中产阶级。下层阶级因其经济负担的重压而无法被调动起来；最上层的阶级，则是因其保守立场而退避三舍。想要脱颖而出的需求与挤在一起的人群的稠密度同比增长；这就是为什么时尚是一个大都市现象的原因。齐美尔进一步细察了在个人那里对于时尚的各种类型的态度。甘愿受时尚支配的人不是把他自己作为个人而是作为特定群体的一个成员而与其他人区分开来。这解释了他所得到的回应：“人们嫉妒一个作为个人的时髦的人，但却赞成把他看作是一组或一群人中的一员。”在说明了时尚英雄的精神品质之后，齐美尔提请我们注意这一事实：刻意表现落伍的人也是时尚的

崇拜者,就和公开宣扬自己沉迷于时尚的人一样。前一种类型的行为也是从区别于其他人——以及认同于其他人——的需要里生长出来的;他是另一极的时尚英雄。类似的,无神论也同样经常是生发自宗教的冲动。的确,基本的精神动力往往是要通过完全相反的形式来寻找出口。女人比男人更热衷于时尚这一事实可从女性的客观性的内在匮乏以及女性对社会环境的依赖来解释。因而完全逻辑的是,获得解放的女人想要参与男性的事务,就必须也反抗时尚对权力的索取。因为时尚总是只去感染一个人的表面,在很多情况下,它只是为实质型的人提供一副面具而已。他们用它来隐藏他们自己;对于他们来说,听命于时尚意味着"一场灵魂对于存在的真实环境的胜利。"一种时尚可能是近乎于无耻的,可又依然没有冒犯到人的羞耻感——根据齐美尔的定义(必须得承认,这定义还很不充分),羞耻感从根本上讲是建立在个人想要脱颖而出的努力 236
上的。这就是为什么在非仪式性的场合穿着低胸晚礼服会立即让人感到极度尴尬的原因,因为它们完全出乎意料。就和法律一样,时尚也是主导着人们的外部行为的共同体生活的形式之一。人们越是想要去了解这些形式,他们获得的内在自由就越大。为了满足把灵魂的冲动统一起来的需要,也是满足强调他的这个或那个本质特征(这一特征他在当时会认为很重要并且因而觉得应该被表达出来)的需要,个人无疑也会发展出一种"人格的时尚(Personal-mode)"。他采取一种特定的风格,时不时地喜欢使用某种成语式的表达,让他的这个或那个特征因为得到特别的强调而突显出来。每一种时尚的表现都好像是它已被赋予了外在生命似的,即使它最终不可避免地转瞬即逝。按照齐美尔的观点,这种表现是源于这样的事实:不朽实际上是非常适合于时尚的一个一般概念，因为时尚提供了一种可以体现基本人类欲求的形式。时尚永远在变，但时尚也永远都在，正是从这种对时间的优越性，时尚的每一个稍纵即逝的时刻都明显是在宣称它将永远存在……

齐美尔并不总是像他刚开始迈向总体性的历险时那样使用刚才讨论过的这些统一体——概念的统一体或意义的统一体——的类型。的确，他也会分解那些涵盖了事实上根本不同属一体的多样性的非真实性的统一体。毕竟，大多数日常生活的概念并不是从对给定事实的直接观察中得出来的；相反，这些概念建基于其上的物质材料只有以一种不确定的和不清晰的形式才能被带入到意识之中。这些日常的概念并非经验；它们是通用货币。举例来说，在他的早期著作《道德科学导论》
237 (*Einleitung in die Moralwissenschaft*)中，齐美尔努力想要通过暴露隐藏在这些概念之下的各种伦理事实，来驱散环绕在某些基础的道德概念(如利己主义和利他主义)周围的理念的迷雾。他没有将被考察的概念接受为不可见的视野，没有把它们当做是这个或那个伦理教条的核心，齐美尔向下深入到它们的基础，并且通过发掘现实本身，摧毁了从将自己强加于认知主体和现实之间的概念的迷雾当中产生的一系列理论。顺便说一句，在这个案例中，齐美尔的程序是和前面所描述的那个相同的，除了在这里它更多的是要消解一个从虚幻的概念中建构出来的世界，而不是去阐明存在于世界中的意义之关系。

像这样来征服总体的最突出的一个例子见诸于齐美尔的《货币哲学》。在这部著作的前言中，他写道："在这个问题系当中，货币仅止是一种手段，一种材料，或者是作为一个例子来呈现运作于最表面、最现实、最巧合的现象与存在的最理想化的力量、个人生命与历史最深的旋涡之间的关系。”事实上，在这里，这位思想家穿越了所有他以各种方法能够接触到的物质领域，展现了在同样无数的现象之中这些领域发展出的无数的关系。齐美尔从一个高度发达的货币经济的时代里人们的社会和个人生活中分割出一个又一个横截面。然而他的观察既不是从国民经济也不是从历史的视角生发出来的；相反，它们产生于这样一个单纯的哲学的目标，就是把世界多样性相互交叠的所有面向带入意识。在其他任何地方齐美尔都没有发展出这样一个如此普泛的意象来说明现象之间的相互扣连和彼 238
此缠绕。他清晰而详尽地阐发了这些现象的本质，直到在关系的多重性之中立即将它消解；他展现了它们是怎样相互决定的，并且发现了很多它们共有的内在的意义。在被检视的现象当中，有交换、财富、吝啬、犬儒主义、个人自由、生活方式、文化，还有人格的价值。在某些点上齐美尔的分析是从货币自身的概念开始的，从这里扩展到全部各个方向的多样性中（也就是说，他承认货币的建构、它与客体的关系、它的功能性的特征、在目的的阶序中它的位置）。在另外一些点上他又是从在他看来是具有本质性的特定现象来开始他的分析的，继而在把这些现象设定为新的中心之后，他又将分析的焦点从现象再次移回到货币上面。例如，他揭示了在形构个别性的方面，在将我们的内在和外部生活予以结构化的方面，资本主义经济类型的重要性所在。无穷无尽的大量散布的类比反复地指向整部著作统一的核心理念，这一核心理念可以简要地表述如下：一个现象承载和支持着另一个现象；没有任何事物是绝对地外在与既存现象之间的关系的，也没有任何事物是绝对地拥有自在自为的合法性的。在《货币哲学》中，齐美尔不只是在实用的层面持这种相对主义的方法，而且在理论上赋予它以正当性。下文将对这种相对主义做更彻底的讨论。

现在，当我们考察齐美尔穿越一般世界的方式时，很明显从一开始，总体性的展开就必然会采取这样一种形式：它越是详尽无遗，现象（它们之间的每一个相互关联都被认为是应予以说明的）看起来所处的位置就越分散。颇具象征意味的是，在他的穿越世界的旅程中，他总是努力把相距最遥远的事物联
239 系到一起。人们往往会留下一个突出印象，齐美尔总是想在我们身上激发起一种关于多样性的存在相互联系的统一感，他想要传达其总体性（这个总体性实际上从来不可能完整地向他展现），至少是接近它。所以他更倾向于去探索表面上彼此之间完全陌生，是来自极为不同的物质领域的客体之间的关系。他特别享受从存在的这个或那个层面跃入人们所熟悉的杰出人物的人生经历的过程。他迅速地掠过从一极到另一极的深渊，把一个精巧的、纯个人的冲动跟一种社会生活的表达连接起来，然后再转而搭建一座从后者到世界观的思想主题的浮桥。在这诸多的领域中，他的思想灵活而自信地纵横捭阖，并且到处闪耀着家族关系和相似性的光亮。

基于如此分类的思想意图（的确我们几乎可以从这一思考的本质当中先验地推演出这一点来），要选择哪些问题来研究，对于哲学家齐美尔来说是无所谓的，只要它们以某种方式属于他可以接触到的材料领域即可。任何个别现象都可以被当作他的哲学检验的目标，因为所有现象都能提供同样好的切入点，从这里他可以深入研究包围着一切的生活总体性的相互关联。无论这个时候他的沉思的对象是什么，只要它是由或多或少有限的一组关系组成，而这样的一组关系在包围着它的宇

宙中在所有方面都超越了其自身从而指向世界整体的关系的多样性,那么它就会成为探寻的焦点。这就是为什么齐美尔几乎每每都要把他的研究对象简化为仅仅是一些例子的原因。从这个角度我们可以理解为什么,尽管他所处理的主题各不相同(的确很少有其他思想家可以划出这么大的研究对象的范围),但齐美尔的著作一贯地显现如此之高度发展的这样一种
一致的品质。这可以归因于这一事实:大部分现象就其根本而 240
言都显现为关联性的复合体。在很多案例中它们都不过是他对总体多样性的结构进行研究的结点和通道,它们被从这一多样性的织体中分离出来,只是为了接下来它们可以被再次地编织回去。

齐美尔为使他自己伸向总体性而使用的程序制造了特别难以把握的结果。这种从关系到关系的漫游,这种既远且近的蔓延,这种纵横交错——所有这些都让想要去拥抱一种整体性的思想不得休息,它最终在无限当中丧失。由于在现象之间穿梭的线索的唯一重要性在于让隐藏的连接变得可见,这些连接的路径是非常不规律和任意的;它们是几近于系统性的非系统性。当我们把这些连接关系塑造出来并把它们固定在一起时,我们在哪里结束就变得无关紧要了——既然我们总会在某个地方结束。这个网络并不是像一个坚实地建立起来的思想体系那样根据一个计划筑造起来的;相反,除了存在在那里并且正是通过它的存在来检验所有事物的相互关联以外,它就没有其他目的。这个网络既松散又轻薄,它铺展到很广远的地方,并且产生了发射出一种奇异微光的世界的印象,就像是阳光下的风景,在其中,客体的坚硬轮廓已经融化,而这风景现在就只是遮掩着个别事物的颤动的光的一种单一的波动。这一微光

特别是从这一事实当中生发出来的：齐美尔不停地打断他的思想链条，这样一来他就能在他碰巧正在考察的无论什么行为之间建立起各种（来自最各不相同的领域的）类比。我们从这一类探索中可以收获的成果，就是对于多样性元素相互交织的一种不断增长的敏感度。我们感觉到：每一个现象都映射着另一个现象，这是我们在其他许多地方也都能够听到的一个基础旋律的不断变奏。

即便如此，就像我已经表明的那样，齐美尔以各种各样的
241 方式把现象连接在一起，在事物多样性的无数点位上，他几乎描画出了所有的路径，而这些路径的确分享着同一个特定的方向。在《伦勃朗》的序言里，齐美尔写道：他把这一工作——"从无中介的、只是简单的既定的特殊事物那里投下一条垂线，一直向下引向终极思想意涵的地层"——看做是哲学的根本性的任务。可以想象，归根结底，在他穿越总体性的漫步中，齐美尔要么是可能已经把他的时间全都花费在了单个的客体的领域（认真地去建立它们之间的交互关系），要么是仍然留在理念的范围之中来看待这些理念所指涉的客体。前一种情形就是一位经验主义者满足于发现事实之间的关联并且拒绝赋予它们以意义。后一种情形则是一个纯粹的形而上学家为这个世界揭示一个绝对的意义，但却无法找到从这个意义回返到现实多样性的路径。的确，这样一位形而上学家或许能够体验涵盖了世界的思想，只是因为他在自己这里否决了具体现象的更广范围的经验。相形之下，齐美尔是现象与理念之间的一个天生的中介者；他用一张类比关系和根本上属于同质性的网络，就在他所考察的任何地方从事物的表面深入到了它们的思想的潜层。在这一过程中，他证明了，这个表面具有相应的象

征性;它是这些思想的力量和本质性的显现及结果。最细小的事件也会触发灵魂的传动轴;从某种角度来看,每一个行动都存在着可以被获取的重要意义。因而在齐美尔的著作中,有一束从内部发出的光,就像伦勃朗一些绘画中的服饰那样,使现象在闪亮。所有的愚钝、陈旧都从世界的表面消失了,就好象它突然变得像玻璃一样透明,能够让我们看到它的内里,并且穿过它看到它所揭示同时又覆盖的存在另外的隐藏的层面。 242

齐美尔虽然对世界否决了意义的统一体,但却把它赋予了个人。他把个人从多样性的语境中剥离出来,并将他们作为自足的总体性与这一语境并置,而这样的总体性是根据他们自身的法则发展和消逝的。在他对于个人的微观世界的考察中,他所采用的程序与他考察宏观世界的程序是正相对立的。对于宏观世界他是向外辐射的,而对于微观世界他却是通过本质的公式来进行内敛的表述的。不过,抛开这一点不论,齐美尔解释思想的个别性的方法是和他揭示建构了意义统一体的任何一组多样性存在的内在关联性的方法完全一样的。举例来说,他尝试对落于时尚的概念惯性之下的各种行为现象和类型提供共通的解释基础。对齐美尔而言,社会学现象和作为思想总体性的人都是个别性,如果我们想要抓住同等地表现在它们的所有表达中的、为它们所共享的意义的话,我们就必须理解它们的本质。除非齐美尔将人的个别性完全从宇宙中剔除,那么他都会从与这一完整性相交织的角度去看待每一个其他的个别的复合体。所以齐美尔同样是将他的核心原则——每一事物都联系着另一事物——应用于个人。一个人的行动、情感和思想是不可分割地融合在一起的,所以,当我们想要去参透他们"为什么"会具有这样的相互关联性的时候,看起来就必然要弄清楚它们都作为其表达的那个本质是什么。正如前面已经提到的，齐美尔的不少著作——《康德》、《叔本华与尼采》、《歌德》，以及《伦勃朗》——都聚焦于伟大的人物。可想而知，在这些研究当中，齐美尔提供的既不是这些人物的传记，主要
243 也不是对他们的成就的无保留或批评性的赞赏。相反，他的动力是从这些杰出人物的各种各样的表达中，提出他对于被研究者的思想重要性的直觉经验，并继而展现被观察到的这种重要性是如何体现的，或者它如何必然得到这样的体现。他想要揭示个体性的最内在的存在，去阐明这些个人自己都无法感知到(其原因在这里还不能予以说明)的本质内核。

在何种程度上，一个人的现象性的表象可以凝固在一副意象当中，可以作为一个统一体而被经验到——这既取决于个人的构成，也取决于我们所取的对待他的立场。我们可以把我们的注意力主要集中在他们的作品上；或者我们也可以只是从这些作品当中抽绎出他的世界观的富于特色的内容；或者我们也可以尽力弄明白他所经历的整个人生的意义；如此等等。哪些特征恰好使我们得以去构建一个人的个别性，这首先取决于这个人本身。创造性的杰出人物有两类，而他们对于自己思想本质的揭示，反应是不同的。对一部分人来说，这一本质完整地包含在他们的作品中。即使我们对这样的人物的真实生活一无所知，我们仍然可以仅从他们的成就中推衍出他们的存在的意义，因为这些成就即便同它们的创造者的生活现实分隔开来，它们也继续作为独立的实体存在。在这里，这样的个人思想的意义维度完全被客体化了，唯有与这些个人相分离，其本身才能被传导进入到作品中，在那里它们就像是被放在玻璃板下保存起来一样。反观另一类人的天才，他们不仅通过作品来

自我表达,而且也通过其人格的整个发展历程获得表现,即体现在他们的具体存在的总体性当中。这一类人的意义绝不会仅限于他们的成就;相反,我们只有通过对他们的生命的表征进行细读才能追寻到它并理解它。只是在每一个例子中,哪些本质性的特征、哪些个人的效果合并进入到一个个别的统一 244
体,这自然取决于想要去理解被考察的人物时我们的思想态度。根据研究者的基本经验,他或她会把特定的注意力引向接受检验的个人的多样性的这个或那个部分:客体的某些方面会刻意使自己突显出来,而另外的方面只会以减缩的形式显现,会重叠,甚至可能消失。归根结底,在一个与意义相疏离的时代(in einer Epoche der Sinnentfremdung),每一个现象——无论是事物还是个人——都是无尽地多义的,而我们获取的对它的理解是它自身的本质和观察者的本质两者共同的产物。

在其思想发展的历程中,齐美尔把几乎所有他所研究的人物都看做是著作的个别性(Werksindividualitäten)。无论他的主人公是康德、叔本华、尼采、伦勃朗,还是他在他的著作《哲学的主要问题》(*Probleme der Philosophie*)里讨论过的思想家类型中的一个,齐美尔只关注这些思想所取得的成就,而绝不去探寻他们生活的细节。由于他的目标是去发覆在这一类人格的个体创造中根本的同质性的关系,所以他首要要做的就必然是去揭示被考察的著作中统一的中心理念(或者其他任何在他看来是这些著作的核心的东西)。这反过来可以使他去论证,创造性产出的完整性,包括其最广远的反响和结果,是如何作为那个核心的构成性的元素而起作用的,以及这一完整性又如何恰恰植根于那个理念化的基础而非其他什么东西。受前述灵感的引导,齐美尔彻底消解了著作的紧密联系的一致

性，然后通过从理念化的中心到可见的表层划出许多结构性的
245 线条来重构它。[1] 在这一过程中他所建立的关联绝不会跟著作本身当中已然清晰可见、并且明显是由作者所引发的那些关联相对应。相反，它们是被读进著作中的，并且划出了从体现其成就的最多种多样的部分到那同一个中心点——即在这一成就中表达出来的被观察者直觉地辨认出来的那个基础理念——之间的半径。著作文本元素当中的所有的相互关联都是经由通过中心的迂回而得以接近的。论述的终点从来都不是对著作实际内容的单纯描述。只有当从中心理念引出的一条路径碰巧刚好穿过它们的时候——就是说，当描述细节与启发了整部著作的理念之间的关系是有意义的时候——多样性内容的特定细节才会得到强调。否则齐美尔在研究个别思想家时使用的方法就和上文描述的关于时尚的研究程序一般无二了。或许，唯一的区别是，由于齐美尔将思想的形象看作是一种明确反对总体性的、纯粹以其自身为依据、有着统一意义的关系多样性，他不怎么关注去发现可以帮助他穿越宽广的整个世界的那些类比。例如，齐美尔以一种关系到生命的方法来看待伦勃朗的艺术。他把伦勃朗看作是一个已经把握到了生命的绝对连续性的人；似乎，在伦勃朗的作品中，“被描绘的那个时刻包含着正好到达那一时刻的整个生命的律动；它重述了这一生命之流的故事”。于是齐美尔开辟了自己的一条道路，从伦勃朗的创造性的基础本质一直通向这位大师各种各样的艺术的发现（包括他一系列的自画像，他的宗教性作品，他随手画的示意图，等等）。齐美尔既从它们自身的存在、也从它

[1] 作者原注：论康德的讲稿里写道：“他（康德）自己的呈现形式必然会被彻底摧毁……”就是为了让它的超个人的内容向着我们闪光。

们的相互关系的语境去理解所有这些作品，但这种理解总是围绕着伴随艺术家生命的艺术家的理念展开的——这些作品既表达又象征着这一理念。 246

只有一次，就是在他关于歌德的书里，齐美尔尝试对一个生命的个别性穷根究底。按照齐美尔的看法，歌德之伟大的秘密，抛开其他的东西，是在于这一事实：诗人“完全遵循他自己的法则，并且正是通过这一过程他也应合于事物的法则”。这秘密还在于这一事实：他的全部经验，包括从外面与他相对的每件事物，都以一种奇妙而命定的方式融入他整个的人格之流，与之融合，找到创造性的表达。歌德的存在的独一性的事实在于其本身就是一种元现象；它有一个可经验到的意义，并能够通过公式来把握。他的灵魂的发展，与自然和社会环境的关系，情感的类型，他的忘我奉献和自我保存的程度，如此等等——关于歌德生平的每一件事都是本质性的和具有象征性特征的，也就是说，它必须从渗透在他整个生活中的思想的维度去解释。

作为对齐美尔哲学这一横截面的一个结语性质的补充，我想快速地概括一下他一以贯之地驾驭他的材料的方法。他用一双内在的眼睛去进行观察和描述他所看到的东西。仍有待于借助更大量细节来予以解释的是，与他的意图背道而驰，经常是个别事实以一种系统的和在概念上富于活力的方式被从抽象的一般概念中推衍出来。他的所有的概念表述都紧密联系着被直接经验到的（但必须承认并不是普遍地易于理解的）鲜活的现实，即使是那些最抽象的论述，除了用观察来充溢其论述之外也再无其他的来源。任何思想的行动，如果不是受到某种可感知的现实的支撑，并且同样未能通过这样一种经验而

获实现，那么这样的思想行动齐美尔是从不会涉入的。他总是去描述他已经看到的；他的思想完整性基本上只是通过看着客
247 体而对客体进行的把握。

只有当我们意识到齐美尔思想的这一核心原则以后，我们才能获准进入可以解释他的哲学的整个形式表象的更深层原因。毕竟，评论家们已就其风格的矫饰、他偶尔的精巧诡辩提出了足够多的责备——好像这种精巧只是附带的修修剪剪，而且也可以无论它是否会对其思想内核产生重要后果而予以消除。如果说他时不时地会以这种十分复杂的构想来表达看起来非常琐碎的事件，我们可以把这种情形解释为，哲学家齐美尔是尝试想要把甚至是最简单的现象理解为一个象征、理解为某种指向很多其他的环境和事件的东西。他没有兴趣仅就其表面意义来理解一个现象，而是想把世界的整个多样性都倾注于其中。这就是为什么我们必须把齐美尔著作中随处可见的跨越多个领域、似乎不着边际的各种类比看作是巴洛克式的任意性的成果的原因。它们绝不是对特定研究目标的插科打诨
248 式的偏移，在很大程度上它们本身就是目标。

瓦尔特·本雅明*

最近有两部瓦尔特·本雅明(Walter Benjamin)的著作问世:《德国悲苦剧的起源》(*Ursprung des deutchen Trauerspiels*)和《单向街》(*Einbahnstraβe*)。前者是对巴洛克时代悲苦剧的事实中体现的本质性元素的呈现和解释(当然它包含的内容要更多)。后者是一本格言集,通过鲜为人知的街道网络,分流或导入当代生活的表象。

尽管它们的主题不同,这两部著作却同属于一种迥异于当下思潮的思想表达,这一思想更接近于塔穆德著述(talmudische Schriften)或中世纪的劝谕文(Traktate),因为就像这些撰著一样,其呈现形式就是解释,其诸意向都是神学式的。

本雅明本人称他的这一程序为单子论的,它构成了对哲学体系的反题(哲学体系总想借助普遍性的概念来确保它对世界的把握),也构成了对作为一个整体的抽象一般化的反题。抽象把现象彼此联系起来,是为了把它们部署在一个或多或少

---

* 原题为 *Zu den Schriften Walter Benjamins*,发表于《法兰克福报》(*Frankfurter Zeitung*),1928 年 7 月 15 日。

体系性的形式概念的语境之中;本雅明则运用经院哲学和柏拉图的理念论,主张并非关于现象而是关于理念的非连续的多样性。这些理念在历史晦暗的媒介中显明其自身。悲苦剧就可以说是一个理念。

对于这种思想具有决定意义的是,其诸理念并不是从与活生生的表象的接触中直接产生出来的。与表象保持非中介性
249 关系的观察者可以经验到它们的形式或是把它们把握为某种抽象的现实化。但是在他如何接受它们这一点上并无区别,因为按照本雅明所说的,一个表象在一次非中介性的相遇中显明其自身的方式,实际上并不能揭示它所包含的本质性。它的生动形式是转瞬即逝的,从中引出的各种概念什么也不是。简言之,当他以其直接性来面对世界时,他必须打碎呈现在他面前的形象,才能抵达其本质。

在他对悲苦剧的研究中,本雅明以示范性的方式,把"巴洛克悲苦剧"的复杂整体打散为它的富有意义的元素,对于理念的呈现而言,这一分解工作是很必要的。这些元素之一就是寓言(*Allegorie*)。本雅明运用第一手材料重新追溯了寓言的意向性起源,就是说,他返回到了关于寓言的历史上它真正的意义得以揭示其自身的那一点上。一种罕有的预知能力使他能够穿透诸本质性的征兆的世界,并发现什么是从一开始就是属于它们的。他对寓言的阐释令人钦羡。利用原始文本,这一阐释第一次描述了屈从于死亡的自然(而对巴洛克时代来说,历史——作为世界苦难的历史——就是自然)如何在忧郁者的凝视下转变为寓言。本雅明指出,这里存在一种辩证运动,一旦所有的元素承担起它们意义的极致,那么在巴洛克悲苦剧的框架中,这些元素就都被纳入到这一辩证运动之中了。相当逻辑

的是,他绝不会允许诸本质性屈从于某个抽象的一般概念之下,而是坚持只有辩证的合题才能保有它们充分的具体性。当各种意义聚集在一个理念的标识之下,它们就像电流一样相互激发,而不是被“扬弃”为一个形式概念。在历史过程中,它们也会再次建立起相互之间的辩证关系,并拥有彼此分离之后、每一种意义自身的后续的历史(Nachgeschichite)。

习惯性的抽象思维与本雅明的思想方法之间的区别是在于以下事实:前者排空了客体的具体丰富性,后者则掘进物质 250
的灌木丛,以开启诸本质性的辩证法。它不承认任何的无论什么样的一般性,转而寻求特定理念穿过历史的路径。但是对于本雅明来说,由于每一个理念都是一个单子,世界在他看来就是在一个理念的每一次呈现中交付其自身。“连同它之前和此后的历史一起,存在进入到它——理念——之中,于它自身隐秘的形象中,呈现出这个理念世界剩余部分的经过减缩和变得晦暗了的形象”。

历史学家、文学和艺术史学家——更不用说哲学家了——都会在本雅明论悲苦剧的著作里找到感兴趣的内容。它把关于意义与理念的卓越知识和发现自己受其哲学洞见驱使——特别是对于未知和边缘材料的哲学洞见驱使——的这样一位学者的学问结合在了一起。这本书就古代悲剧提出了一种新的理论,除了它对寓言的解释之外,它还从这些巴洛克场景的物质内容(Sachgehalte)之中开启了诸如命运、荣誉以及忧郁等重要本质。这本书厘清了悲苦剧中的人物及其所有元素的意义,也将关于命运的古典戏剧及其浪漫主义遗绪引入讨论。还从未有人如此富于冲击力地将各种本质与历史一起加以展现,但他并没有说这些本质就是从历史中生发出来的。有了本雅明的这部著作,人们开始不得不以不同的眼光来看待巴洛克时代,而且还不只是巴洛克的时代。

在这里,由于方法论是起决定作用的,因而特别重要的一点在于这一事实:这本论悲苦剧的书不仅包含了一部获得物质实现的理念的意义的历史,而且是对理念世界无时间性的秩序的一种观察。将本雅明引向诸本质性之缘起的同一种预知能力,也为他提供了为它们安排恰当位置的知识,这一知识人们有充分的理由称为神学。对本雅明来说,世界是被错置了的
251 (verstellt),就好像它总是从一种神学的视角来予以观察的。恰恰是基于这一理由,本雅明认为我们没有必要去看重非中介性的存在,作为表象的门面必须被拆除,形式必须被打碎。在本雅明这里,这样的理解是顺理成章的:他几乎很少会去处理处在最佳状态的构成物和现象,而是更愿意在它们已成为过去之后才去把它们找寻出来。在他看来,活的事物都是像梦一样混乱地纠结在一起,而一旦当它们处在一种解体的状态时,它们就变得清晰了。本雅明从各种已经逝去的、已从当代的语境中被删除了的作品和事态(Zuständen)中取得他的收获。由于最为紧迫的生命在这些作品和事态中遗留了下来,所以它们就在这种诸本质性的秩序的映衬下变得透明了。

凭借对于这种秩序的洞察力,本雅明希望实现的是适用于神学沉思的"救赎"行动。他的独特的关切总是去描述:大的事物就是小的,而小的事物也就是大的。他的直觉的神杖敲打着那些不显著的领域,敲打着人们一般不以为然的领域,敲打着已经被历史遗忘的领域,而恰恰是在这些地方,这神杖发现了最高的意义。本雅明有很好的理由流连于巴洛克悲苦剧的废墟之上,并使寓言承负起相当的重量,而在传统的理解里,寓

言并不占有与象征一样的同等地位。具有足够典型性的是,在本雅明的呈现中,是寓言拯救了古代诸神,使他们得以在中世纪基督教的充满敌意的世界中幸存。他的沉思的另一个主题是揭示那些历史进程中隐蔽的时刻或节点,在那里,救赎(Erlösung)被提了出来或是出现在意象中。

“是啊,当那至高无上者前来带给我们教堂里的收获,那时我,一个死者的头颅,将变成天使的面容。”

这些语言是从罗恩施泰因的《希亚辛森》(*Hyacinthen* von Lohenstein)的一个能说话的骷髅嘴里说出来的,被用做这部论悲苦剧的著作最后一章的题词。这一章处理的是从忧郁到上帝的世界的突变,并对作为救赎标记的神化的意象做出解释。 252
或许在他的沉思中,本雅明的真正目标是在这里或那里探寻那些过程,在天堂和地狱之间,在事物的背后,有时可以看到这样的过程突入我们的梦的世界。本雅明可以把他自己称作为一名秘使——就是在克尔凯郭尔把他自己描述为“基督教的秘使”的意义上。

本雅明想要把世界从它的梦中唤醒,这可由《单向街》中一些激进的格言所证明,其中一部分此前曾经在我们的专栏上发表过。这本玩笑开得有点过火的小书,将源于个人与公共生活最博杂领域的思想结合在了一起。任意举几个例子:奇异的梦的记录;童年场景;献给有代表性的即兴空间(如市场和港口)的小品文——其精致轮廓让人想起浅浮雕;关于爱情、艺术、书籍和政治的评述,其中的一些记录了令人震惊的沉思的宝藏。至于其他部分的观察则价值不等。除了尚有待进一步精进的笺注之外,还有一些是纯粹才气的表达,且时不时会有非常武断、夸大的私人印象(如“帝国全景画”中尝试描述德国大萧条的段落)。似乎在这本书里,本雅明有意要打开他可以接触到各个层面的视角,以便证实从此岸(von dieser Seite)同样也能看到的这个世界的不连续的结构。至于《单向街》的总的立场,所有这些格言都在有意识地宣称个人主义的终结和天真的资产阶级时代的终结。本雅明将直接经验的单元加以分解的方法——在论巴洛克悲苦剧的书中他也使用了这一方法——在应用于当下时,具有一种即便不是革命性的也是爆炸性的意义。的确,这本集子就是个火药桶。但是从这座瓦砾堆
253 后面浮现的,与其说是纯粹的诸本质性,毋宁说是指向本质性的小物件(本雅明讨论了早晨醒来以后诸项事宜如洗漱等的意义)。一般而言,这本书因其独特的唯物主义而将自己与此前的著作区别开来。本雅明在那些通常不被人注意的地方所进行的清理和启蒙的工作,完全对应着他的程序。正如他在第一篇格言中所说的:“观点之于社会存在的巨大装置,正如机油之于机器。人们不用爬到涡轮机上面往上浇洒机油;人们只需往他必须知道的隐蔽的转轴接铆处洒一点即可”。

不过本雅明很难把他意图激发的生活真正纳入计量。在《单向街》中,这些从当下获得的阐释几乎不会像从巴洛克悲苦剧的材料中表达的阐释那样有力,这其实并非偶然。这可以被解释为本雅明对任何当下的非中介性存在都缺乏实质性内容的这一确定观念的证明:这些事物的冲击使他迷茫。他是如此地拒绝非中介性,以至于他根本不想与之谐调。他既没有记录过对任一形象的印象,也没有被卷入占主导地位的抽象思维。他的真正的材料都是已成为过去的事物:对于本雅明来说,知识是从废墟中产生的。所以,这里并不存在要拯救活生生的现世的意图;相反,是沉思者救赎了过去的碎片。我们不

无理由认为,从非中介性的世界的角度来看,本质性的辩证法——它发生在非中介性的世界的背后,且必然在已支离破碎的作品中得到展示——会带有一种美学的表象。只有当他解开事物的元素和它们的形象之间的真正的辩证关系,也即具体和抽象之间的辩证关系,形式的意义和形式本身之间的辩证关系,本雅明才会突入丰盈的现实。本雅明在今天所体现的这种片面而又极端的思想,已由于唯心主义的莅临而沦落到被遗忘 254
的境地。多亏了他归之于卡尔·克劳斯(Karl Kraus)的那种能力(感知“来自语言的地府深处的喁语”的能力),以及使他能够触及本质性的那种能力,本雅明在我们的哲学禁区内有意识地恢复了这种思想。这可以很好地解释本雅明对普鲁斯特(Proust)的片断的翻译,他和这位作者有很接近的相似性。在本雅明这里,哲学重新获得了其内容的决定性;哲学家被放在了一个“被提升了的介于研究者和艺术家中间的位置上”。即使他并不栖身于“生活的领域”,他仍然可以从生活世界的仓库中提取储存在那里的意义,至今仍在等待其接收者的意义。 255

弗朗茨・卡夫卡*

弗朗茨・卡夫卡文学遗产中一批未发表的散文作品最近在《中国长城建造时》(*Beim Bau der chinesischen Mauer*)的题目下结集出版,这本文集是由早逝作家的朋友和文学遗嘱执行人马克斯・勃罗德(Max Brod)与汉斯・约阿希姆・薛普斯(Hans Joachim Schoeps)合作选编的。按两位编者后记所言(他们的解释并不足够充分),文集中收录的所有叙事性的片断和格言都是卡夫卡创作于直到他1924年去世之前最后一个时期的晚期作品。它们是在战争、革命和通货膨胀的年代里写成的。尽管整本书里没有一个词直接涉及了这些事件,它们仍然参与到了作品的构想当中。或许正是这些事件的侵入使卡夫卡能够去评判和刻画这个世界中的混乱。其中一条格言这样写道:"关于魔鬼的知识可能是有的,但对魔鬼的信仰却没有,因为再没有比魔鬼更魔鬼的东西了。"[1]

---

* 原题为 *Franz Kafka*,发表于《法兰克福报》(*Frankfurter Zeitung*),1931年9月3日和9日。

〔1〕 弗朗茨・卡夫卡:《随笔》,叶廷芳主编:《卡夫卡全集》第5卷,第14页,黎奇译,石家庄:河北教育出版社,1996年。——译注

建筑的意象经常反复出现在这些文本中，其首要目的是要标示出心烦意乱、困惑迷茫的人们所做出的努力。在《一条狗的研究》中，叙事者是具有罕见哲学天赋的一条狗，卡夫卡把它引申为自己的化身，这条狗说道："难道我一边目睹我们生活的根基，猜到它的深度，目睹工人们在建设，从事着他们难以捉摸的活动，一边却始终盼望着因为我的问题而结束、毁灭和抛弃这一切？"[2]的确，一代又一代人所搭建起的建筑物是难以捉摸的，因为这一结构所要保障的乃是人们不可能获致的一 256
种安全。他们筹划得越是系统，他们就越难以在其中呼吸；他们越是想要把它建立得完美无缺，它就越是不可避免地要变成一座地牢。在《地洞》这个故事里，它就像噩梦一样一点点长大起来。地洞里住着一只无名的动物，也许是一只鼹鼠或仓鼠，它讲解着因恐惧所有可能想象得到的力量的入侵而建起的这所洞穴式的建筑。由于这种对于生命存在来说是与生俱来的恐惧也想要消除那些不安全感，所以地洞就是一个自我欺骗的构造。于是乎，地洞迷宫式的廊道和空场便伸展到地下世界的暗夜当中。卡夫卡对地洞的展现带有白日梦一般的明晰，他特别着意地指出，在无望的恐惧和建筑系统精心设计的错综复杂之间存在一种互惠关系。如果说，后者是一种焦虑（它产生自应受指责的自我主张的意图）的产物，那么，它反过来也制造了焦虑——这是一种不断上升的威胁性的自我缠绕（Verstrickung），它实际上取消了这只动物的行动自由。在这只动物壮起胆子冒险走出洞穴之前，它必须采取千百种预防措施，当它每天从例行的巡游中返回时，这一归程都会幻化成为

[2] 弗朗茨·卡夫卡：《一条狗的研究》，叶廷芳主编：《卡夫卡全集》第1卷，第439页，洪天富译，石家庄：河北教育出版社，1996年。——译注

极不寻常的一番事业。不仅如此,地洞的徒劳无谓最终变得一目了然,因为无论它如何完善各项措施以防止在泥土里挖掘钻营的任何微小生物,它仍然无法对抗真正的敌人,甚至事实上还有可能把它们吸引过来。因生存的恐惧而激发的各种预防措施本身,就是对生存的威胁。

毋庸置疑,卡夫卡也把科学——至少在科学一定的跨界性的意义上——设想为一座建筑,只不过这一建筑更多的是困惑而非恐惧的产物。在散文作品《乡村教师(巨鼹)》里,他将晦暗不明、漫无边际、无所不包的科学大厦带到了一位乡村教师的琐碎发现面前。当乡村教师掌握了隐含在周遭所有事物背
257 后的涵义(因为一旦有人发现了它,它就和这个发现它的人不可分离地绑缚在一起了)时,高耸入云的科学大厦却将人类抛弃了。巨鼹的故事声称:“每一个新发现将立刻被纳入科学宝库的总体之中,因此在某种程度上也就不再是一种发现了,它便整个地升华了,消失了,人们得有一种科学训练的眼力才能将其辨认。有人会将一个新发现同一些我们从未听说过的原理联系在一起,在学术争论中,同这些原理联系在一起的新发现又会被抛到九霄云外去。我们怎么会理解这种事呢?”[3]类似地,《一条狗的研究》在就营养科学发表议论时说:“其规模之宏大,不仅超越了个别狗的理解力,而且超越了所有学者的理解力”。[4] 就像那只动物的恐惧终结于自我营建的迷宫里面一样,心智也迷失在了科学的泛滥(Ausschweifungen)

---

〔3〕 弗朗茨·卡夫卡:《乡村教师(巨鼹)》,叶廷芳主编:《卡夫卡全集》第1卷,第364页,张荣昌译。——译注

〔4〕 弗朗茨·卡夫卡:《一条狗的研究》,叶廷芳主编:《卡夫卡全集》第1卷,第435页。——译注

之中。

劳作者的建筑:卡夫卡视线所及到处都能看到它们。尽管他们敲敲打打,但由于砖石构造如此之厚重,以至于并没有任何声音可以穿透它到达我们。要指望什么人还能从那里面溜出来,就太愚蠢了!门上没有钥匙,一度出现的几个洞也立刻就被重新封上。“豹闯入寺院中,把祭献的坛子一饮而空;这事一再发生;人们终于能够预做打算了,于是这成了宗教仪式的一个部分。”〔5〕

有一次,这条哲学狗承认,要是让他接受某位学者的检验,即便是最简单的科学测试他也很难通过。这并不是因为他智力不足,而是因为他具有某种本能,其方向特征可以描述如下:“也许正是为了科学,这种本能使我把科学——一种与人们今天从事的科学不同的科学,一种最后的、自由的科学——看得高于一切,自由!”〔6〕这个解释扩展了先前的解释,因为它意 258
味着,这里存在在自由中才可能获得的某种终极科学。所以,我们的世界是非自由的所在,而我们却汲汲于修建一座阻碍我们视野的大厦。可以想象的是,在他描述鼹鼠的洞穴时,卡夫卡脑子里面想到的就是那些人类的组织,它们取胜靠的是壕沟、带刺的铁丝网以及大范围的投资项目。他发现自己就处于这种被囚禁状态,而对自由状态的预感更加深了他的这种意识,只有在那种自由状态中,终极科学的真义(die Lehren)才能突显出来。与那些相信进步的人正好相反,他把这种自由状

〔5〕 弗朗茨·卡夫卡:《随笔》,叶廷芳主编:《卡夫卡全集》第5卷,第5页。——译注

〔6〕 弗朗茨·卡夫卡:《一条狗的研究》,叶廷芳主编:《卡夫卡全集》第1卷,第463页。——译注

态，或者说是参与其中的可能性，转换到过去之中。《一条狗的研究》的叙事者评论道：更早的那几代人反而更年轻。“他们的记忆尚未像今天的记忆那样处于超负荷状态，要让他们说话还比较容易，尽管谁也没有成功过，但可能性比现在要大得多”，那时“真话还能起作用，还能对营造加以确定、修改、随意改动和引向反面。那时存在着真话，至少近在咫尺，悬浮在舌尖上，每条狗都能听到它”。[7] 卡夫卡的所有作品都是围绕着这一洞见展开的：我们被从即便是卡夫卡都无法感知的真话中分割了出来。而且，正是这一洞见为难以捉摸的建筑的寓言提供了充足的正当理由。它的墙壁原来要薄得多，现在却变得无法穿透——这是怎样发生的？答案给出的结论是，卡夫卡的向后看并不带有任何浪漫化的意图。“不，尽管我反对我们的时代”，进行研究工作的狗向我们保证：“但以往的几代人并不比最近的几代人要好，在某种意义上说，后者比前者要坏得多，弱得多”。[8] 这一声明所宣示的态度将关于先人错误道路的后世传说与追慕怀想往昔岁月的表象区分开来。“当我们的
259 祖先们迷路的时候，也许没有想到这是一种没有尽头的迷途，他们毕竟还能看到十字路口，随时都可以轻易地返回。他们之所以犹豫着没有返回，只是因为他们还想享受一下狗的生活”。[9] 这里提出的对懒惰的谴责——卡夫卡认为这是最重要的罪之一——也同样出现在短篇小说《城徽》中。《城徽》对

---

〔7〕 弗朗茨·卡夫卡：《一条狗的研究》，叶廷芳主编：《卡夫卡全集》第1卷，第447、448页。——译注

〔8〕 弗朗茨·卡夫卡：《一条狗的研究》，叶廷芳主编：《卡夫卡全集》第1卷，第447~448页。——译注

〔9〕 弗朗茨·卡夫卡：《一条狗的研究》，叶廷芳主编：《卡夫卡全集》第1卷，第448页。——译注

懒惰的谴责指向的是巴别塔的建造者,他们指望着他们的继任者的进步,自己却不肯把他们的能量发挥到极致。然而——这一点极其重要——卡夫卡更多的是把重心放在对真话的丧失的记忆上,而不是放在对直到今天才显现的过去的失败的暗示上。真话的丧失是一个不断重现的主题,就像在正在死去的皇帝的寓言里那样,他传达给你且只有你的信息却永远无法送达。在劝谕文(Traktat)《关于法律问题》里,我们读到,各种法就其本质而言必须保持为一个秘密;而卡夫卡本人也曾属于这一不朽群体——在法律从业者的意象中我们同样会看到真话丧失的主题。就在唤起曾丧失之物的同时,卡夫卡把它移置到一个不真实的距离中去,就好像是要告诉人们,即使是梦也很难为它提供避难所。皇帝的信息想要离开哪怕是最内里的宫室都是徒劳的,老百姓也不知道始终保持为一个秘密而仅供他们猜测的法律是否真的存在。在《叩击庄园大门》的奇怪记述中,敲门声——它有可能根本就没有发生——的确使廷院的门大开,但是除了刚刚驰入大门便立即又调转马头出来的一队骑兵以外,里面什么也没有。

这条哲学狗的标志,就是他不停地在探询那些无法确定的事物。而其他的狗对他的回应则是——沉默。对于"重要之事"的这种坚决的沉默不断地在他面前像一座防御工事一样 260
地耸立起来,这是真正提出问题的少数派群体始终要去承受的苦涩的基本经验之一。这条狗在发牢骚的时候就好像是在以他们的名义讲话:"我们被沉默压得喘不过气来,正是出于对空气的渴求,我们想要打破这种沉默"。[10] 如果说,提问者注

---

〔10〕 弗朗茨·卡夫卡:《一条狗的研究》,叶廷芳主编:《卡夫卡全集》第1卷,第445页。——译注

定要孤独的话，那么，其他的沉默的同盟者则是在“温暖地聚集在一起”[11]中找到幸福——他们似乎不会像沉迷于孤寂的穴居动物那样选择将自己隔绝起来。的确，沉默统治着或者被认为是在统治着他的一片黑暗的地洞，它其实是对真话的唯一的措施严厉的救治。由于不可能整个种群同时地陷入沉默，这些狗的沉默采取了一种不同的形式。有的时候他们回避被要求的应答，另一些时候他们又试着胡喷些无可忍受的胡言乱语来压抑他们特殊的生活方式，就像是空气狗一样。这样的犬类共同体的行为该如何解释呢？无疑这里有许多原因来解释它。从事科学研究的狗总结道：“沉默者作为生活的维护者是合情合理的。”[12]这就是为什么他最终也不会绝望，而是仍然不停地请求他的同盟者们来跟他一起打开“这种卑鄙的生活的屋顶”[13]，以便能飞升向自由的王国。但是就在他将要掀掉屋顶并且去除那些关键障碍的时候，他遭遇到了他完全没有办法克服的新的抵制。他听到了迫使他放弃的音乐。对卡夫卡来说，音乐是最高形式的沉默。它先后两次使这条狗麻痹。第一次是他遇到了正发出绝妙声响的七条音乐狗。那时这个提问者年纪尚轻，他请他们解释是什么驱使他们做出这样的举动：“然而——不可理解！不可理解！——他们并没有回答，仿佛我根本不存在似的”。[14] 第二次，音乐搅扰了这条狗的一项

---

[11] 弗朗茨·卡夫卡：《一条狗的研究》，叶廷芳主编：《卡夫卡全集》第1卷，第428页。——译注

[12] 弗朗茨·卡夫卡：《一条狗的研究》，叶廷芳主编：《卡夫卡全集》第1卷，第439页。——译注

[13] 弗朗茨·卡夫卡：《一条狗的研究》，叶廷芳主编：《卡夫卡全集》第1卷，第439页。——译注

[14] 弗朗茨·卡夫卡：《一条狗的研究》，叶廷芳主编：《卡夫卡全集》第1卷，第431页。——译注

饥饿实验,那时他年岁长了一些,把自己当作他的大胆探索的一部分。这次尝试是以生存作为赌注,它与科学远非明确的成 261
就之间的关系,和《乡村教师(巨鼹)》里的乡村教师的方法与成就的关系颇为相似。本来期待具有爆炸性效果的这项实验刚刚开始,一只外国狗就走近了这条正在绝食的从事研究的狗,在徒劳地试图规劝说服他而归于失败之后,竟然唱起一首有魔力的歌把他从绝食的地点赶走了。在强迫从事研究的狗放弃之前他们之间的对话是颇有启发性的。在对话中,已经做好准备绝食的狗并不想让自己被赶走,他评论说,那条他并不认识的狗使他陷入矛盾当中。然而后者一直避免去克服这些矛盾,只是问他说:“你难道连理所当然的事也不明白吗?”〔15〕理所当然的事:对于那些想要维持这种低微生活的人们,这是他们最后的借口,最后的防御攻势——在那后面,这些沉默的守卫者借以掩蔽存身。

沉默的狗们对待从事研究的狗的态度促使他提出以下疑问:“是不是他们想以此麻痹我,不以暴力,而是以近乎爱的方式,使我离开一条错误的道路,而这条道路的谬误显然还没有到达允许他们使用暴力的程度?”〔16〕就像这条狗被不断地分散注意力,卡夫卡的感觉也是一样。他看着这个世界就像是一个被再次推回到这世界中的人,就像是一个放弃了追寻有皇帝居住、有未知的法律统治的那些地方的人;更进一步说,他的经验更像是一个只是部分地被唤醒的人,他的思考——还处在半

〔15〕 弗朗茨·卡夫卡:《一条狗的研究》,叶廷芳主编:《卡夫卡全集》第1卷,第461页。——译注

〔16〕 弗朗茨·卡夫卡:《一条狗的研究》,叶廷芳主编:《卡夫卡全集》第1卷,第437页。——译注

睡半醒之间——仍然被梦境所占据，那梦才刚刚勉强消散，在其中，所有的谜都正在解开。即使当他仍相信他可以抓住，甚至，是的，尝到那个关键词时，世界已在被揭示的秘密的标记之下被熔铸于其中的无可比拟的清晰意象却已开始消融。他备受折磨地努力想要收集它的解体的各个部分，而这些部分在一
262 种基本错误的安排下开始重新使自己汇集起来，这使事情变得更糟。他越是不能成功地重构现在已消失的宏伟意象，他就越是绝望地扎进散落的碎片中以保存它们，并在可能的地方将它们重新加以整理。这一追求构成了卡夫卡艺术发展的条件。就像他在一条格言里说的那样，在很早的时候，他就发现自己希望"去获得一种生活的图景……在其中，生活尽管仍然保持着它的自然的起落，但同时也被看做是比虚无、梦幻、彷徨更不容易得到清楚的辨识"。几行以后："但他不能以这种方式来希望，因为他的希望根本就不成其为希望，而只是一种防御，一种资产阶级版本的虚无，他不愿向虚无表示的一点点欢愉。"事实上，卡夫卡几乎从没有顺从过他的前一种希望，而是相反地向他自己证实，他从这一端穿行到另一端的这个世界本身就是无。为了揭去这世界把自己伪装成是什么的假面，他展现了事物同人的关系是彻底的歪曲的。例如，佚事小品《一次日常的混乱》讲述了 A 希望通过 H 同 B 签订一笔重要的买卖。他们约好了见面，但是不管他们守约的愿望如何良好，他们仍然错过了彼此。我们可以把卡夫卡的描述命名为反向的历险小说，因为在这里，并不是英雄人物征服世界，而是在他的游历过程中，世界变得彻底的错乱了。在卡夫卡看来，堂吉诃德真的是桑丘·潘沙的恶魔，但是桑丘知道如何通过将他的注意力从自己这里转移开而使这个恶魔变得无害。所以，恶魔不断地上

演着最疯狂的举动，而桑丘·潘沙出于一种特定的责任感追随着他，“而且自始至终从中得到了巨大而有益的乐趣。”[17] 正是以同样的方式，卡夫卡避开了尽管具有逻辑的力量却依然无能的合理性(Vernünftigkeit)，并陪伴它穿过人类条件的灌木丛。多亏了合理性的持续干预，世界的缺陷才一劳永逸地被暴露出来。即便是愚蠢统治着世界，对于知性可以改变世界的期待仍然是公正的。不过，通过理性反思进行干预的真正有用性让这一期待落空。 263

无数理性的和符合现实的洞见、怀疑和保留态度渗透在卡夫卡诗意的写作中，其唯一的目的就是最终在虚空中草草收场。举例说，无论穴居动物怎样仔细地思虑是否应该请一位密友来充当地面上的守望者以增强地洞的安全性。但是，“在面对面的时候，我信赖他，假如我见不到他，假如苔盖把我们隔开，我还能同样信赖他吗？信赖一个人，在同时监视着他，或至少能够监视他的情况下是比较容易做到的，甚至远隔两地，多半也是可能的。但是从地洞的内部，亦即从另一个世界去完全信赖一个外面的什么人，我以为这是不可能的。甚至连这样一种疑问都是没有必要的，只要这样想一想就够了，在我下去期间或下去以后，人生道路上的无数偶然事件，都能阻碍所信赖的人履行他的义务”。[18] 尽管一般说来疯狂也有其方法，但在这里方法论上的反思(这意味着完全的务实)则是这个世界的疯狂的标志，而这些方法根本不起作用的事实则揭示了它们

〔17〕 弗朗茨·卡夫卡：《桑丘·潘沙真传》，洪天富译，叶廷芳主编：《卡夫卡全集》第1卷，第507页。——译注

〔18〕 弗朗茨·卡夫卡：《地洞》，叶廷芳主编：《卡夫卡全集》第1卷，第483页。——译注

彻底的非现实性。这种非现实性并不是梦,相反,它本身是真实的。然而,它无足轻重;而且,它越是可以被忽略的,就越是要装做封闭一体(geschlossener)。在这里,就其存在形式而言,它将存在者从它的内部解放出来,虽然对于一般的看客是不可见的,但却向那些回来时耳朵里回响着真实话语的谣言的存在者们揭示了他们自身:神秘的存在者是与生命混乱的喁语(Geraun)和它的推理理智的推断(Räsonnement)关联在一起
264 的。住在地洞里、不想被人看到的无名动物就属于他们,还有冻僵了的"铁桶骑士",他跨骑在煤桶上奔向煤店,但也不能引起煤店老板妻子的注意。他们既不是精灵(Geister)也不是鬼魂,而是世界现状的身体化的呈现,在这个世界里已没有国王而只剩下旅行团的导游。"他们面临选择,是成为国王还是成为国王们的信使。出于孩子的天性,他们全都要当信使。所以世界上尽是信使,他们匆匆赶路,穿越世界,由于不存在国王,他们互相叫喊着那些已经失去意义的消息。"[19]这个世界就象一个服装纸样,只是它所绘出的各部分都不匹配,而那些导游们就在这样一个世界里前后奔忙着。卡夫卡经常感到乐趣的,是从各种方向错误的线索中挑选出一条,沿着它追索下去,然后在某种意义上游戏式地对它做进一步的延展。例如从事研究的狗,因不满足于抓住科学结果的无意义,从而做出如下观察:"在这方面,我觉得一切科学的提要,即母亲让婴儿断奶,使之步入生活时所说的'尽你的可能,把一切弄湿'这条小

[19] 弗朗茨·卡夫卡:《随笔》,叶廷芳主编:《卡夫卡全集》第5卷,第7页。——译注

小的规则,就已经足够了。"〔20〕正是事物的深奥难解时不时地要求着一种欢快的感觉。

卡夫卡自己说《中国长城建造时》是一篇历史研究,在其中他描绘了古人的世界,"那时的狗类在组织上还很松散"。〔21〕他对这样的组织的描述,与其说是尝试把前人的生存方式提升到一个已实现了的乌托邦的水平,不如说是要努力去刻画今天状况的无法理解(Verschlossenheit)。至少,对他来说最重要的是暴露当前为了对抗以往时候的松散性而建立的严密组织。如果你愿意,整个研究可以被看作是一项大的实验,意在检验一个允许进入"那些古老、实际上很单纯的故事"〔22〕的世界看起来可能会是什么样子。正是带着这样一种 265
意图卡夫卡广泛地探讨了中国长城建造时被认为使用的那种"分段修建的办法"。〔23〕根据上司的办公室下达的命令——这个办公室"它在何处,谁在那里,我问过的人中,过去和现在都没有人知道"〔24〕——遗留的缺口到处都是。"方法是:二十来个民工为一小队,每队担负修建约五百米长的一段,邻队则修建同样长度的一段与他们相接。但等到两段城墙连接以后,并不是接着这一千米的城墙的末端继续施工,而是把这两队民

---

〔20〕弗朗茨·卡夫卡:《一条狗的研究》,叶廷芳主编:《卡夫卡全集》第1卷,第435~436页。——译注

〔21〕弗朗茨·卡夫卡:《一条狗的研究》,叶廷芳主编:《卡夫卡全集》第1卷,第448页。——译注

〔22〕弗朗茨·卡夫卡:《一条狗的研究》,叶廷芳主编:《卡夫卡全集》第1卷,第447页。——译注

〔23〕弗朗茨·卡夫卡:《中国长城建造时》,叶廷芳主编:《卡夫卡全集》第1卷,第375页。——译注

〔24〕弗朗茨·卡夫卡:《中国长城建造时》,叶廷芳主编:《卡夫卡全集》第1卷,第379页。——译注

工派到别的地段去修筑城墙。"[25] 为了进一步强调这一工作方法的基本要点,叙述者继续说道:"据说有一些缺口从来就没有堵上,这当然只是一种说法,它可能仅仅是围绕长城而产生的许许多多传说之一"。[26] 对这种不智举措的谴责可以被用来反对上面描述的分段修建的办法,因为根据人们听到的说法城墙毕竟是意在防御北方民族。但是卡夫卡否决了由他自己提出的这一反对案,如果到处是缺口的工程是失策的,那么也是因为是领导层想要让它这样的。于是他用一种奇怪的假设来做结尾:也许自有史以来就有建造长城的决定了,所以它根本不是为了对抗北方民族才修建的。这一信息给出了一幅关于过去生活的圆满图景,那种生活才是中国长城的故事试图要去把握的。它同时既是祈祷又是请求。[27] 之所以是祈祷,是因为它唤起和转化了一种已经失传的生存形式,在那样的生存形式中,人是不用出于对生活的恐惧和对于保护的虚假的需要而去填补沟壑的——这些沟壑显然允许人这种造物听到真
266 话的回声。而说它是请求,是因为它包含着对意识到那种悬置状态的警告。旧的时代的光流入到了现时代,并不是为了指引我们回到旧时代的微光,而是为了刚刚好足够照亮我们的彻底的黑暗,这样我们才能够迈出下一步。

那么我们有能力迈出这一步吗?在《一条狗的研究》中我

---

〔25〕 弗朗茨·卡夫卡:《中国长城建造时》,叶廷芳主编:《卡夫卡全集》第1卷,第375页。——译注

〔26〕 弗朗茨·卡夫卡:《中国长城建造时》,叶廷芳主编:《卡夫卡全集》第1卷,第375页。——译注

〔27〕 这是克拉考尔就"Beschwörung"这个词所做的文字游戏,它既表示"祈祷",亦表示"请求"。——译注

们读到,“我们这代人也许是完了”。[28] 这个微弱的“也许”仍保留了一丝希望。当他对这一希望的主题给予更多的关注时,卡夫卡背离了准确对应着与真话之间无可估量的距离的那种不确定性。这种不确定性是与当魔鬼理性的反思出现和失去平衡滑倒时的那种确定性相并置的。正如卡夫卡既未曾承认又没有完全否决进步那样,他以一种同样含混的方式将远的和近的连接在一起。“真正的道路在一根绳索上,它不是绷紧在高处,而是贴近地面的。与其说它是供人行走,毋宁说是用来绊人的。”[29] 卡夫卡认为解决方案是可望不可及的,同时又是在这里、那里随便都可以找到的。这一观点在一则格言里被简要地触及,它将末日审判理解为战争的法则。这则格言写在1917年至1919年的八开笔记本里,据我所知,这是卡夫卡唯一涉及十月革命这一事件的文字:“人类发展的关键性瞬间是持续不断的。所以那些把以往的一切视为乌有的革命的精神运动是合情合理的,因为什么都还没有发生过。”[30] 与这个世界格格不入的这种思想蛮横地闯进了这个世界,由于太接近这世界的语言而不得不屈从于某种混淆。使这一思想得以印证精神运动的激进性的那种决定性是从它对通往真理之路的暗示中产生出其正当理由的。或许应归因于前面提到的那种不安全感,卡夫卡避免了无保留地将革命归之于通往真理之路的做法。相反,他在几个不同的点上澄清了他的暗示。在他看

---

[28] 弗朗茨·卡夫卡:《一条狗的研究》,叶廷芳主编:《卡夫卡全集》第1卷,第448页。——译注

[29] 弗朗茨·卡夫卡:《随笔》,叶廷芳主编:《卡夫卡全集》第5卷,第3页。——译注

[30] 弗朗茨·卡夫卡:《随笔》,叶廷芳主编:《卡夫卡全集》第5卷,第4页。——译注

267 来，只有共同体具有能够打开这种卑鄙的生活的屋顶的猛烈的能量。从事研究的狗承认，它和它的同类们共有的不仅是血脉而且还有知识，不仅是知识还有打开知识宝库的钥匙。“那些含有极其珍贵的骨髓的铁一般硬的骨头，只有全体狗用所有的牙齿一起去咬，才能对付得了。”〔31〕与此相似的是《关于法律问题》里的相关训谕：“对目前来说，这是一种令人沮丧的昏暗的前景，只有这样的信念才能将它照亮，即有朝一日，传统和对它的研究将轻松地叹口气了结自己的存在，一切又将变得清清楚楚，法律只属于人民，而贵族将会消失。”〔32〕在这里和那里，和他们的共同体一同迷失的个人得到的建议是，连同那个共同体一起救出他自己，但是不会有任何关于救赎的保障。这里没有保障，和对拯救必将临世的信念一起出现的还有另一种信念，即这个世界的混乱已积重难返——但这一信念本身却并不真的混乱。一则格言对此有很确切的表达：“一个人只有在死后、在他一个人的时候，才能发展出他自己的风格。死对于个人来说，就像是星期六的夜晚对于扫烟囱的：两者都是从身体上洗去黑灰。”那么，要让突破不只发生在死后，这有可能吗？故事《城徽》最后几行这样写道：“所有在这座城市里产生出来的传说和歌谣，都充满了对一个预言之日的渴望，到了那一天，这座城市将被一只巨大的拳头连续迅击五下而粉碎。所以，这座城市的市徽也是一只拳头。”〔33〕还不确定的是，宣告了居所

〔31〕 弗朗茨·卡夫卡：《一条狗的研究》，叶廷芳主编：《卡夫卡全集》第1卷，第439页。——译注

〔32〕 弗朗茨·卡夫卡：《关于法律问题》，洪天富译，叶廷芳主编：《卡夫卡全集》第1卷，第412页。——译注

〔33〕 弗朗茨·卡夫卡：《城徽》，洪天富译，叶廷芳主编：《卡夫卡全集》第1卷，第402页。——译注

的毁灭的传说和歌谣是否准确，什么样的视点会向我们打开。卡夫卡在一个地方说到："这个地方我还从来没有来过：呼吸与以往不同了，太阳旁闪耀着一颗星星，比太阳更加夺目。"〔34〕我们仍逗留在这样的地方，怀着对于自由之地的尚不确定的向往。 268

〔34〕 弗朗茨·卡夫卡：《随笔》，叶廷芳主编：《卡夫卡全集》第5卷，第5页。——译注

电　影

印花布世界*
——位于新巴贝尔斯贝格的乌发电影城

在格吕内森林(Grunewald)[1]中间有一片封闭的区域,那里只有经过层层检查才可进入。它是荒漠里的一片绿洲。该区域外的自然属性——树是木质的、湖里是有水的、别墅是可以住的——在这片区域里面丧失了。尽管世界在这里重现,好像全宇宙都汇集在这艘新的诺亚方舟里面,但是,在这里幽会的物品并不属于现实世界。它们只是从现实中某一时刻撕扯下来的复制品和假面具,并被胡乱拼凑到一起。它们被静置在那里一动不动,从前面看栩栩如生,从后面看却什么也不是。这是关于物品的噩梦,它已被强制进入到身体的领域(Körperreich)。

这里是位于新巴贝尔斯贝格(Neubabelsberg)的乌发(Ufa)

---

* 原题为 *Kalikowelt*,发表于《法兰克福报》(*Frankfurter Zeitung*),1926年1月28日。

[1] 格吕内森林(Grunewald),柏林西南部的一片森林。——译注

电影城[2]，一个面积达35万平方米的纸糊的世界。一切绝非自然之物，一切又与自然并无二致。

为了让世界在电影中一闪而过，要事先在电影城中把它支解分割。这个世界内在的关联被打破，空间维度随意变更，神话的力量成为娱乐。这个世界就像一个被塞进纸盒里的儿童玩具。对世界内容的拆分是彻底的，即便是为了造成一种假象，这假象也绝非毫无意义。远古时代的英雄们都已经被收入中小学课本了。

宇宙的碎片存放在道具库里，里面有各时期、各民族和各
271 种风格的样本。日本樱花树沿着布景很暗的小道上发光，附近盘踞着电影《尼伯龙根之歌》(*Nibelungen*)里面的巨龙，它已经没有了在银幕上施展的那种洪荒时代的凶狠恐怖。一座商厦的模型只需摇动摄影机手柄就能超过所有摩天大楼，在它近旁层层堆放着很多棺材，这些棺材本身已经死了，因为它们里面并不存放尸体。而在其中法兰西第一帝国风格的家具则以正常尺寸出现，人们反倒不相信它的真实性了。旧东西和新物件、复制品和原物像地下墓穴里的骨头一样被乱堆在一起。只有道具库的师傅通晓其中的门道。

在草地和山丘上聚集了林林总总的各种布景。建筑物高耸入云，好像是用来住的一样。但这些东西只是模仿了事物的外表，就像语言保存了文字的门面，却使其原始意义变得苍白了。一座弗里斯兰的(friesische)[3]乡村教堂从远处看简朴肃

---

〔2〕“乌发”(Universum-Film AG)建于1917年，直到1945年以前都是德国最大的电影公司。“Kaliko”一词指一种印度的布料印花布、白棉布，电影拍摄中用它来制作布景。——译注

〔3〕古代位于现今荷兰及德国内靠近北海南部地区的一族人，属于日耳曼人的一支。——译注

穆，近看却只是在涂漆斜坡上的一座小木屋。即便是几百米外的那座天主教堂，里面也没有唱诗班，而且为了方便拍摄还把带有滴水嘴的屋檐特意设置在一边。它连同一个娱乐场所和一个亿万富翁俱乐部的正面曾是弗里茨·朗执导的电影《大都会》(*Metropolis*)的置景。在仿造的世俗场所和仿造的神圣场所之间的空地上，有时优雅的群众演员会整夜纵情享乐。在电影里让成千上万劳动者栖身的洞穴和水道组成的地下城市已消失不见，它被炸开以后，水漫得到处都是。水并没有像电影里表现的喷得那样高，但燃烧的电梯是以原始尺寸扑面倒下的。壁炉里事先认真挫好的裂痕还在证明着这场灾难。在灾难的始发地旁边延伸出一片残垣断壁：那是一个带有闺房、围墙和墓地的城堡。著名影片《格里斯胡斯城堡编年史》(*Die Chronik von Grieshuus*)〔4〕里的这座城堡还参考了考古学家的建议。在不久前拍摄中世纪骑兵占领此地的场景时，导演想出了一个让池塘里呱呱叫的青蛙来模拟军队气势的点子。如果 272
是故意将其混淆视听，人们就会欣赏其真实性。此间城堡消散，建筑材料外露出来。它们不会变成废墟，因为废墟都必须要特意制作。这里的一切物品都是它们刚刚被设计好的样子，而不具备在时间的流逝中发展的过程。

这一世界的掌控者证实了自己那令人愉悦的对历史的无感，他们没有虔敬之心，无所畏惧、敢于冒犯一切。他们建构了文化又按照需要把它们毁掉。他们决定着整个城市的命运，甚至可以让天上下沥青和硫磺雨，只要电影需要。在他们那里没

---

〔4〕 卡尔·迈耶(Karl Mayer)1925年的电影《格里斯胡斯城堡编年史》(*Die Chronik von Grieshuus*)由作家特奥多尔·施笃姆(Theodor Storm)同名故事改编，表现了一种中世纪神秘、邪恶的气氛。——译注

有什么东西能够持久存在，最令人骄傲的发明是建立在破坏的基础上的。

有些东西还没来得及引起人们的注意，就被匆匆销毁了。一个见证了傲人赛事的跑道看台被推翻，在电影《华尔兹之梦》(*Walzertraum*)[5]里沙沙作响的维也纳森林被砍伐殆尽。其他东西也离奇地变化着。在一条偏古旧的巷子里掺进了现代房屋的残砖剩瓦，没有人对这与史实不符的情况感到别扭。也没人从政治角度来关心这些组合是多么粗暴，一座安静的瑞典火车站是从一个布尔什维克的警卫室变过来的，后来又变成了一个马站，现在它则被用来储放灯具。而它将来的结局，我们无从预料。变形(Metamorphose)的规律叫人永远琢磨不透。但无论如何，这些用石膏做的东西最后都难逃闪亮登场之后即被废弃掉的命运。

这种专制并不仅限于这个现存的世界中。假如人们容忍将这个世界看作制成品，那么它不过是可以来回变动的众多可能性之一，而且这个游戏将一直保持未完结状态。因此这个世
273 界中的事物都会被缩短或延长，让虚构的与现实的物品交织在一起，奇异现象(Wundererscheinungen)随随便便就发生了。流传下来的魔法表演不过是电影技巧(Filmtrick)小心翼翼的前奏。电影并不理会真实的自然，宇宙对它来说只是一个可以随意投掷的实心球。

有时，投射在大银幕上的物体也具有一种日常的形态，好像它们就是大街上常见的东西。然而他们都是在非正常条件

---

[5] 路德维希·贝尔格(Ludwig Berger)1925年的电影《华尔兹之梦》(*Ein Walzertraum*)改编自奥斯卡·施特劳斯(Oscar Straus)的歌剧，讽刺了维也纳的宫廷生活，是为数不多的在美国获得成功的德语电影之一。——译注

下产生的。摸着像钢筋混凝土的电线杆实际上是木头做的而且从中间折断了，因为在影片的剪辑中显示一半就够了。一栋令人瞩目的大楼早已不像它后来在电影银幕上出现时那样令人晕眩，因为只有大楼下面的一半是真正的建筑，上面部分的效果是通过一个小模型由镜子反射来达到的。因此这些庞然大物绝非真正的庞大：它们的底部可能是陶土做的，只是在上面扣了个盖子，是脆弱的假象的假象。

这些技巧的魔力尤其表现在超自然的领域。即将上映的由茂瑙（Friedrich Wilhelm Murnau）导演的鸿篇巨制《浮士德》（*Faust*）就全面地体现了这一点。一个以前用作拍摄海盗生活场景的大厅被扩展成了一个小型的地球。浮士德将飞越苍穹，从一个背景飞到另一个背景。一个曲线形状顺流而下的木质轨道，描述了他的飞行轨迹。摄影机从轨道上面滑下并在娴熟的运镜下制造出飞行者的视角。用移动蒸汽机制造的蒸汽形成的雾，巧妙地萦绕在山峰处，浮士德恰好在此出现。至于滚滚洪流一泻而下的效果，则是通过一个半侧山谷喷涌而出的水形成的。当在耸立的云杉下面遮挡住田地和河谷的庄稼在鼓风机制造的风中沙沙作响的时候，野性的本能消逝了。一片片云向东飘去，其实是一堆堆的玻璃纤维。在浮士德着陆的时候，很可能是被染成绿色的小屋在四支灯光制造出的晚霞下发 274
着光。在腾珀尔霍夫（Tempelhof）[6]的乌发公司，卡尔·格吕内（Karl Grune）拍摄《沙伦贝格兄弟》（*Brüder Schellenberg*）的地方，也越来越趋向浮士德式的风格。在那里，世界末日的骑士们骑着吊在绳子上的马，在玻璃影棚的半空中四处飘荡。其

〔6〕 腾珀尔霍夫（Tempelhof），位于柏林南部的一个工业区、柏林第一座机场的选址地（1923年）。1913年成为第一批“电影城”之一。——译注

中强宁斯(Emil Jannings)扮演的大魔鬼把一对巨大黑色翅膀的阴影投射到下面的城市[7];而有白色翅膀的则是大天使米歇尔(Michael)。

真真切切的自然被束之高阁。自然风景被随心所欲拼凑的风景所替代,不再依赖大自然偶然性的风景如画。即便是自然界的太阳,在电影中也变成了奢望,因为它不像探照灯那样应用自如,所以太阳就被关在美国最新的摄影棚之外。就让它罢工好了。

不过,也还是有一些自然界的东西被顺便带入并留存下来。一些海外物种——几部探险电影(Filmexpeditionen)的副产品——和当地有代表性的动物在同一片边境省地区一起繁衍。一部分在巴西捕获的动物被移送至动物园,供动物园自用,也帮助科学研究。剩下的部分作为特殊物种和他们的经纪人一起到处巡演,每一个物种都有自己的节目。金色和银色的野鸡会出现在观赏园里,来诠释美国亿万富翁的奢侈。稀有的黑鹰唤起人们对异域的恐惧,猫则以特写镜头出现在沙龙里。在贝尔格(Berger)导演的美丽的灰姑娘电影[8]里总会有鸽子飞起。引人注目的要算在打猎电影的开头出现的公猪和一群活的鳄鱼了,它们在洛塔尔·门德斯(Lothar Mendes)执导的电影《三个咕咕钟》(*Die drei Kuckucksuhren*)里面扮演了重要的角色。幼年鳄鱼是可以拿在手里玩的仿制品,但即便真的成年鳄鱼看起来也没有它们毫无生气的造像那样吓人,猴子怕的

---

〔7〕 指著名演员埃米尔·强宁斯(Emil Jannings)在1926年茂瑙导演的《浮士德:一个德国民间传说》(*Faust: Eine deutsche Volkssage*)中扮演魔鬼梅菲斯特(Mephisto)。——译注

〔8〕 指电影《丢失的鞋》(*Der verlorene Schuh*),路德维希·贝尔格(Ludwig Berger)导演,1923年。——译注

正是它们。温室丰富了收集的物种的多样性，里面的植被为拍 275
摄热带上演的嫉妒场面提供了合适的背景。

自然保护区的居民由探险动物学家精心照顾。他们给动物起名字，照看它们，驯导它们的行为举止。尽管作为自然物种这一点它们稍有不足，但它们仍是公司最宠溺的对象。不必借助机械它们就能跳跃或者飞起，这令人欣喜；不需要一种可见的技巧它们就能自己繁殖，这看来棒极了。人们在那些原始的形象（Gebilde）背后可能都猜不到这些，它们看起来简直就是电影制造的幻像（Filmillusionen）。

世界上的基本物质在巨大的实验室里被就地制造出来。这一过程很迅速。零部件被分别生产出来，然后在一个地方被拼凑到一起，它们在那里耐心等待，直到再被破坏掉；它们不是能按照自己意愿发展的有机体。木器作坊、玻璃作坊、雕塑工坊提供相应的必要的东西。木头、金属、玻璃、陶土这些材料都不是假的。人们也可以用这些材料制作真实的物件，但在镜头之下，真实的物件和这些骗人的东西相比也差别不大。镜头是客观的。

要把这些东西和人结合到一起，需要一些预备措施。如果遵守那些传统的法则，那么人和物品之间就会像博物馆里的珍藏品和参观者之间那样离得很远。是灯光将他们融化在一起的；其来源是四处延伸、给整个公司提供能源的供电中心。演员们在化妆室里修修补补。化妆室不像其他的工作间，而是一个艺术工作室（Atelier），里面发生着奇妙的事情。在这里由人脸作为原材料修整好的面容只有被吊灯照到的时候，才开始泄露它们的秘密。化妆师掌控着化妆台，上面放满了用来描画各
种阴影的化妆笔。在一张表格上标着不同颜色拍照时显示的 276

不同亮度;但当这些颜色被转换到黑白影像时,颜色便意义不再。更有诱惑力的是之前的准备阶段:陈列柜里已经褪色的假发。在墙上挂着肖像画一般的人脸面具,这些耐火的面模都是按照某部正在拍摄的电影主角的样子制作的。在有些场景中主角必须出场,在另外一些场景就可以由其他演员戴着面具假装。这些戴面具的动作僵硬、像死人一样四处游走。在一间单独的放映室里可以测试演员妆容的上镜效果。

电影和人都为这种自给自足的形态所包裹,伴随着所有的难题不断发展。人们在实验室里检验和改进技术上再生产的方法——比如彩色电影,还致力于培养能够运用这些方法的下一代电影人。为了扑灭真正的火灾而预备了真正的消防人员和器材,医生和急救员随时待命。万幸的是这里很少发生事故,虽然事故在电影里很是常见。在电影《大都会》时要拍摄几百个孩子在洪水中逃生,这在电影里是非常恐怖的镜头;但在拍摄过程中他们却没有受到任何伤害,旁边等待救援的护士一点也没派上用场。其中一个中心地点是食堂,在这里,穿着戏装的男男女女坐在公司职员、工人、司机中间——看上去就像狂欢节后的场景,他们在候场。

他们无休止地等待着自己的场景。场景有很多,它们就像马赛克上的小方块一样堆积在一起。但人们并不是让这个世界保持在它破碎的状态,而是用碎片拼接、重建世界。这些相
277 互之间没有关联的东西被重新整合到一起,它们的孤立状态被消除,鬼脸(Grimasse)被抚平。他们从坟墓中——并非真实意义的坟墓——醒来进入到生活的假象当中。

在这里,生活是按照绘画中点画法的形式创作出来的。那是一堆在不同地方产生、相互之间没有联系的镜头。它们的次

序并不是按照事件的发展来安排的：一个人的命运转折可能在事件的酝酿阶段之前就拍摄完成了，和解在待平息的吵架之前就上演。情节的意义在完成好的电影中才变得独立自主；它在电影孕育的过程中是无从落脚的。

细胞是一个接一个形成的。林林总总的片段从四处汇集到一起形成一个用光装点的世界，上演着人世悲欢。光照下的运动被摄影机（Kurbelkasten）所捕捉。摄影机在各处只要人能栖身的地方蹲伏下来：在地上，在支架上——没有一个角度能躲过摄影机的捕捉。有时它们追踪着自己的“猎物”。即使最小的片段也是在剧烈的疼痛之后出生的。助手和助手的助手都参与进来，经过各种摆弄它滑了出来。

总决策者是导演。他的任务也很艰巨，要把那些像生活本身一样相当无序的图像素材塑造成一个整体，一个借助艺术的生命而获得的整体。他把自己锁在私人表演厅里一遍遍地展开那些胶片。它们被拣选，被剪到一起，被切分开，被贴上标签，直到最后在一大片混乱的东西中产生一个小小的整体。一部社会剧，一个历史事件，一个女人的命运。通常结局都是皆大欢喜：玻璃云聚拢起来然后又消散。第四堵墙又取得了信任。一切都保证自然。 278

年轻的女店员去看电影*

电影是现存社会的镜子。而为电影提供资金支持的，则是为了赚钱无论如何也要迎合观众口味的康采恩集团(Konzern)。观众主要由对社会上层不满的劳动者和小人物组成，获取利益的目标要求电影制作者满足其消费者社会批判的需求。但制作者们从来没有被诱导过，对社会根基进行哪怕一丝一毫的攻击；不然他们本身的存在形式就不是资产阶级企业家了。事实上，给下层人民看的电影比给中上层看的电影更资本主义化；正因为这种方式在下层人民中间是可行的：暗示危险的观点却不点明，再悄悄灌输一些令人尊敬的思想观念。电影从总体上验证了当下的社会体系，这一点从电影《战舰波将金号》(*Potemkin*)引起的轰动来看很明显。人们感受到它的与众不同，从美学上赞美它，以压制它本来想表达的思想。和这部电影相比，其他不同电影之间的区别——无论是德国还是美国的电影——就消失了，这一切简洁明了地表明，电影产品就

* *Die kleinen Ladenmädchen gehe ins Kino*，以《电影与社会》(*Film und Gesellschaft*)为题，连载于《法兰克福报》(*Frankfurter Zeitung*)，1927年3月11日至19日。

是这同一个社会的统一表达。一些导演和作家尝试摆脱这一点，却从一开始就注定是不可能的。他们要么是一群愤怒的反叛者，却在他们自以为反叛时乖乖掉入社会布下的陷阱；要么就出于生存的本能而被迫妥协。（甚至卓别林的电影《淘金记》[*The Gold Rush*]都没有找到一个真正的结尾，最后让主角变成了百万富翁。）社会的力量太强大，它容忍不了任何让它 279
不舒服的电影。电影必须反映社会，不管它愿不愿意。

但是，在通俗电影（Filmkolportage）里展示的，真的是这个社会吗？那些令人惊心动魄的营救，那几乎不现实的高尚品德，那些年轻圆滑的花花公子，那些程度夸张的伪君子、罪犯和英雄，那合乎道德的激情之夜和不道德的婚姻结合，它们真的存在吗？是的，它们真的存在，读读报纸《广闻报》[1]（*General Anzeiger*）就能找到。没有一个超越生活的低俗作品（Kitsch）可以被凭空发明出来。女仆不会模仿专门写情书的人，相反，是后者模仿女仆的情书来写作；当处女们臆想自己的新郎不忠时，她们还是会落水自杀。通俗电影和生活通常相互映照，因为打字员小姐会在大银幕上找到自己模仿的榜样，而也许最欺骗人的榜样就是从生活中偷来的。

然而，毋庸置疑的一点是，当下大多数电影的剧情都不太现实。它们把颜色最黑的器具涂上红漆变成红色。即便这样，它们也没有停止反映社会现实，相反更甚：它们展示的表面越不真切，它们就越现实，就越能清晰地反映隐藏其中的隐秘的社会机制。一位清洁女工嫁给劳斯莱斯（Rolls Royce）汽车的

---

〔1〕《广闻报》（*General Anzeiger*）刊登一般的新闻和消息（婚事报道、讣告、法庭宣判等）并配有很大的广告模块。它在宗教和政治上都比较独立自主，从19世纪最后十年开始风靡德国中小城市。——译注

老板，这在现实中可能不太容易发生；可是，这难道不正是劳斯莱斯汽车老板们的梦想吗？——每个清洁女工都梦想攀附到他们那个等级？这些无聊荒谬的电影想象是社会的白日梦，在这里社会本来的现实显露出来，平日被压制的愿望得以表现。（虽然在通俗电影中重大事件也会像在畅销书中一样被歪曲地反映，但这一事实并不会与前面的观点相悖。）社会上层和
280 接近顶层的人在电影中辨认不出自己的形象，这并不构成对摄影真实性的反驳。他们有理由不知道他们自己看起来是什么样子。当他们把一件物体描绘得不真实的时候，那么它反而就越真实。

即便是那些将场景设置在过去的电影，人们也可以从中辨认出今天的世界。因为当今世界不被允许从各个方面审视自己，所以它不能一直自我审视；不违规违禁的自我展示的可能性是有限的，而这样又满足不了对于多样化素材的需求。许多只展现历史的电影（不是《战舰波将金号》这种披着历史外衣表现现实的电影）从它们本身的选材来说就都是障眼法的尝试。因为拍摄当下的事件总是意味着风险，即这些事件往往容易引发激动的群众去反抗事实上通常是不受欢迎的强力机构，所以人们宁愿把他们的镜头对准中世纪，从那里观众可以毫发无损地受到启发。故事时间的设定距离现在越遥远，电影制作者们就越勇敢。他们敢于让穿着古代服装的人进行革命并取得胜利，以使观众忘记现代的革命；他们乐于通过拍摄历史上早已灰飞烟灭的自由斗争来使观众获得理论上的满足感。道

格拉斯·范朋克(Douglas Fairbanks),[2]这位对下层人民很慷慨的骑士,在几个世纪以前还在为反抗暴政而战斗,但在今天的美国就找不到像他这样的人了。电影的勇气直接随着剧情年代与现代的接近情况成比例地下降。仅有的几个取自世界大战的场景并不是逃离到了历史的彼岸,而是最直接地传达了社会意志。

而社会意志在电影中比在戏剧中表现得更纯粹,大量活跃在戏剧家和资本之间的中间人(Vermittlungsglieder)已经印证了这一点。不仅他们,甚至剧院经理也认为,好像人们可以摆脱资本,好像人们可以创作出超越时代和阶级的艺术作品。其 281
实这是不可能的。但还是产生了一些作品,其社会阶级状况比起由康采恩集团的领导者亲自监督的电影更难看透。那些有文化的(柏林)小资产阶级醉心的主要类型——喜剧、悲剧、高雅的歌剧和以导演为中心的艺术作品(Regie-Kunstfertigkeiten)——只是不完全地属于社会内部不可分割的一部分;最终,它们的观众只是读了一份激进的杂志然后又去良心不安地从事他们的资产阶级工作了,以求得良心安宁。一部戏剧作品的艺术质量也可能将观众调离社会环境。虽然作家们大多愚蠢,即当他们一方面抛弃社会传统的时候,却在另一方面彻底地陷入圈套。[贝托尔托·布莱希特曾在《文学世界》(*Literarische Welt*)杂志上宣称资产阶级的诗歌是令人怀疑的,

〔2〕 电影《佐罗之子Q先生》(*Don Q, Son of Zorro*, 1925年),唐纳德·克里斯普(Donald Crisp)导演,著名影星道格拉斯·范朋克(Douglas Fairbanks)扮演佐罗,他是地主的儿子,行侠仗义,除暴安良。——译注

让自己以体育运动取而代之[3]。而运动作为非资本主义的现象——不用羡慕，布莱希特为萨姆森·科尔纳（Samson-Körner）所写的传记是首先使用这一说法的[4]。]但是，抛开这些有意识地使自己摆脱部分制约的特例不谈，其他大多数糟糕舞台作品准确地说明，戏剧界一点也不比电影更少以维护现存秩序为己任，区别只在于戏剧比电影更无聊。

要探究当今的社会，人们应该聆听康采恩所生产的电影进行的告解。所有这些电影都在无意当中泄露了一个他们本不想泄露的粗鲁的秘密。在无穷尽的电影系列中为数有限的几个典型母题一再出现；它们表达了这个社会希望自己看起来是的那种样子。电影母题的典范同时也是社会意识形态的合集，但社会意识形态经过这些母题的阐释便失去了魔力。电影系列《年轻的女店员去看电影》（*Die kleinen Ladenmädchen gehen ins Kino*）被打造成一个小小的影集模板，里面教科书式的案例
282 都屈从于道德决疑论（Kasuistik）。

自由之路

一个曾经有过好日子的囚徒在被释放后落入一个充斥着

---

[3] 在1927年《文学世界》杂志主办的诗歌比赛中，布莱希特作为评委将自己的一票投给了自行车运动员汉斯·基佩（Hannes Kiipper）的一首诗，而这位运动员根本就没有参加比赛。——译注

[4] 布莱希特是拳击比赛的粉丝，曾计划为前重量级拳击冠军萨姆森·科尔纳（Paul Samson-Korner）写一部自传《拳击手萨姆森·科尔纳生平》，最后只完成了一部分，1926年刊登于《谢尔杂志》（*Scherls Magazin*）。——译注

小酒馆老板、妓女、无产者和可疑人物的齐勒(Zille)[5]环境里。他之所以获罪判刑其实是被冤枉的。这位失意的人徒劳地寻找着体面的工作。只有一个妓女同情他的遭遇。有一天他在动物园区救了一位女士——她乘坐的马车脱缰了。这位女士的兄弟是位工厂主,为表达感谢,工厂主在自己的工厂里给他安排了一份工作。这时,这位能干的人又重获通途了。他的成绩得到认可,他的无辜得到证明。在那位妓女适时地死于肺结核之后,他身着笔挺的西装与那位被营救的女士结婚了。[6] ——这是大银幕上一个典型的故事,它告诉我们当今世界的社会思想究竟是什么样子。电影里的日常生活在高度仿真地模仿背街房屋内部装饰的摄影棚里拍摄,以使它具有现时性,另外那里原本也是容易引发社会犯罪的地方。电影毫无偏见地徜徉在被剥削的阶级中,这一阶级为电影提供了吸引人的素材。然而,这些母题都是被挑选过的。对阶级差距的影射要避免,这社会充斥着太多上层等级的话语,以至于不能获得它所有阶层的真实情况。对工人阶级的暗示要避免,因为他们极力想以政治手段摆脱导演所呈现的那感人的苦难。在以真实生活为原型的电影中,工人多是诚实正直的铁路基层公务员或宗族家长式的师傅;或者当他们应该感到不满时,就会经历一场个人的不幸,这样他们集体的不幸就更容易被忘记。流氓无产者(Lumpenproletariat)之所以会被选作感人的故事的主人

---

〔5〕 齐勒电影,一种道德电影类型,由柏林工人阶级漫画家海因里希·齐勒(Heinrich Zille)而得名。他关注当下的现实社会问题,比如柏林穷人聚居区的生活状况,以及罪犯出狱后怎样重新融入社会的问题和非婚生子的问题等。——译注

〔6〕 指电影《贫民窟》(*Die Verrufenen*),导演格哈德·兰普雷希特(Gerhard Lamprecht),1925年。——译注

公,是因为他们政治上无依无靠,自身还有污点,显得他们的命运该当如此。社会将苦难的地带用浪漫包装起来以使苦难长
283 存,同时对此施以同情,因为同情并不花一分钱。这个社会是充满同情心的,而且,为了抚平良心的不安,需要把这种充盈的情感发泄出来;但前提是,一切都要保持它原来的样子。出于同情他们伸出手将其中一两个沉沦的人拉上来,让他们回复到一个他们认为合适的高度。他们以这种方式来获得道德上的支持,而又保持下层还在下层,上层社会(Gesellschaft)还是上层社会。恰恰相反,对个别人的拯救所幸可以防止对整个阶级的拯救,一个跻身上层沙龙的无产者保证了许多下层酒馆继续存在。工厂主的妹妹稍后会和把她救上来的丈夫一起去拜访他曾待过的小酒馆。或许他们俩在那儿会再救上来另外一个人。无需担心,无产者不会因为这个原因而消失的。年轻的女店员们无意中窥见人类的苦难和来自上层的善举。

性和人物〔7〕

一个年轻漂亮的姑娘下决心要嫁给她拥有田产的表哥。〔8〕 她穿上裤子,女扮男装成为她表哥的内室男仆,从此,在明确的情景当中她的一举一动变成了模棱两可的存在。同性恋(Schwül)和情色(Schwul)这两个词只差变元音的两个

---

〔7〕 此处涉及奥托·魏宁格(Otto Weininger)1903年的一项研究《性和人物:一个原则性的调查》(*Geschlecht und Charakter: eine prinzipielle Untersuchung*, Vienna: Braumiiller; rpt. Munich: Matthes & Seitz, 1980年)——译注

〔8〕 指电影《秋千上的女孩》(*Das Mädel auf der Schaukel*),导演菲利克斯·巴世(Felix Basch),1926年。——译注

点。为了验证这个“男孩”的真实性别，庄园主强行闯入了侍从的房间。这个衣服刚脱到一半的姑娘——上身穿着侍从长袍，下身穿着蕾丝女裤——马上躲到被子里。这位心思细密的主人先抓住她的脚，然后慢慢地、有条不紊地向上游移。一切都是出于爱。最后以订婚为结局。这位庄园主很富有。他在从男仆的臀部看出端倪之前，曾在舞厅有过一段情史。在过去，舞厅在数量和重要性上并不亚于教堂。没有不出现舞厅的 284
电影，没有不出现钱的抽烟镜头，否则女人们就不穿上又脱下她们的裤子了。这通忙活就叫作情色，和情色打交道叫作生活。生活是有产者的发明，而无产者拼尽有限的能力也难以效仿。因为维持社会的稳定符合有产阶级的利益，因此他们必须禁止人们对这个社会进行思考。借助金钱可以使人们闲暇时忘记他们在白天拼命工作的生存状况。他们要讨生活。他们花钱娱乐，这样他们的大脑就会停止思考，因为愉悦占用了身体其他的器官。如果舞厅本身没有那么有乐趣的话，国家一定会给舞厅补贴费用的。那些假扮为男仆的姑娘们和那些最终目的在被子下面揭晓的男人们，并不是怀着邪恶的想法前来的，那可是好的想法。他们可能是出于无聊产生的这些想法。为打发无聊的时光他们去找点乐子，而娱乐又产生无聊，那就在娱乐的层面再加上爱情。为什么那个姑娘会那么做？因为她爱庄园主。在这个已然丧失了爱的社会里，任何对爱的拒绝都会被评判为罪过。因此在酒吧这个世俗领域里，忠诚的誓言在不存在的生命中间绽放花朵，在歌舞剧的氛围里，订婚仪式的庄严神秘被唤起，其散发的光芒不容小觑。他们射出的光是如此强烈，以致人们不再希冀，在这个社会还会有其他的光亮升起。尤其是当爱情在经济上得到保障的时候。贫穷的年轻

女店员们在黑暗的电影院摸索男伴的手,想着即将到来的星
285 期天。

全副武装的人民

世界大战中,在刚被俄军占领的东部战区的一个破败的小旅馆里,一个女仆曾把一位滞留的奥地利军官藏了起来。[9]在这个宾馆安营扎寨的俄军将军意欲对这个爱国的姑娘实施非礼。她反抗了,出于爱国之心。很快那位奥地利军官就回来了,在拉德茨基进行曲的音乐声中这位军官和他的救命恩人在全体士兵面前接受大家的敬意。(观众看到的是战时婚礼的镜头。)——另一个场景是,在敌人占领时期一个正直善良的东普鲁士女人救了她的儿子(正好也是军官),这位军官赢得了他正直的表妹的爱情并娶了她。战争的镜头被剪切得比整齐划一的英雄行为还规矩得体。[10] ——这些相互之间无比相似的军队和战争题材电影,令人信服地驳斥了当今世界物质主义的基本思想。至少它们证明,一个有着一定影响的社会群体(Kreise)立志要通过一种他人的英雄主义态度来代替物质主义,虽然他们自己是极端物质主义的。实际上这样的群体能够达到他们的目的(尽管可能会引发新的战争)的时刻,是当这些被革命轻微毒害的群众在道德上重新得到净化的时候,即胜

---

〔9〕 指电影《帝国饭店》(*Hotel Imperial*),导演莫里兹·斯蒂勒(Mauritz Stiller),1927 年。——译注

〔10〕 指电影《困境中的人民:塔伦堡英雄之歌》(*Volk in Not: Ein Heldenlied von Tannenberg*),导演沃尔夫冈·内夫(Wolfgang Neff),1925 年。——译注

利的喜悦——战争带来的鲜花的簇拥和处女的欢呼——使人忘掉战争的残酷的时候；当新的一代——不知自己为何而战，只知为荣誉和胜利奋不顾身地投入战争的人——长成的时候。这一群体通过认同敌人的人性来实现电影的道德目标。对爱国的奥地利姑娘心怀不轨的俄罗斯军官是一个诚实的人。对敌人的尊敬使战争变得荒谬。这正是电影制作者的目的；因为只有这样，战争才能以其难以解释的必要性被接受。只有当民众将英雄战死这一行为当作是不需要理由的命运的安排的时 286
候，才会在道德上接受它。军队题材电影是为教育人民服务的。这在关于腓特烈大帝（Fridericus Rex）的影片中[11]表现得尤其明显——每次在那几个有影响力的群体的安排下总有一个国王被推举出来走到前台，使观众对国王比对自己现实中的首领更加效忠，而真正从这种士气鼓舞中受益的是他们的首领。那个好人佐姆巴特（Sombart）[12]——在他的战争小册子里管德国人叫英雄，管英国人叫商人的人——他完全搞错了，只有教授才会犯这样的错误。在所有国家的电影中，英雄都是这个国家的商人的宣传部长。年轻的女店员们很难抗拒得了进行曲和军服的刺眼光芒。

---

〔11〕“腓特烈大帝”（Fridericus Rex）电影包括两部分：一、《狂飙突进》（Sturm nd Drang）；二、《父与子》，导演阿岑·冯·柴雷皮（Arzen von Cserepy）。摄于1920年至1922年。——译注

〔12〕此处指维尔纳·佐姆巴特（Werner Sombart，1863~1941年）的书《商人和英雄：爱国思想》（*Handler und Helden：Patriotische Besinnungen*，Munich：Duncker & Humbolt，1915）。——译注

环游世界的人们

一位飞机引擎制造商的女儿出发了，开始了一场环游世界的飞行比赛——一场展现她父亲的产品质量的飞行。[13] 一位曾追求她、被她拒绝的竞争对手在路上处处试图阻拦她。另一位若要追求她便绝不会遭到拒绝的人则在路上处处帮助她。在印度、中国、安静的海洋和美国的背景之下，爱情与速度、速度与爱情互生互长。不管到哪里，女飞行员都穿着这个国家当地的服装。电影总是以赢得比赛和订婚作为结局。在其他电影中，人们在意大利北部湖区订婚；有时候在西班牙（国家的选择要看当时流行的趋势）。每次订婚都离不开对自己的汽车无休止的使用。“我游遍世界，去寻找真正的自己”，盖沙令伯爵（Hermann Graf Keyserling）在他的《哲学家旅行日记》中写道。然而这个社会从没有在旅行中找到自己；相反的，跟那位
287 伯爵不同，它旅行恰恰是为了不要找到自己。不管是在家还是在一个现代的交通工具中，社会的行为处处相似。但是作为点缀物的风景变化把人们的注意力从社会事件的谎言中分散出来，这一冒险旅程中的单调无聊也被忘掉了。那位女飞行员在印度经历了危险，假装自己是个朴素贫穷的姑娘；没有人再想起柏林资产阶级的大笔交易，虽然正是这些交易在背后助推她的旅行。旅行是让这个社会保持一种长期心不在焉

---

〔13〕 指电影《环球飞行》（*Der Flug um den Erdball*），第一部分：《印度—欧洲》（*Indien-Europa*），导演威利·沃尔夫博士（Dr Willinoi Wolff），1924 年。——译注

(Geistesabwesenheit)状态的一大法宝,这种状态能防止人与真正的自己对话交流。它助长幻想走上错误的道路,它以这样一种印象遮挡住了人们的视野:大肆渲染这个世界的壮丽,这样它丑陋的一面就不会被注意到了。(它带来对世界知识更多的了解,这有助于美化使人们获取知识的现存的社会体系。)有些社会人物花得起钱在圣莫里茨(St. Moritz)[14]度假,只有在那里他们才真切地感到自己是人;只有在那里他们才能掩饰自己不是人的事实。即便那些只能待在家里的下层民众,也被送去度假了:各种画报到处散布度假者在各个国家的图片。如果不是为了这些下层民众,女飞行员又是为谁去飞行的呢?因为她飞行地越多,她真正认识到的就越少。当地球上所有隐居的角落都被照相机拍了下来,这个社会就完全失明了。年轻的女店员们非常渴望能在里维埃拉(Riviera)[15]订婚。

金子般的心

一位年轻的柏林富商,一家大公司能干的管理者,拜访他父亲在维也纳的一位生意伙伴,这位伙伴的生意在奥地利的一片混乱中趋于衰败。[16] 如果不是因为生意伙伴的女儿,一位 288
甜蜜的维也纳姑娘,这位客人就要带着恐惧离开那里了。她为他打开了新世界——世界上除了组织管理还有其他的东西:多

[14] 圣莫里茨(St. Moritz),位于瑞士东南部,冬季旅游胜地。——译注

[15] 里维埃拉(Riviera),地中海沿岸区域。——译注

[16] 指电影《维也纳—柏林:在施普雷河和多瑙河之间的爱情游戏》(*Wien-Berlin: Ein Liebesspiel zwischen Spree und Donau*),导演汉斯·斯坦霍夫(Hans Steinhoff),1926年。——译注

瑙河的波浪和新酿的美酒。这位柏林的年轻人幸运地发现了他沉睡的情感。他重整了公司,使之很快又开始盈利;他赢得了这个姑娘并把她带回了家。——即便没有特写镜头这个过程也是可信的。好像是在华尔兹之梦的城市或在美丽的内卡(Neckar)河岸:在某一个不属于今天的地方,富人们丢掉又找到了他们的心。他们没有心——这当然不是真的;电影驳斥了生活意图让我们相信的样子。除了生意——在这儿,心确实不在正确的地方——他们的心处处都不在正确的地方。他们经常感觉自己处在不重要的事务上,因此通常也不能做他们想做的事情,因为那些事情会使他们把感情不经济地浪费在私人事务上,从而使精力储备持续地被消耗着。要想一劳永逸地明白,由这位年轻的柏林人在电话机旁冷酷的表现并不能推断出他缺乏敏感性,就必须要先从他与维也纳姑娘在史蒂芬大教堂的尖塔下的交往中感受到他的温柔和深情。摄影机把这一切表现了出来。他确实喜爱歌剧,他确实向往一个田园的角落,在那里他可以不受干扰地打开那颗在其他地方必须隐匿的可怜的心。如果家里没有那个维也纳姑娘阻止这颗心处理经济事务,他会在必要时找留声机来安抚心灵。电影中也一幕幕地证明了,随着经济的不断繁荣,情感的自然保护公园也会持续增多。但年轻的女店员们认识到,他们光鲜亮丽的老板的内心也是金子般的,并期待有那么一天,也能碰到一个心地傻傻的
289 柏林年轻人并唤醒他那颗沉睡的小心灵。

现代的哈伦·拉希德[17]

一个百万富翁的女儿假扮成一个贫穷的姑娘出现,因为她希望有人纯粹因为她这个人而爱她。[18] 她的愿望通过一个不起眼的年轻男子实现了,而这位男子本是一位家道中落的侯爵。在表明心迹之前,他无意中听说了姑娘家产的事。他取消了求婚,以免引起误会。直到现在他们两人才确定彼此,而且喜欢与财富结合,这位侯爵最终继承了一大笔财产。——在另外一部电影中则是一位年轻的百万富翁假扮流浪汉在全世界流浪,也是为了有人纯粹爱他这个人。[19] 其结果是他的身份被揭穿、姑娘的犹犹豫豫以及在舒适的游艇上的蜜月旅行。——就像在《一千零一夜》中的场景一样,这些当今的童话王子选择隐瞒身份;但结局的辉煌却源于他们是百万富翁,这能在社会上盖过其他一切光芒。一份巨额财产可以出于特定的目的而被隐瞒。这些有钱的穷人,那个不是流浪汉的流浪汉,他们隐姓埋名根本没有目的,他们说是为了让别人喜欢她或他这个人本身。那如果他们想让人喜欢他们这个人本身,为什么不把钱直接扔掉呢?他们想展示自己值得被爱的时候,为什么不用他们的钱做些体面的事情呢?但他们不会扔掉钱,也

---

〔17〕 哈伦·拉希德(Haroun al Raschid,约 763~809 年),《一千零一夜》故事里巴格达的哈里发,经常微服私访,明察秋毫,主持正义。——译注

〔18〕 指电影《她的浪漫之夜》(*Her Night of Romance*),导演西德尼·富兰克林(Sidney Franklin),1924 年。——译注

〔19〕 指电影《魅力王子》(*Le Prince Charmant*),导演维克托·陶尔扬斯基(Victor Tourjansky),1925 年。——译注

不会用钱做体面的事。这种假装的贫穷更多意义上在于将财富的幸福投射到弧光灯之下，而那种不因利益而被爱的愿望，则是一种掩饰缺乏真正爱情的多愁善感。因为真正的爱情是有利益掺杂其中的（interessiert），它关注的是（interessiert daran）其对象是否能为我所用。如果一位追求者出于贪图利益去追求百万富翁的女儿可能会让她很不舒服。所以她隐瞒
290 她家里的财富以露天市场赔本的价格给自己找了一个丈夫，他的无私之处在于他轻信了一个女人没有财产，而没有了财产，她则什么也不是。但重要的是人本身，而不是钱，道德家们在富人当中这样教导。按照电影的记载来推断，所谓人，就是一个查尔斯顿舞（Charleston）跳得很好的姑娘和一个对跳舞几乎一无所知的小伙子。所以说，人与人之间，也就是在两个人的私人琐事之间，爱情并不是多余的，而是要为财产辩护的：如果有产者能通过所谓的爱情证明他们是作为人拥有财富的，那么在无产者那里，财产就不会引起什么义愤了。童话还在继续，匿名这一题目走向了反方向。真正的哈伦·拉希德（Haroun al Raschid）在人群当中隐姓埋名，不以财富识人，最后揭晓自己作为他们的评判者的真实身份。现代的哈伦·拉希德则假装自己没有财富以期在这种隐姓埋名中获得某种认同，最后揭晓他仅有的东西：财富。如果年轻的女店员们当天下午被一位陌生的先生搭讪，她会把他当成画报里面最有名的那几位百万富翁之一。

沉默的悲剧

一位银行家由于经营不善而破产，便出于体面而自尽身亡。[20] 这无法偿还的债务就落到了他的女儿身上。一位高级少尉虽然爱着她，却因为她现在一贫如洗，出于为自己前程的考虑而必须放弃同她结婚的打算。她起了个艺名靠做舞女维持生计。那位对自己当年的决定早已后悔不已的高级上尉在多年无果的寻找之后终于又遇到了她，并决意与她在一起。这个幸福的结尾只差他再递交自己早已计划好的辞职申请这一步。但这位无私忘我的舞女却服毒自尽了，想通过自己的死， 291
逼迫她心爱的人为自己的前程着想。这位悲恸不已的军官穿着便装站在担架旁。——主人公不一定非得是一个高级上尉，在其他职业中前程也常与富家女的婚姻结合相挂钩。由此就产生了类似根本不是悲剧的悲剧。说他们看起来好像悲剧，是出自社会利益的角度。如果一个女人自杀就是为了一个男人事业的上升，这样就保证了社会结构的不可变动。这会被拔高成为永恒的规则，因为人类会自愿忍受那种使人想起五幕悲剧的死亡。电影康采恩知道(也或许不知道)它们为什么要散播这种死亡的例子。这种证实占主导地位社会制度的权力的死亡，阻挠了为自己而同这种社会制度进行战斗的死亡。为了使后者变成不可能，前者就被神化了。但这种神化的过程是借助一种缺乏常识的悲剧，或者在最好的情况下也只是一种命运无

---

〔20〕 指电影《旧舞厅》(*Das alte Ballhaus*)，导演沃尔夫冈·内夫(Wolfgang Neff)，1925 年。——译注

常(Unglück)。那名舞女通过自愿死亡所证明的高尚是一种情感的滥用,这种情感是由社会中上层人士培养出来的,因为它能弱化不公平不正义的感觉和力量。有许多人高尚地牺牲了自己,只是因为他们太懒于反抗;许多人泪流成河,只因为有时候哭泣比思考更容易。今天的这些悲剧只是有着不幸结局的个人事件,它们不过是维持当前社会现状的形而上学点缀。社会中权力的力量越强大,软弱和愚蠢引发的行为就越悲剧化。有一点可以确定,随着重工业企业不断签订新的国际合同,自杀的舞女数量也会跟着上升。观众如此被她们这种服毒自杀的行为所感动,以致他们对服毒也不排斥了。由此,只有为这
292 个社会解毒的努力可以被称作悲剧了。年轻的女店员们悄悄地擦拭泪珠,并在电影结束、场灯重新亮起之前迅速扑粉补好妆。

贴近边缘

有时候电影也变得精神失常了。它们有令人惊恐的故事,涌现能体现社会真实面貌的图景。所幸它们从根本上是健康的。精神分裂式的爆发只会持续片刻,幕布再次落下,一切便又如从前,归于平淡。有这样一个例子,一个乡下姑娘和她的追求者——一个笨拙的年轻小伙子——来到柏林。[21] 因为这个姑娘是个美女,就有总经理把她包装成歌舞剧明星,并给那个小伙子安排了一个职位。若说他不想从中获利,那这位总经

〔21〕 指电影《受庇护的姑娘》(*Das Mädchen mit der Protektion*),导演马克思·马克(Max Mack),1925年。——译注

理就不是个好商人了。然而,姑娘却拒绝了他,不愿接受特殊照顾,然后带上小伙子离开了。(电影的编剧是个文人。)这是一个对社会惯例的揭发检举吗?这部电影的制片人该当破产,因为没有什么比对这种不道德行为——只要在私下可以进行,就能找到官方的可行性的行为——的揭发更能对观众产生败坏风气的影响。这种危险在最后一分钟通过让总经理想出一个更好的办法而被避免:他追上那对正直的夫妻,宣布放弃自己原来的打算,有鉴于此小夫妻也就乐意跟他回去了。为了清除原先那种任人唯亲的模式,就必须要有这样的总经理。(编剧是个文人。)更具戏剧性的是下面这个事例。一个没落的南方小国的国王从巴黎带回一个情人,而一位美国的百万富翁也想将她据为己有。[22] 为了得到她,这位百万富翁买通了这个国家的不满的人民和国王的将军。很快,一场爱国主义的起义上演了。机关枪被派上用场,大街和广场上像在油画中一般散 293
落着尸体。将军来向富翁报告,他们逮捕了国王,那个姑娘现在自由了;将军以一个仆从卑躬屈膝的方式站在他的资助者面前。所以政变和流血就是这样由大资本家引起的咯?这个电影疯了。它把事件描绘得像真实发生的一样,而不是保留尊严描绘为可能发生的事件。谢天谢地这部电影马上又展现出它完美迷人的一面:那个美国人,实际上是个好人,该当坐拥百万财富。当他听说那位巴黎女郎仍忠于她的爱人之后,他把前国王从监狱中释放出来,并把这对幸福的夫妻送上蜜月之旅。当金钱应该赢得同情的时候,爱比金钱更强大。之前年轻的女店员们担忧坏了,现在她们长舒了一口气。

---

〔22〕 指电影《一个今天的杜巴里》(*Eine Dubarry von heute*),导演亚历山大·柯达(Alexander Korda),1926年。——译注 294

电影 1928*

电影生产和观众一样固定化了。电影产品呈现出经典的、一再出现的母题和趋势，即便是脱离主流的电影也极少制造惊喜。一种僵化（Verfestigung）即在电影叙事也在技术处理过程中延伸。特立独行的电影——比如《没有欢乐的街》（*Die Freudlose Gasse*）、《跑马场》（*Manege*）、《裤子》（*Die Hose*）、《中学生的爱情》（*Primanerliebe*）、《红杏出墙》（*Therese Raquin*）——屈指可数。

是时候清算这样的电影产品了。它愚蠢、虚假，还庸俗。不能再这样继续下去了。

随着过去几年人们对电影的喜爱大大增加，这种清算变得更有必要。无数自称是宫殿（Paläste）的新电影院如雨后春笋般产生，那个曾固执地蔑视电影的群体也日渐消失。今天各阶级的人们——从郊区电影院里的工人到宫殿建筑式的电影院里的大资产阶级——都蜂拥着涌向了电影。看电影的愿望最

---

* *Film* 1928，以《当今电影与其观众》（*Der heutige Film und sein Publikum*）为题发表于《法兰克福报》（*Frankfurter Zeitung*），1928 年 11 月 30 日和 12 月 1 日。

强烈的可能要数小职员，自我们的经济合理化（Rationalisierung）以来，他们的绝对数量和相对比例都增加了。既然电影已走进大众，那么应对电影产品负责任的就绝不仅限于电影的制作者了。从利益角度考虑，他们必须满足消费者的需求，甚至胡根贝格（Alfred Hugenberg）[1]也只能是在一定程度上有限地控制市场。因此，对当今电影生产的批评绝不仅指向电影产业，同样也指向助长这一产业繁荣的大众。同生死，共患难[2]——这话用在这儿非常合适。 295

对当今电影的谴责不能也不应该被用于对今天的戏剧的无声辩护，在这一点上希望无须再赘述。在另一点上应该也不需要再赘述吧，这一谴责是基于对德国电影状况的调查而作出的，但它并不能被用以证明外国的（非俄国的）电影生产就比本国更具优势。其中主要是最近引进的许多美国电影，虽然也有一些这样那样的、足以令人惊奇的顶级成就的例外，但它们的水平最好的也就是差不多而已。只不过德国的电影生产的困境比其他国家更加牵动我们的心。

并非电影的类型化该受谴责。相反地，比起各种胡乱选择的实验电影，某些故事模板的改编更值得推荐。另外，即使那些大康采恩集团也不能每周都推出独创的新的故事模板。应该受到谴责的，是电影的观念（Gesinnung）。在已出现的所有电影类型当中，我们的社会现实时而是愚蠢却又毫发未损地、时而是毁灭性地被蒸发掉、被美化和被歪曲。最应被投射在大

---

〔1〕 阿尔弗雷德·胡根贝格（Alfred Hugenberg，1865～1951），矿业大王、军火企业克虏伯集团董事长，也涉足电影业，1927 年控制了面临倒闭的乌发（Ufa）电影公司。——译注

〔2〕 原文为“mitgefangen，mitgehangen”，直译即“一起被捕，一起被处决”。——译注

银幕上的内容恰恰被擦拭掉了,而充斥着那些掩饰真正的现实以欺骗我们的图像。需要举例子吗?看看当年主流电影生产情况就够了。

为了不在电影中反映当下的现实,在故事片中人们真是作了最冒险的逃离尝试。摄影机不是架设在街头,而是在摄影棚里将与我们完全无关的遥远的时空匆匆呈现。它不必是中小学课本里的马丁·路德、奥托·格比尔(Otto Gebühr)或青年时代的女王路易斯[3],甚至里面绝不能有历史中的真实英雄出场,那样会分散人们在更重要的无名英雄身上的注意力——最近的过去已经离我们如此遥远,以致它们可以被再次拉近到我
296 们面前。他们那些已经消散的喜剧故事素材正合现代电影需要,前提是,其喜剧性更多地源于《痴儿西木》(*Simplizissimus*)而不是《飞叶》杂志(*Fliegenden Blättern*)。[4] 最吸引电影剧作家的拍摄地当属早已废置的宫廷大院。在这些大院里能找到在电影公司看来共和国的观众所渴望的东西:贵族绅士们尊贵的圈子、消磨时间的礼貌殷勤、华丽的服装以及刚刚擦得锃亮的地板。类似种种不胜枚举,往昔的光芒就此重新复活。如果穿骑兵制服的人的微笑能决定什么的话,那哈利·里特克

---

〔3〕 分别指电影《路德:一部关于德国宗教改革的电影》(*Luther: Ein Film der deutschen Reformation*),导演汉斯·基瑟(Hans Kyser),1927 年;奥托·格比尔(Otto Gebühr,1877~1954 年),德国戏剧和电影演员,曾主演电影《国王腓特烈二世》(*Fredericus Rex*),充满大国沙文主义和军国主义思想;《女王路易斯的青年时代》(*Die Jugend der Königin Luise*),导演卡尔·格鲁纳(Karl Grune),1927 年。——译注

〔4〕 《痴儿西木》(*Simplizissimus*)是一份讽喻性杂志(1896~1944 年;1954~1967 年),借用巴洛克时期流浪汉小说《痴儿西木传》的名字,每周一期,以尖酸刻薄的政治讽刺著称;《飞叶》(*Fliegenden Blättern*)(1985~1944 年)杂志每周一期,图片较多、幽默、政治性不强,以描绘德国资产阶级的生活行为的漫画著称。——译注

(Harry Liedtke)[5]早就又为旧政权赢得群众了。他是按照马利特(Eugenie Marlitt)[6]的心意和许多轻歌剧的男主角来塑造的。轻歌剧的故事越是老套,显然就越适合改编成电影。《乞讨的大学生》(*Der Bettelstudent*)、《奥尔洛夫》(*Der Orlow*)、《殿下的爱人》(*Die Geliebte seiner Hoheit*)——这种电影潮水般地涌向观众,附带着电影里轻佻但惹人爱的王子、仙女宫和沉闷的曲调。那些似乎在革命之后便堕入尘埃的废物被表现得生机勃勃。类似的表演通常会借助一个很方便就能追溯到维也纳去的机会(柏林的电影制作者们总是把维也纳牢记在心间),因为它属于最安全的鸦片制剂:奥匈帝国时期的维也纳至少对"十月七日"一无所知。[7] 它做梦、演奏,不用关心什么住房危机,而只知道享受毕德迈耶[8]风格的小咖啡馆,施特劳斯的音乐今天仍在城里演奏,而跟姑娘们相关的事则就像电影里说的——《去亲吻那个漂亮的维也纳姑娘吧》(*So küßt nur eine fesche Wienerin*)。此外,有吻戏的还有《牺牲者》(*Opfer*)和《轻骑兵》(*Leichte Kavallerie*)这种卖座的战争电影[它们都是电影《帝国饭店》(*Hotel Stadt Lemberg*)的经过稀释了的新版本],电影中时不时插入的战争场景是为了增强爱

---

[5] 哈利·里特克(Harry Liedtke,1888~1945年),德国演员,在刘别谦执导的电影《杜巴瑞夫人》(*Madame Dubarry*)中饰演阿芒德,在电影中参加革命冲垮政权。——译注

[6] 欧根尼·马利特(Eugenie Marlitt,1825~1887年),笔名欧根尼·约翰(Eugenie John),颇受欢迎的德国作家。——译注

[7] 原文为"双K时期",即国王的和皇帝的(königlich und kaiserlich)时期,指奥匈帝国时代(1867~1918年)。10月7日是指1928年当日一个纳粹组织的队伍进军维也纳新城。——译注

[8] 毕德迈耶(Biedermeier)是指德国艺术史上的一个时期,约1815年至1848年。——译注

情戏的感染力。

然而即便当下的现实进入了大银幕，也会在人们的视线中消失得无影无踪。“贫穷的人有福了，因为天国是你们的。”〔9〕——这句耶稣在山上的圣训可以概括很大一部分展现
297 我们这个时代的电影。它们看重上天注定的命运而不是工会的力量；它们无论如何都要在被认为是根本缺乏组织性的工人和职员当中选出一两个穷人，然后让他们变得圣洁。这是齐勒(Zille)电影的模式：通过描述一个无产阶级环境的阴森可怕并同时将一个人从这苦难中营救出来的方法，来将舒适和有用结合起来。电影大亨们的行事方法总是难以捉摸的。即使女话务员、女店员和女秘书也可能希望不必寻求职业协会的帮助，因为不仅只有曾作为单纯女修甲师的绿蒂争取到了自己的幸福，〔10〕而且还有许多其他的女同事也找到了各自的幸福，她们做梦都没想到这幸福会降临到她们头上。但有一点，她们必须得漂亮。那些人被筛选再三后才能进入的那个天国，就是上流社会(Gesellschaft)。在多数电影中，上流社会散发的光芒就像中世纪油画里的天堂一样明亮。它的成员驾驶着自己的汽车，生活在柏林、巴黎或者里维埃拉沿岸，几乎只身着运动装或晚礼服出现，最多也只有一次深陷困境，以便在那之后立即就跟富人结婚并借此翻身。他们过得一天比一天好，晚上在酒吧跳舞，坐在游戏桌前，或者险些就因出轨而使自己的婚姻破产；也就是说，他们为了找点乐子而正要宽衣解带，这时恰好发生点

〔9〕 语出《新约圣经》之《路加福音》第六章第20节。——译注

〔10〕 指电影《绿蒂争取到了自己的幸福》(*Der Sprung ins Glück/Lotte hat ihr Glück gemacht*)，导演奥古斯托·格尼纳(Augusto Genina)，1927～1928年，讲的是一名女修甲师嫁给帅气年轻富商的灰姑娘故事。——译注

什么事情阻止了他们——道德是必须要得到维护的，否则人们对社会的信念就要动摇。电影时不时就得证明一下社会是不可撼动的，证据是，歌舞剧中的热门曲目仍属于这个领域的音乐。是的，嫁入上流社会的绿蒂确实争取到了她的幸福。

不是所有电影都遵循这些教条。也有一些启蒙开化的、更多想迎合知识分子观众群趣味的电影。它们走到激进的路上，但他们的激进针对的却总是过去倒下的大人物。即使暴君遭 298
到反抗，那他也是《织工》（*Die Weber*）里的早期资本家。一个常见的讽刺对象是皇帝的仆人［比如电影《海狸皮大衣》（*Biberpelz*）[11]］，他们的位置在今天被有钱人家的男仆所取代，而且这些男仆还被免除了任何的烦扰。或者人们带着那种大城市的高傲嘲笑外省的落后［比如电影《寻找住处的六个女孩》（*Sechs Mädchen suchen ein Nachtquartier*）］，而这种高傲本身就是一种外省习气。在所有类型中最有代表性的要数多梅拉电影[12]里的悲观绝望了，电影里门兴—萨克索（Saxo-Borussen）[13]成员摔到桌子底下，但在桌子底下他们却无法被指认出来，这样讽刺就让位给了笑料，爱抚取代了打击。

纪录片不像大多故事片那样拍摄很多虚构的场景，它们要处理的是它们应该抓住的现实。可能有人认为，它们会雄心勃

---

〔11〕《海狸皮大衣——一部偷盗喜剧》（*Biberpelz：eine Diebskomödie*），1928年，导演埃里希·舍恩费尔德（Erich Schönfelder），由作家盖尔哈特·豪普特曼（Gerhart Hauptmann）的同名剧本改编而来，《织工》也是他的戏剧作品。——译注

〔12〕"Domela Film"，指电影《假王子：分为七幕的时代喜剧》（*Der falsche Prinz：Eine Zeitkomödie in sieben Akten*），海因茨·保罗（Heinz Paul）导演，1927年，男主角为多梅拉王子（Prinz Domela）。——译注

〔13〕"Saxo-Borussia"，德国社团，1820年成立于海德堡，成员主要包括有贵族背景的学生。尽管在政治和宗教上宣称保持中立，但这个社团还是因为其成员的反法西斯行为在1935年被纳粹禁止。——译注

勃地向我们展示这个世界本来的面貌。而事实却恰恰相反。它们封锁了跟我们唯一息息相关的现实生活,只留给观众大量无关紧要的观察结果,这样一来,观众对重要的事情就变得冷漠和迟钝。总有一天观众会完全失明。船只命名仪式、火灾、体育活动、节日的游行队伍、儿童和动物的美好田园世界——这些由多家著名公司联合拍摄的每周报道或许可以称作时事,但一定没有值得观看一百次的事件;更不要说,各种摩托车比赛看起来都是令人绝望的相似。这些大杂烩的单调是对其无关紧要性的合理报复,而且它们通过毫无思想地将单个镜头组成马赛克的方式将这种无关紧要性加强了。这一点被《电影艺术人民协会》(*Volksverband für Filmkunst*)极其强烈地予以揭穿了,这本杂志从那时的图像档案资料中自己编排了一份每周新闻,它所传递的内容非常尖锐。即使那些常见的文化电影(Kulturfilme)也在谨慎地避免让自己过多纠缠于我们的文化,
299 而更愿意将镜头转向陌生的领域:转向非洲的原始部落,转向爱斯基摩人的风俗习惯,转向蛇、甲壳虫以及棕榈树。其中有几部还做得不错,但却挡不住这样的事实:它们就像约好了一样,几乎避免了所有人类最关心的紧要问题;它们将异国风情引入人们的日常生活,而不是在日常生活中寻找异域情调。此外,它们大多数都制作得很差,编排上相当荒唐,更不用奢求它具有哪怕一点点教育意义,能使某部百科全书更加完善了。从马的繁殖到地毯编织,没有哪样罕见的东西能逃过文化电影教育人民的功能。文化电影最糟糕的情况是当它被冠以一些充满修饰性形容词的诗意题目时。伪诗情画意在乌发文化电影《自然与爱》(*Natur und Liebe*)中庆祝它最终的胜利,它不仅体现在电影的词汇当中,而且还浓缩在关于人类创造和进步的幻

觉图景当中。乌发公司不满足于阐释人类生活,它还要做梦,以及像预言家一样发出预言。

暂且可以下此结论:主流电影的所有故事都是有意或无意的躲闪的技巧。其中一部分仅仅与社会现实保持冷漠的距离,而另一部分则在地位稳固的社会群体的利益驱动下建构一种意识形态,把电影观众的主体——公司下层员工——的视野给遮蔽了。与德国其他地方三维空间里真实的、正在发生的意识形态相比,这些大银幕上的意识形态已经远远过时了。不管是一个聪明的女售货员还是一位进步的企业家都不会受这些意识形态左右。至少,乌发公司或许是时候向阿发公司(Afa)[14]学习一下了。但这种无知恰恰是一般电影制作者面对现实采取拒绝的态度时所特有的——在这种对现实的拒绝中包含了一种政治上的落后性,虽然不能全部归结为这种落后 300
性。除了已经提到过的那些电影产品,这种拒绝还造就了无数的妥协电影,它们想吸引共和国的敌人和朋友,和平主义者和战争狂热者——而这几乎是不可能的;此外它们还一再表现受欢迎的主题如马戏团、青春期危机以及性问题等一系列的卖座电影(Konjunktur-Serien),它们并不是为了表现任何的现实,而只是为了赚钱。它们从不塑造生活,而是意欲将生活从中驱逐出去。结果就是:混乱。简直再找不出任何像他们这样在感情中拖泥带水、缠绕纠结的例子了——比如电影《夏洛特有点疯》(*Charlott etwas verrückt*)和《玛丽埃塔在今天跳舞》(*Heute*

---

〔14〕 Afa,即"Allgemeiner Freier Angestelltenbund (A. d. H)","全体自由职员联合会",与"全德工会联合会(Allgemeiner Deutscher Gewerkschaftsbund)"共同成立于1921年,是魏玛共和国时期工薪阶层的重要组织。在1933年4月30日被纳粹解散之前,它的会员数最高曾达到75万人。——译注

tanzt Mariett')。这些电影毫无品位的事实,已被多次证明。比如,年轻时髦的女士总被人与布娃娃——作为其女主人的对称物——放在一起用近景拍摄,还被误认为很有趣。或者总有一些普通人吃相不雅的镜头,对此电影院里的普通人也总是抱以嘲笑,因为他们不那样吃饭。

与素材的不足相对应的,只能是美学的不足,没有其他可能性。随着不同叙事电影类型的确立,一种批量生产的技术也同时确立起来。剧本作者、经验或多或少的导演及其助手都在毫不犹豫地使用这种技术。用不着近距离细观人们就已经可以觉察到,这部作品不是精心之作。即使公司的要求已经达到一定程度的模式化,但它们连制作程序的低标准都达不到。

大多数电影里面根本就没有电影结构这一说。他们在那些连基本的视觉性都不达标的素材中胡乱选择一气,施尼茨勒(Schnizler)、楚克迈耶(Zuckmayer)以及苏德尔曼(Sudermann)都深受其害。许多长篇小说和剧本的确蕴含了一些能够改编
301 成一部真正的电影的母题和故事素材;但制作者们并没有把力气花在将这些原始素材变成电影可用的因素并将其重新建构上面,反而是一个场景接一个场景地将文本直接翻译到电影中去,顶多是为了取悦观众而修改一下情节。也就是说:一部这样产生的电影是对一个陌生文本的进一步图解,而其实它本该是一个独立的有待阅读的文本。电影里场景的前后顺序遵循一个独立进展的故事的指引,而不是从基于镜头安排的规则中发展出一个故事。大多数历史电影也仅仅是一种图解。它们将历史片段具象化,而其中大多数故事讲得都很差——这是一

种图片形式的历史信息，而不是由图片组成的故事。[15] 实际上，几乎所有从一开始就按照一个特地为大银幕写好的脚本拍摄的电影和那些按照预定故事拍摄的电影都有着同样的命运。它们的结构安排是反电影的：情节并非安插在电影当中，而是游离于电影之外，好像可以从大银幕中被剔除一般。它们是长篇小说的译本，虽然这样的小说并不存在。

这样的过程不可避免地剥夺了许多细节的重要意义，而这些细节本该是支撑电影的结构和骨架；如果电影的进展是与游离于电影之外的叙事情节相关联的，那么呈现出来的影像部分就只能沦为附属品。要使单个的视觉单位获得它应有的功能，它就必须成为需要在视觉上详尽阐释的情节的重要组成部分。这点在电影《红杏出墙》中有许多体现，其中小资产阶级的住房自身就扮演了重要角色。虽然，在现有的电影技术中一定会大量地使用汽车，比如在每次主角的旅行中都出现特快列车的引擎，出现双脚行走和汽车车轮的运转，而且还不惧怕昂贵的灾难事故，但是，所有这些片段都只起到装饰作用，人们可以放 302
心地把它们去掉而不用担心电影内容会因此而变得难以理解。这大大区别于真正的电影，因为在真正的电影中，即使只有一幅画面从中缺失，也会马上变得难以理解，或者是即便能被理解也会在完整性上遭受损失。

要是这些沦为装饰品的细节能被仔细认真地处理就好了！然而大多数情况下它们还是像电影之外的现实一样，难以把握。人们敷衍了事。搭好的街景极易被发现没有延伸；制作者们极易满足，只要一个物品的部分特写和全景能做到表面上大

[15] 德语里“Geschichte”同时具有“历史”和“故事”之义。——译注

致相符就行；一个正在搭建的置景的全景和它本应作为情节点缀而出现的在摄影棚里制作好的部分可能根本对不上号。当建筑模型和真实建筑的图像交织在一起的时候，两者明显对立，以至于马上能辨别出哪个是建筑模型。背景和环境大多都表现得不准确。尤其令人晕眩的就是经常出现在高级宾馆内的房间的布置；要么是因为制作者们认为——当然这也不无道理——观众对这种高级宾馆房间的内部装饰很是陌生，要么就是因为电影制作者本身对此根本就不懂。他们处理社会情景时的马虎随意就更不用提了。几乎人人都熟悉的三等车厢从来没有被正确地还原过。因为总体来说摄影技术已经达到了一定的高度，所以在细察之下这种真实性的欠缺就非常容易被发现。而且，恰恰是随着摄影技术日臻完善，他们本来想表达的东西反而几乎要消失了。

如果影像素材很差——或者更糟糕，比如，电影结构是按照一个非电影的情节安排的——那么蒙太奇顶多也就只能算
303 是单纯卖弄技巧。导演们已经学会如何操作摄影机使其运动，他们还算熟练地在特写镜头、前景和全景之间转换，使用叠化并且在不同场景之间做视觉过渡的尝试。这些本该发挥叙事功能并且随着故事变化而变化的技艺，实际上却只起到了外部装饰的作用。随着时间的流逝，有几个蒙太奇的模式已经确立起来而且被不加选择地运用到所有电影当中，不管是否合适。例如，当出现舞厅的时候，一定要有规则排列的萨克斯风、沉迷跳舞的情侣以及他们后面摇摆的演奏者——这是一个通常剪辑粗糙的用来表现娱乐的虚假迷醉的图像公式。有人意识到该这么做了，继而其他人也紧随其后。甚至醉酒者或思乡者的梦境也完全程式化了。如果一种转换过渡的新方法最近变得

流行起来,那它就会尽可能多地在所有场合中被使用。两个先后出现的彼此之间并无关联的场景也要相互交融。例如,在第一个场景中出场的可能是一位优雅的先生,第二场则是一名衣衫褴褛的妇女——怎样把这两个场景结合起来呢?视线会从先生的全身像转移到他的低帮鞋上,然后使人不易觉察地转移到笨重的靴子上,再使视线上升,妇女出现。这样的过渡在某些情况下是有它独特的意义的。但如果它们没有表达任何内容,那就是一种美学的欺骗,因为它们伪造了一种并不存在的关联。关键要看在视觉媒介中内容之间的结合,而不纯粹是彼此没有关联的素材之间形式上的视觉连接。很长时间以来战争蒙太奇已经形成一种固定的模式了,这简直让人反感透顶。即便战争只是电影中一次重要事件的背景,都会出现小规模行进的军队、铁丝网和炸弹袭击。他们从战争场景中炮制出了万应灵药。 304

比主流电影的表达方式更好的电影也有不少。他们有意识地在艺术上提高要求并且经常以高昂的成本来拍摄影片。当电影投入巨额资金而且从中产出的收益也更大的时候,它们就叫作大片(Großfilme)。

但这些精英产品中的多数却令人绝望地只是那些僵化产品的进一步叠加。我们可以用高雅剧情片这一概念来归纳这些电影。和一般的剧情片相比,它们的基本缺点是一致的,那就是没有直面现实;这种高雅电影对现实的拒绝在双重的层面上令人失望,因为它们对生活现实负有双重的责任。高雅电影还因为自身所犯的一些错误区别于一般的主流电影,因为它们致使新的本质性的内容以较高水平出现在人们的视野当中,提供了可以模仿犯错的新对象。

电影制作者们通常会认为自己在艺术方面已经做得足够好了，如果他们仅仅以低俗作品作为最高指向标的话。说得好像低俗作品跟堕落少女一样需要拯救似的！而这正是电影公司的观点，他们像在生活中一样也在电影中附庸风雅的尝试，只会贬低那些所谓高雅东西的价值。低俗作品是重大议题在庸俗层面的投影。善恶对立、奇异现象以及和解——总有许多重要的母题被他们歪曲地表现出来。因此说哈利·皮尔（Harry Piel）的感伤电影[16]制作优秀是有道理的，说浪荡公子电影《卡萨诺瓦的遗产》（*Casanovas Erbe*）好看也无可辩驳。遗憾的是这种电影实在是太少了。在追求大制作的背景下人们使劲鼓吹这种故事，使之变成了与其本身要求不符的豪华影
305 片。比如产生了像弗里茨·朗的电影《间谍》（*Spione*）或《七宗罪的游艇》（*Die Jacht der sieben Sünden*）一样在艺术上十分繁复的恐怖电影。在电影里感伤并没有被取缔，而是以一种难以接受的精巧技艺作包装；瞎编乱造的心理推理嵌入那些罗列的事件当中；创新的假象被服装布景所揭穿，因为那些东西就算用在欢庆节日的歌剧里（Galaopern）都会显得太浮夸、太老旧。很明显，电影制作者们缺乏本能，竟然想把本质上就质量欠缺的低俗作品的题材转变成一个优质的商品。在平装小册子里可以自由呼吸的东西却被装订到精装本里。［这在字面上也说得通，因为在电影《间谍》首映时就分发给评论家每人

---

〔16〕 哈利·皮尔（Harry Piel，1892～1963年），德国电影演员、导演、制片人。他在20世纪20年代中期将感伤电影引进德国，以同美国的惊悚片（Thriller）相抗衡。他参与导演或制片的一些电影——如《无名男子》（*Der Mann ohne Nerven*，1924年）、《恐慌》（*Panik*，1928年）、《隐形人穿过城市》（*Ein Unsichtbarer geht durch die Stadt*，1933年）——通常设置在充满艺术美感的、冒险性的场景中，并经常伴有杂技、驯化的动物、动作场景和一些技巧性的手段。——译注

一本精装手册，那可是书籍装订工艺的奇迹，而里面的内容不过是特娅·冯·哈堡（Thea von Harbou）的小说[17]］这种过高美化的可耻做法还表现在一些题材上，那些题材本来连低俗作品都算不上，还要制作成电影，结果可想而知［参见电影《珍妮的爱情》（*Die Liebe der Jeanne Ney*）］。

因为在上层的艺术圈总是以悲剧为归宿的，所以电影中也出现了越来越多不好的结局；电影制作者们认为，只要放弃大团圆结局，就可以制造悲剧。那么在他们的行话里，什么是悲剧性的呢？只是一种受欢迎的不幸而已。他们这样做只是为了用艺术来做生意赚钱。在亨尼·波腾（Henny Porten）主演的电影《避难所》（*Zuflucht*）里，一位年轻的男子在革命中与家人失散，后来又团聚，却在一切即将好转之际突然死去了。没有什么要他非死不可的，甚至他那贫苦人家的新娘都已经被他家人怜爱地接受了。但制作者对此毫不留情，因为观众需要艺术，是艺术就必须要有死亡。因为灾祸同时也被理解为对年轻人革命思想的惩罚，正好一箭双雕。——为了提高影片的档 306
次，电影制作者们也会抓来那些内容凝练在高超的语言当中而不易被改编成电影的作品。最近有一部依据莱昂哈德·弗兰克（Leonhard Frank）的中篇小说改编的电影《回家》（*Heimkehr*），它的主要情景就打破了电影的常规。一位从战场归来的男人在他朋友年轻的妻子那里借住。他和这位女士互相爱慕，而那位朋友正好不在家。影片详尽地表现了这位女士如何在自己的床上辗转反侧，那位只有一墙之隔的男士如何像

---

〔17〕 特娅·冯·哈堡（Thea von Harbou，1888～1954 年），德国作家和电影导演，曾是导演弗里茨·朗的妻子，但两人于 1933 年离婚，或与哈堡的纳粹倾向有关。——译注

她一样在床上饱受煎熬。两人都因为心情激动而难以入睡。不过,什么都没有发生。发生的只是在电影无声的语言中空前绝后的无耻。只有语言词汇才能描述这种场景,因为它能传达糟糕的肢体语言传达不了的信息。——有些高雅电影在工艺美术的层面上停滞不前。这些电影周身布满了华丽的装饰,但这些装饰并没有充实电影的内容,而只是对那些非电影手法加以掩饰。比如在电影《胡安娜小姐》(*Doña Juana*)中,导演锡纳(Czinner)让西班牙格拉纳达的喷泉在他的女主演贝格娜(Elisabeth Bergner)身后倾泻而下,并且将她引到堂吉诃德将要启程的旅途中去;影片围绕着她建造了一整个自然艺术沙龙,却没有一个场景中的布帘的意义超出布帘本身。

极少有将电影推向新领域的艺术实验。那种主要在巴黎制作的抽象电影只是一个怪胎,不在考虑之列。为摆脱电影的粗制滥造唯一比较重要的尝试,当属鲁特曼(Walter Ruttmann)的有趣的电影交响曲《柏林》(*Berlin*)了。这是一部没有真正的情节的电影,它试图通过一系列微观的个别群体(Einzelzüge)来重现这座大都市。它表现柏林的现实了吗?不,它像任何一
307 部剧情片一样是看不见现实的。这归咎于它没有立场。它没有尝试用一种方法穿透有力的事物,以揭示对社会、经济和政治结构真正的理解,没有试图积极参与观察事物、从一个切入点触摸事物并对其展开讨论,鲁特曼只是将成千上万并无关联的细节堆砌在一起,顶多设置一些他自己想象出的内容空洞的过渡而已。总而言之,这部电影的基本出发点是:柏林是一座速度与工作之城。——这只是一个形式上的观点,它根本没有导向任何实质性的内容,当它在德国社会和文学当中出现时却可能让小市民着迷。人们从这部交响曲中什么都看不见,因为

没有一个有意义的关联被揭示出来。普多夫金（Vsevolod Pudovkin）在他的著作《电影导演和电影编剧》（*Filmregie und Filmmanuskript*）中批评了这部电影内在关联性的缺乏。“有……一些电影人”，他明显带有揶揄鲁特曼的口吻说：“他们认为，蒙太奇必须是电影中唯一一个组织中心。他们认为，不管电影怎么拍、在哪儿拍，只要画面被有趣地拼接起来，就都可以被行之有效地接受；以后人们只要按照形式和类型来进行组合粘贴就可以生产电影了。”

艺术电影产品从本质上并没有超过主流电影。它们既没有政治上公正的立场，也没有更多地向现实靠近分毫。它们没有传达出任何它们号称能传达的东西，里面毫无内容。缺乏本质是所有已有电影产品决定性的特点。

这一惨状是覆盖性的，以致那些反抗它的人也被裹挟进来。有一系列优秀的导演，格鲁纳（Grune）、茂瑙（Murnau）、莱
希曼（Reichmann）、伯泽（Boese）以及其他许多名字——但当 308
他们将那些素材如流水一般浪费时，他们的想法有什么成果吗？他们的才华被消耗着，甚至因遭到这种滥用而有所减退。即使投入明星演员也是徒劳。——那么多星星在天上，却无法克服这些影片的埃及式的晦暗。更可能发生的是它们会熄灭。在电影《阿尔劳娜》（*Alraune*）中，韦格纳（Wegener）只是一副肥胖的、魔鬼般的面具。[18]

没落是如此的显而易见，无论如何都掩盖不了。最近在德国的公开场合出现了一些批评。但是，总体来说只有几部零散

---

〔18〕 在 1927 年亨利克·加林（Henrik Galeen）导演的电影《阿尔劳娜》中，保罗·韦格纳（Paul Wegener）扮演腾·布林肯教授（Professor ten Brinken）这一角色。——译注

的电影作品、有限的症状如唯利是图的精神和明星制度遭到了批评。有几个勇敢的抨击者走得远一些,至少提到了前文清晰列出的在产业的利益和它的电影的意识形态之间的关系。对当下整个状况的思考和分析还没有出现。电影制作者试图借助国际观众品位的指引来为自己辩护,然而也并没有起到什么作用。

所有这些理由和论点都说明不了什么;因为它们都没有解释下面这一令人难以置信的事实:如果说我们的电影产品有什么地方超过美国电影的话,那就是,我们比美国电影更加缺乏本质。如果我们的电影的空洞和它对人的冲动的无动于衷不是因受本质的减少所引致的话,那么就只能在顽固不化这一点上找原因了:那种通货膨胀结束以来在德国盛行的值得注意的顽固不化,它决定了许多公共场合意见的表达。在经历社会巨变和企业运转合理化的时期,德国人的生活好像严重瘫痪了,几乎已经可以说他们生病了。就像本文一开始讲的,电影生产
309 的状况确实是已确立的野蛮思想的一般状况的症候性表现。在一个大的外省城市,电影《红杏出墙》才上映几天就下线了,而《圣人和她的愚人》(*Die Heilige und ihr Narr*)连续三周场场爆满。所以说有些事情不太对劲,无论如何也不能将现在人们感觉的迷惘和非现实的程度全部归咎于万恶的产业制度。这种迷惘的延伸可以从那些想从俄罗斯电影产业的成功中获利的电影里清晰地表现出来,俄罗斯电影的意义仅有很少一部分在于教育目的。更本质的是:爱森斯坦和普多夫金同乔治·格罗兹(Georg Grosz)这样的漫画家之间的区别在于,他们懂得人是怎么回事。他们以及所有的演员都曾真正亲身经历过贫穷、饥饿、不公正和幸福,并拥有通过一定距离评价这些事情的

能力。也正因如此,他们才能找到那些素材和视角,使街道、院落广场和柱形建筑获得言说的力量。有几个向俄国人学习的德国导演,他们都是差学生。他们学到了外在技巧,却没注意到其意义所在。在前面提到的电影《避难所》中,从柏林无产阶级聚居区拍摄的图像很像从俄国学习的方式。它们是非常棒的图像,却缺乏与情节的内在联系。在俄国人那里电影的环境能揭示故事的核心;而在德国电影这儿,环境或多或少都只是小资产阶级故事多余的点缀。这些顽固不化的人对世界的察觉太少了。

需要指出一条道路吗?需要开个良方吗?不存在什么良方。正直、观察力、人性——这种东西不用教。把情况亮在这儿已经足够。 310

娱乐的狂热*
——论柏林的电影宫

柏林那些大的电影宫[1]都是娱乐的殿堂。管它们叫作电影院(Kino),好像有些不敬。后者只还存在于柏林老城区和郊区,那里还有它的一小部分观众。这种电影院的数量也在下降。比起电影院或话剧院,柏林的面貌更多地取决于那些视觉仙境般的娱乐殿堂。"乌发宫殿群"(其中最主要的一座位于

---

* 原题为 *Kult der Zerstreuung*,发表于《法兰克福报》(*Frankfurter Zeitung*),1926 年 3 月 4 日。题目中的"Zerstreuung"源于德语动词"zerstreuen",本意为"分散、散心",名词形式在德语中则已固化为"娱乐"的意思了,所以在本文中仍译为"娱乐"。但克拉考尔在这里使用这个词实际上具有双重的意向,一方面联系着"娱乐"就是分散紧张的心情、转移工作强度带给人的压力;另一方面也隐含着这样一层意思,即大众的注意力被从他们自己的政治和文化诉求中分散出去。——译注

〔1〕 此处的"影戏厅"(Lichtspielhaus)以及后文出现的"影戏宫"(Lichtspielpalaste)和"影戏剧院"(Lichtspieltheater)指的都是装修豪华,将歌舞剧表演、戏剧与电影为融汇为一个整体节目的豪华电影院,因此,作者从称谓上将其与只放映电影的电影院(Kino)区别开来。而为避免造成混乱,后文中除有特别必要将会把这几个词统一译为"电影宫"。——译注

动物园)、珀尔齐希(Hans Poelzig)[2]设计建造的“卡皮托利欧山”(Capitol)和“大理石殿”以及其他类似的地方正一天天地完成场场售罄的目标。新建的“光荣宫”证明,这些宫殿还在朝这个方向建设。

精心修缮的表面的豪华是这些大众剧院的主要特征。像宾馆大厅一样,这些剧院也是娱乐狂热的圣地,它们散发着光辉,以促进人的教化修身(Erbauung)。但这些建筑也对观众产生了连珠炮似的风格影响,这样它们就再也没法倒退回威廉二世时期世俗教堂的野蛮浮夸中去了——例如莱茵河底的黄金,它意图让人相信其存在,相信里面埋藏着瓦格纳(Richard Wagner)的“尼伯龙根的宝藏”。这些建筑更多的是在形式上做文章,却避免在风格上向前迈进。品位已在各个方面取得了统治地位,且都运用一种训练有素的工艺美术的想象力来制作昂贵的服装道具。据称,光荣宫是巴洛克风格的建筑。那数以千计的社会团体可以满意了,他们的聚会地点可是一个庄严的场所。

演出的节目也显得恢弘大气。一部部地放映电影并伴奏相应音乐的时代已经过去了。至少主要的剧院已经接受了美
国整体性表演的原则,只将电影作为部分嵌入整体。节目单是 311
怎样扩展成一本杂志的,这些表演就是怎么变成大制作的各个部分的。从电影院放映的电影中演化出一个灿烂夺目的、歌舞剧形式的成品:追求视听效果的整体艺术作品(Gesamtkunstwerk der Effekte)。

这种艺术作品用尽各种方法来刺激人的所有感官。探照

[2] 汉斯·珀尔齐希(Hans Poelzig,1869~1936年),德国著名建筑设计师。——译注

灯的光亮洒进房间，点缀着欢庆的挂饰，五彩的玻璃制植物装饰在灯下流光溢彩。管弦乐队认为自己是独立自主的力量，它的表演通过灯光的呼应得到强化。每种情感都能找到它的声音表达和光谱中相应的色彩值。这是一个视觉和听觉的万花筒，在舞台上进行形体表演的剧种也汇集于此：哑剧、芭蕾。直到最后，大银幕落下，舞台空间内发生的故事悄悄地转换成二维幻觉。

在今天的柏林，这样的表演和正统的歌舞剧是吸引观众的主要力量。从这中间形成了娱乐（Zerstreuung）文化，其目标群体是大众。

在外省也有大众聚集；但在这里他们被施加了压力，不许从精神上适度地满足自己，“适度”是相对于他们的数量和真正的社会重要性而言的。在工人数量庞大的工业中心，如果要求他们作为工人实现自己的生活方式，那就太苛求了。他们被赠予边角余料和上层人士玩厌的娱乐。这些上层人士虽然强调他们高高在上的社会地位，却只有极少文化教育的需求。而在那些并非由工业所主导的大一些的外省城市，遗留下来的传统力量又太强大，使大众不能够从精神结构上塑造自己。中间
312 的市民阶级[3]坚持与他们划清界限，好像对于他们人口基数的增长毫无意义，中间阶层还一直臆想自己是高级文化教育的守护者。他们的高傲给自己制造了一个沙漠绿洲，贬低大众和他们的娱乐。

---

〔3〕 德语的“Bürger”意为“市民”，指的是近代以来德国同贵族斗争过程中产生的社会精英阶层，如律师、医生、教授和商人等，因此德国的“市民阶级”（Bürgertum）可以被理解为“资产阶级”或“中产阶级”。本文根据语境将该词译作“市民”或“资产阶级”。——译注

柏林的四百万人口不容忽视。仅他们日常运转的必要性就将街道的生命转变成不可避免的生活街道，导致那些装饰景物(Staffagen)甚至入侵到家庭空间里面。人越觉得自己是大众，他也就越能在精神领域获得正在形成的力量，这点投资物超所值。大众不再让自己任人摆布，而是在被遗忘的状态中自己展开行动；他们不再容忍丢弃过来的残羹剩饭，而是要求在铺好桌布的桌子上被好好服侍。那么，那些所谓的受教育阶层就没剩下多少空间了。他们要么一起吃，要么故做清高而在一旁忸怩作态。他们这种小地方习气的界线划分只能有一个结果：通过他们被大众吸纳、在大众中出现而产生同质的世界性城市的公众，从银行家到交易助理，从女明星到速记打字员，所有人都是同样的。针对这种向大众品位的转变，有人提出哀怨自怜的控诉，但为时已晚。因为拒绝接纳大众的那种文化财富在某种程度上已经变成一种历史财富，这是因为，相应的经济和社会现实已经改变了。

有人斥责柏林人娱乐上瘾，这种指责太小市民气了。的确，柏林对娱乐的需求量比外省更大，但大众的工作强度也更大、更可感——从本质上讲，那是一种形式上的强度，占据了整个白天却没能往里面真正填充什么。这一缺口应该得到弥合，但这一需求只能在人们被迫使自己缺失的同样的表面领域得 313
到关照。人们在空闲时间里的劳碌必然要对应着生产时间的劳碌。[4]

---

〔4〕 此句原文为："Der Form des Betriebs entspricht mit Notwendigkeit die des Betriebs."此处可参考英译文："The form of free-time busy-ness necessarily corresponds to the form of business."(Siegfried Kracauer: *The Mass Ornament: Weimar Essays*, translated by Thomas Y. Levin, Cambridge, Masschusetts: Harvard University Press, 1995. p. 325.)在中文里无法传递无论德语"Betrieb"还是英语"business"的双关，这里只能意译。——译注

真正的本能关注的是,要确保娱乐需求得到满足。电影宫的所有布置只为实现一个目标:把观众的注意力束缚在边缘,以使其不要陷入无底深渊。感官的刺激如此密集地紧随它们,以至于一丁点思考都难以渗入其中。探照灯的强光和音乐的伴奏像救生圈一样将人挡在水面上。对娱乐的偏爱要求纯粹外在性(Äußerlichkeit)的铺展,也为这一现象找到了原因。因此恰恰在柏林,这是不可抗拒的时尚潮流:将所有表演都演变成歌舞剧。相应的现象则是在日报和定期出版物中大量图片资料的堆积。

这种外在化有它本身的诚实性(Aufrichtigkeit)。不是由于这种外在化,而是由于对变得不真实的文化价值的天真主张,由于对一些概念如人格、内心、悲剧等不加思考的滥用,才使真理受到威胁。这些概念本身确实表达了重要的内容,但随着社会的变迁,它们范畴内相当大的部分已丧失其支撑基础。而且,当今大多数概念已沾染上一些异味,因为它将注意力从社会外部的损害蹩脚地转移到个人身上。这种压制现象在文学、戏剧、音乐等领域已经足够多了。它们强调自己高雅艺术的地位,而实际上它们通常只是结合了一点当下的时代需求的历史作品——纯从艺术上看,这样的作品只有模仿而无创新,这一点可以说是上述事实的间接的证明。当他们越来越多地规避这些艺术事件(此外,出于一些正当理由,这些艺术事件一直
314 被置于某种浮表的要求之中),而优先选择明星、电影、歌舞剧和华服戏剧(Ausstattungsstück)的表面华丽的时候,柏林的观众是在深层意义上遵循真理行事的。在这些表演里,在纯粹的外在当中,观众遇见自己,他们自身的真实在一连串碎片化的辉煌的感官印象中被揭示出来。倘若这种真实一直隐藏着不

让观众看见,观众可能既不会攻击也不会改变它,因而在娱乐中使真实得以公开可见就具有了一种道德上的意义。

然而,这种情形只发生在娱乐并不以其自身为目的的时候。而事实恰恰在于:娱乐的节目表演是一个像城市大众的世界一样的外在的混合物;这些表演之间缺少真正实质性的关联,即便有一点关联,也只是多愁善感的拼贴,这种关联想遮掩其缺点,却只是让缺点更明显罢了;这些表演准确又毫不掩饰地向成千上万只眼睛和耳朵传递着社会的无序感——这一切可能使大众唤起和保持一种在不可避免的突然变革发生之前的张力。在柏林街头,人们经常会忽然产生这种想法:突然有一天,一切都会分崩离析。这些让观众蜂拥而至的娱乐也应该制造这样的效果。

但娱乐大多没能达到这种效果。这一点已被那些大型电影宫的表演范例所证明。尽管它们也唤起娱乐,但马上又通过下面这种方式夺取了娱乐的意义——将本质上要求彼此独立的各种效果拼接成“艺术的”统一体,用各种效果把外在的五颜六色压制成一个有机的整体。建筑的构架就已经倾向于强调适用于上层艺术机构的庄严肃穆了。建筑构架倾向于高雅和神圣,好像它里面的东西会永世留存一样;更有甚者,里面还点着祈祷蜡烛。表演本身也追求同样的高层次,它好像一个协调一致的有机体,一个非艺术品所不能及的美学总体性。如果 315
只提供电影的话,种类就太少了;这不仅是因为人们还想增加更多娱乐品种,而且更多的是出于对艺术形式创新的要求。电影院已经赢得了独立于剧院的效果,而带头的电影宫又开始回过头去向剧院看齐了。

那些电影宫设定的戏剧目标——它可以被称作是柏林社

会生活的病症——本身就带有反动的倾向。那些在今天只作为边缘性存在的理想文化的规则和形式虽然已经在电影宫中失去它的权利,但它们幸运地挤进一些外在的元素当中,并试图从中造就一种新的理想文化。只作为即兴创作才有意义的娱乐,作为我们这个世界上不受掌控的混乱的写照,被挂上幕布、强行变回一个根本不复存在的整体。电影宫不承认这种表演所表现出的事实上的解体,而是将碎片修修补补拼贴到一起并将其当作成熟完整的作品呈现出来。

这纯粹是一个艺术上报复的过程。因为电影及其可能的作用被嵌入到了一个整体性的节目当中。电影不再为自己而存在,而是成为给歌舞剧加冕的一种方式,电影本身的存在所需的条件未被纳入考量当中。电影的二维性制造出实体世界的假象而不需要任何补充。如果这期间有真正实体性的场景
316 在光影游戏旁边出现,那它就变回成一个平面,谎言被揭穿。邻近的具有空间深度的事件破坏了大银幕上展现的那种空间性。电影本身要求自己所展现的世界是唯一的;人们应该去掉那些三维的环境,否则电影作为幻觉就不起作用了。同样地,在活动图像旁边,油画也会失去力量。更不用说,把电影引入一整套节目的假象的总体性(Scheintotalität)中去的这一艺术雄心根本就不合时宜,因此也一直未能实现。由此产生的东西,充其量叫作工艺品(Kunstgewerbe)。

但是,比起为工艺品而努力,电影宫有更紧迫的任务要完成。它们的职责——从与其社会职责相协调的角度看这只是一个美学的任务——只有这样才能被履行:它们不再和戏剧藕断丝连、不再致力于小心翼翼地修复过去的文化,而是将它的表演从所有损害电影权利的配料当中解放出来,以彻底实现娱

乐，将解体暴露给人看，而不是遮遮掩掩。在柏林可以这么做，因为这里是大众生活的地方，他们很容易使自己迷醉（sich betäuben），只因为他们接近真理。 317

渐隐：趋向没影点

无聊

告别菩提树长廊

无聊*

今天，那些竟然还有时间去触碰无聊而又不感到无聊的人，一定像另外一些触碰不到无聊的人一样无聊。因为他们真正的自己已经消失了——这个当下的自己必须强迫他们在这个如此忙碌的世界里做到不带任何目的、不在任何地方长期停留。[1]

但大多数人还是没那么清闲。他们从事某项能够填饱肚子的工作并全身心投入其中，仅够挣得日常所需。为了让自己更容易忍受这种讨厌的负担，他们发明了工作伦理学，来从道

---

* 原题为 *Langeweile*，发表于《法兰克福报》(*Frankfurter Zeitung*)，1924 年 11 月 16 日。

〔1〕 德语中的"无聊(Langeweile)"是个复合词，由"长久"和"逗留"两个词组合而来，词根本身具有时间的含义。这一句即是拆分"无聊"的动词"langweilen"为两个词"lang (ver) weilen"，即"长期停留"，与"无聊"的本意相呼应。"Langeweile(无聊)"在德语《杜登词典》中的解释说："一种因不充实而产生的不适、厌烦的感觉，单调乏味，因为缺乏变换、刺激、娱乐或趣味而导致的情感。"该段中出现的反身动词"sich langweilen"，译为"感到无聊"，形容词"langweilig"形容某人或某事物使人感到无聊。该文中的"无聊"除拥有其本来意思之外，还被释为在忙碌的社会生活中"支配自己的存在"的唯一可能。——译注

德上粉饰他们的日常工作,还能给予他们一定的道德满足感。如果说是他们那种把自己看作是体面人的骄傲驱散了所有无聊,那可能太高估这件事了;但是那种每日辛勤劳作带来的粗俗的无聊根本就不在考察之列,因为它既不会致死,也不会激发新的生命,而只是表达了一种不满——当从事某种比获得道德上的认可更愉快的活动时,这种不满很快就会消失。尽管如此,与那些出于热爱而从事自己事业的人相比较而言,那些履行职务时打盹的人还算没那么无聊。那些不幸的人越来越卷入到忙碌当中,直到最后他们再也不知道,他们的大脑哪儿去了,那种不寻常的、激进的、本可以让自己和大脑再次合为一体的无聊,永远地离他们远去了。

不过完全没有闲暇的人并不存在。办公室不是长期收容所,星期天是一个例行法则。原则上,每个人都应该有机会在美好的业余时间让自己在真正的无聊当中重振精神。但即便
321 人想要什么都不做,也会有事情找上门来。这个世界负责让人找不到自己,而人对这个世界可能也不感兴趣,可这个世界本身已太富有兴趣,以致使人不能安静地让自己彻底陷入这世界的无聊,就像它最后应得的那样。

傍晚有人在街上溜达,浑身充满了一种不充实的感觉——从不充实中才能有充实生根发芽。在经过的地方,屋顶上面有字闪闪发光,人们便从自己的空虚进入到陌生的广告当中。肉体还扎根在沥青路上,而精神(Geist)——已经不再是我们的精神——已经跟随诱导性的灯光告示,无止尽地从黑夜滑入黑夜。要是能让这精神消失一次就好了!然而,就像骑上了旋转木马的珀加索斯(Pegasus)一样,它必须一直转圈,不允许困倦,从天空的高度宣扬利口酒的美誉和对最好的五芬尼香烟的

夸奖。某种魔法将它连同上千只白炽灯泡赶来赶去，使之一次又一次地形成耀眼的语句。

偶有一次精神的回归，它就立即主动让自己在一个电影院里变着花样地得到映现。它假扮中国人在烟馆的场景里懒洋洋地蜷缩着；变成一只被驯服的狗，做出许多让人发笑的聪明动作来博得电影女明星开心；让自己卷成高山上的一场暴风雨；还同时变成马戏团艺人和狮子。精神怎么可能抵御这种变形呢？宣传海报冲进精神自己乐见其被填满的空地，把精神拉到像被清空的宫殿一样空荡荡的大银幕前。但当一幅幅画面开始从里面出现的时候，这个世界上除了它的不持久之外，其他一切都不存在了。人们在目瞪口呆中忘却了自我，大大的黑洞用生命的假象让自己活动起来了，这种假象不属于任何人，却又在消耗着所有人。

收音机也在轰炸着存在者，甚至在它们接收到无线电之前 322
就开始了。许多人认为广播是必需的，所以人们处于一种长期的受孕状态，肚子里总怀着伦敦、埃菲尔铁塔以及柏林。谁能抵御得了装饰性耳机的广告？它们在沙龙里大放异彩，还能直接戴在头上。[2] 人们不愿去进行一场有教养的对话——因为肯定会很无聊，而宁愿将自己变成全世界噪声的游乐场。抛开可能发生的客观的无聊不谈，世界的噪声从来没有一次承认过个人的无聊这一基本权利。人们沉默寡言、无精打采地坐在一起，好像他们的灵魂已经远游；但灵魂不是按照自己的喜好游荡，而是被信息的猎犬所追赶，很快就没有人知道，人到底是猎人还是猎物。甚至在咖啡馆里，在这个人们像刺猬一样蜷成一

〔2〕 以前的耳机是需要手持的。——译注

团、意欲感受自己的虚空(Nichtigkeit)的地方,一个大扩音器消除了个人存在的所有痕迹。它播送的通知在演奏的间隙扩散到房间的所有角落,而且那些仔细倾听的服务员愤怒地拒绝了客人想要把这个留声机的拟声关掉的无理要求。

当人们忍受着这种由天线安排的命运的时候,世界五大洲就越来越与彼此相近了。并非如实际上那样我们扩展到他们那里去,而更多的是他们的文化以无限的帝国主义扩张并将我们占领。就像人们做了一个由空的胃引发的梦:一个微小的圆球从远处向自己滚来,它向自己靠近的同时慢慢变大,最后从你身旁呼啸而过;你挡不住它,也不能躲闪,你被锁在那里,就像一个无力的玩偶一样被庞然大物拖走、在它的地盘消亡。没有逃跑的可能。即便中国的混乱局面能被一步步地解决,那也一定会有美国的拳击比赛来烦扰你。欧洲国家(Abendland)一直待在那里,不管人们认可与否。这个地球上、世界历史上所
323 有的事件——不仅是现在的,还有过去那些它们因生命之贪婪而不知羞耻地造成的事件——只有一个要求:在它们推测我们在场的地方进行一次约会。然而在主人(die Herrschaft)的住所却碰不见他,他已经出门旅行、找不到了,主人早就把空房间转让给惊喜派对,派对就假装成房间的主人。

但如果就像现在,人们不让自己被驱赶呢?那么无聊就是唯一适宜的行为了,因为它提供了一定的保障,人们在某种程度上还可以支配自己的存在。如果人不觉得无聊,那他可能根本就不存在,就像本文开始所说的,只是无聊的又一个对象——人作为光亮在房顶闪烁或作为电影胶片被放映。但如果人是实实在在存在的,那就只好被无处不在的抽象的聒噪——这简直不能容忍人之存在的聒噪——搅得无聊了,同时

也为自己在聒噪中存在而感到无聊。

当周日下午所有人都外出的时候，最好是去火车站闲逛，或者更好的是留在家里：放下窗帘让自己躺在沙发上释放自己的无聊。被忧伤(Tristezza)笼罩，脑子里转着几个值得重视的想法，考虑几个不同的规划，没有什么理由，就只是为了假装严肃而已。最后人们满足于不再做任何事情，就只是自己一个人待着，也不需要知道本来应该做什么——简单地被摆在桌子上的玻璃蝗虫所打动，蝗虫不能飞，因为它是玻璃做成的；被一株仙人掌的怪诞所打动，它还没觉得自己稀奇古怪呢。就像这些装饰物一样微不足道地，人们心里只是还怀有一种没有目标的不安，一种被忽视的渴望以及一种对于并非真正存在之物的厌烦。

但如果人们有一点耐心给予合法的无聊，就能感受到那种
简直非人间的喜悦。风景出现，那里有五彩的孔雀开屏，充满 324
灵魂的人物形象出现，看，你的灵魂也膨胀了，你入迷地把它称作你一直缺失的——伟大的激情。这激情就像一颗彗星闪烁着冲向你，仿若慢慢下落，仿若进入到你里面，进入到其他人，进入到世界——啊！无聊就这样走向了结局，那么一切存在的，将会……

然而，人类还是遥远的图画，伟大的激情在地平线消失。在不肯消退的无聊中，有人酝酿出像这篇文章一样无聊的
东西。 325

告别菩提树长廊*

菩提树(Die Lindenpassage)长廊[1]已经不复存在了。这话的意思是，它形式上仍保持为弗里德里希大街(Friedlichstraβe)和菩提树大街之间的一条长廊，但已不再是长廊。在战前的学生时代，我常去那里散步，当我最近一次去的

---

* 原题为 *Abschied von der Lindenpassage*，发表于《法兰克福报》(*Frankfurter Zeitung*)，1930 年 12 月 21 日。

〔1〕"Linden"，椴树，俗译"菩提树"。"菩提树长廊"(Lindenpassage)指的是为庆祝威廉一世皇帝生日于 1873 年建成使用的"皇帝长廊"(Kaisergalerie)，长 130 米，从菩提树下大街延伸至弗里德里希大街和贝伦街，曾是繁华的商业场所，有高级服装店、咖啡厅、音乐厅等，主要供城市上层市民来消费。这种繁华延续了大概十年，到 1888 年，已经有许多商店空闲，这一年著名的 Passage-Optikon 入驻该长廊，迅速将长廊变成另一种景观：透视画(diorama)、全景画(panorama)、纪念品商店及各种五花八门的新奇玩意儿占据了长廊。在世纪之交，弗里德里希大街变成娱乐街区，伴随着旅游业和色情行业的发展，从光临长廊的顾客的阶级构成上看，这里已开始日趋衰落。然后一战爆发，这个灰暗、了无生气的地方亟待修复。但它后来没有被原样修复，而是被"现代化"了：1928 年长廊上方安装了一个玻璃穹顶，将长廊内部由以前的三层打通为一层，光线由暗变亮。这正是该文于 1930 年写作时的背景。该建筑于二战期间(1944 年)被炸毁，现在的威斯汀柏林大酒店(Westin Grand Berlin Hotel)就位于皇帝长廊旧址。"Passage"是德语中的外来词，来自法语，意为长廊、通道，从词源上看跟行人有关；"Gallerie"也是来自法语的外来词(源自意大利语)，本意指两侧是柱子的、顶部有遮盖的很长的走廊；与它们相对应的德语词为"Durchgang"，英语为"arcade"。

时候,毁灭之作已几近完成。冰冷光滑的大理石板装饰着商店之间的支柱,最上面装了一个现代的玻璃拱顶,类似的屋顶已经有过很多了。所幸在少数几处地方还能看到古老的文艺复兴风格建筑,看到对我们的父辈及祖父辈极美的建筑风格的模仿。透过新玻璃屋顶骨架上的空隙可以看到上面一层,看到上面主横脚线下无尽排列着的支架和相连的圆窗,以及柱子、栏杆和圆框浮雕——这枯燥的浮夸风格将不会再使任何行人感到享受。一根明显像从过去保留下来的柱子不加掩饰地展示着砖上的浮雕,它由多个海豚、旋涡装饰和中间的一个面具组成。现在,这一切都沉入冰冷的大理石墓堆当中。

我还能回忆起少年时代“通道”(Durchgang)这个词涌入我脑海时的那种恐惧。在我当时囫囵吞枣地读过的书中,幽暗的通道经常是杀人抢劫的犯罪现场,案发后就留下一大摊血迹。或者至少那里也是可疑分子聚在一起暗中谋划着做坏事的适宜场所。或许少年的想象太过无边——离他们赋予长廊的本来意义太远,但这想象的确联系着过去的菩提树长廊,甚 326
至还包括所有真正的市民[2]长廊。电影《红杏出墙》(*Therese Raquin*)选在同样已被毁坏的巴黎全景拱廊街(Passage des Panorames)的后侧部分进行取景拍摄,是有充分理由的,因为它那时也受到了华丽新建筑的钢筋水泥的挤压。长廊的时代已经过去了。

长廊的本质其实是通道(Durchgang),它通向市民的生活,市民在长廊入口前和长廊上层居住的生活。后来,因为这种生

[2] 这篇文章中的“Bürger”多意指城市平民,但又与“资产阶级”的含义保持着一个弹性的张力,这是与《娱乐的狂热》等前文中的用法略有不同的。——译注

活不具有代表性,甚或是与官方为它设定的世界观背道而驰,一切远离这种生活的东西在长廊安家落户,里面容纳了各种各样被否定和被抛弃的东西,成为一切不适用于门面装饰的物品的汇聚之地。在长廊里这些临时物品获得了某种居留权;就像吉普赛人,他们被勒令不准在城市里,而只许在乡村路上搭帐篷住宿。人们经过他们的住处,就感觉自己好像是在地下,处于这条街道和下一条街道之间。现在,菩提树长廊仍然挤满了商店,里面陈列的商品是小市民阶级的生活内容。也就是说,他们首先满足的是身体的需求和符合白日梦景象的那种贪欲。这两者,一个非常近,一个非常远,但都脱离了市民阶级的公共空间(die bürgerliche Öffentlichkeit)——市民阶级的公共空间容忍不了这些东西——它们更乐于让自己回到通道里那神秘的微光之中,那里就像沼泽池一样热闹。长廊之作为通道,同时还是几乎任何地方都不能比拟的一段旅程,它由近处启程到远方,将身体和图画结合在一起。

在那些聚焦于身体性(Körperlichkeit)的展览点中,解剖博物馆在菩提树长廊获得了至尊的地位。它是长廊里面的国王,在葡萄藤、旋涡和海豚的装饰之间建立了自己合法的王国。因为所有被驱赶到门面背后的物品都还要穿一件市民的外衣,所
327 以招徕人们买票参观的广告牌还要假装圣洁。其中一个上面写道:“题为‘人’的展览有助于促进健康”。参观者内心期待怎样的揭露,已由透明橱窗上的画面所提示:一位穿燕尾服的医生正在许多同样着装老派的先生们的注视下为一位裸露的妇女实施胃部手术——这个人以前可是一位淑女。是的,这里关注的问题在于胃、在于内脏、在于一切纯粹属于身体的部分。在展厅里面,身体里的肿瘤和畸形物尴尬地被小心翼翼地检查

着。另外,针对当下蔓延的几种性病还有一个专门的展览室。这种病是不加思考的感官性欲的恶果,就是旁边书店里卖的货色煽动起的欲火。通货膨胀时期,在一个德国大城市的长廊里曾入驻了一家共产主义的书店,但只持续了很短的一段时间;虽然长廊源起于战前的新时期(Vorkriegsneuzeit),并且它的铁铸的太阳花也让人更多地想起经过装饰的地下通道。书店与长廊虽然关系微弱,但已足使它推出宣传文学(Propagandaliteratur);这样它的非法性就冲到了光天化日之下,而此时色情文学还要呆在家里暗淡的光线之中。菩提树长廊的书店知道,它应该有多感谢周围的环境。装订好的书籍以标题唤醒人们阅读的兴趣,里面的内容却常常令人失望。这些书在故意无害化的书籍丛林中萌芽,有时候允许刊布的内容和被禁止的领域会形成一种奇特的结合,就好像由侦探警官写成的一本性堕落小说。在身体本能的近旁,小打小闹的东西(Allotria)琳琅满目。无数的小玩意可以随身携带,也可以摆放在我们四周——部分是因为我们使用它们,部分是因为它们没用。它们密密麻麻地挤满长廊的集市:指甲刀、剪刀、粉盒、打火机、匈牙利手工台布,等等。这些杂物像寄生虫一样大量出现,并以一直待在我们身边的要求吓唬我们。它们在我们居 328
住的虫蛀的建筑里爬行,好像要将我们吞没。如果某一天阳台突然坍塌,它们简直就要遮天蔽日了。那些更好地满足我们身体需求的街边商店也搬进了长廊,以表达对解剖博物馆的敬意。由琥珀和海泡石做成的烟斗闪闪发亮,衬衫像一整套晚礼服一样光彩照人,猎枪都被枪口朝上地竖立摆放。在长廊的末尾是一个散发着香气、闪烁着灯光的理发店,它在半昏暗的灯光中絮说着自己同玻璃拱顶内的咖啡馆的亲缘关系。咖啡馆的主顾游荡着，就像只是在画报中间徜徉，在低低的絮语中悄然离去，追随着氤氲在烟雾缭绕之中的一连串图画。上面的口号是：消失吧(Fort)！

在菩提树大街的长廊入口处，两侧正好是两家旅行社，这一巧合意义重大。它们的船只模型和赞美诗般的广告吸引人们去旅行，然而这种旅行却和过去人们在长廊里的旅行没有任何共同点，售卖现代旅行箱的生意，也只在大体上属于通道内部。自这个地球明显变得越来越小以来，市民群体便像波西米亚人一样充分地利用旅行了；这一群体自我维持的方式是，将旅行这种出离和放纵征用为自己的目的，将旅行贬值为娱乐消遣。在旅行纪念品的时代，陌生之地是多么地遥远和熟悉啊！现在这种东西填满了长廊的商店。“柏林纪念品”[3]被写在盘盘罐罐上，“无忧宫的长笛演奏会”[4]作为旅行小礼物经常受到顾客垂询。这些可触摸的记忆小助手(Gedächtnishilfen)、这些地方特色的真正复制品，正是柏林身上的[5]柏林，而且比起需要照相馆单独冲印的照片，它们无疑更适合向购买者传递
329 这个被他们消耗殆尽的城市的力量。照片假定人们把游览过的国家带回家，与此相反，世界全景画(Welt-Panorama)展现人们渴望之地的幻景，却把熟悉的地方拉得更远了。它在长廊里也像解剖博物馆一样居于王位，从触手可及的身体到遥不可及的远方之间实际上只需转身挪步即得。我儿时参观的世界全

〔3〕 原文“Souvenir de Berlin”为法语。——译注

〔4〕 “无忧宫的长笛演奏会”(das Flötenkonzert von Sanssouci)，指的是德国画家门采尔(Adolf von Menzel)创作于1852年的一幅油画《腓特烈大帝在无忧宫的长笛演奏会上》。——译注

〔5〕 原文中“Leib vom Leib”系源出圣经的习用语，指夏娃与亚当“骨中骨、肉中肉”的情形。——译注

景画也隐藏在一个长廊里，每次我去那里时都觉得像置身于完全虚幻的远方来观看一本图画书。很难想象它会是别的样子：因为窥视孔像窗框一样近，在它背面掠过的城市和山川在人工的灯光照射下更像城市外观图（Gesichter）而不是旅游目的地：墨西哥和蒂罗尔（Tirol）——在世界全景画里蒂罗尔变成了另一个墨西哥。

这些风景几乎已经成为无家可归的图片，成为转瞬即逝的冲动的图解，这种冲动的念头穿过包围着我们的木栅栏缝隙闪闪发光。类似这种图片必须借助魔法眼镜才看得见。真奇怪，长廊里的配眼镜的师傅为什么不卖这种眼镜。玻璃制的树叶枝蔓饰品结实而圆润，沿着配眼镜店的橱窗攀缘而上，根据通道中的惯例，至少看上去一切都被归置到了正确的地方。如通道所要求的，一切虚幻的恒存性的瓦解，也正被邮票商店所实现：里面的人物、建筑、纹章上的动物和异域风景同数字和名字紧贴在一起。（我的朋友本雅明近年来致力于研究巴黎的长廊并非空穴来风，在他的《单行道》里也发现了邮票商店的意象。）[6]在长廊里，世界被长时间地摇来晃去、筛筛选选，直到可以服务于行人的携带需要。长廊里的行人很可能也想在彩票站检验一下他的伙伴幸运之神对他是否善意相待，或者通过打牌进行试探。如果他想让自己五彩斑斓的梦境活生生地出现在眼前，那么去明信片商店就能看到它们以各种形式实现 330
了：鲜花装饰热烈地欢迎他们，小狗径直向他跑去，学生们的生

---

[6] 可参考本雅明《单行道》里的《邮票商店》：“但是，在那些画面上，生命始终带着由坏死的东西组成的以腐烂为标志的特征。那些人物肖像和伤风败俗的组画上尽是肢体和成堆的蛀虫。” 瓦尔特·本雅明著《单行道》，第 108 页，李士勋译，人民文学出版社，2006 年。——译注

活光芒万丈又有美酒相伴，美妙的裸体女人使他沉浸在情欲之中。在旁边的店里，人造钻石像是自动缠绕在丰腴美人的脖子和胳膊上；音乐书店一首过时的畅销曲目给长廊漫游者本来的幻想又增添了翅膀。

将菩提树长廊的物品结合起来并赋予所有这些东西同一功能的，是长廊从市民生活的门面后退。在有些地方，如在教堂和大学高调进行的事务中、在节庆演说和阅兵游行中，贪婪、地理扩张以及许多让人失眠的景象，都不会让自己被看到。只要有可能，这些景象就会被处理掉；如果不能完全毁掉，就将其驱逐并流放到长廊里的西伯利亚内陆。在那儿它们向压迫它们的资产阶级观念论（bürgerlicher Idealismus）展开了复仇，方式是向骄傲的对手充分展示它们耻辱性的存在。虽然它们像往常一样被贬低，但仍然成功地聚集起来，在通道的微光中组织了一场有力的针对外面的门面文化（Fassadenkultur）的反抗行动。它们暴露观念论的真相，揭露其产品不过是俗气之作（Kitsch）。圆拱窗、檐口、栏杆——这些曾经被当作高雅的文艺复兴式华丽的东西，都在长廊内受到检验和指责。当人们还穿行其间的时候，也就是在进行这个对我们还唯一适宜的行为的时候，人们已经看透这种华丽了，它的华而不实已经在长廊的光亮之中无所遁形。在宫廷画师费舍尔（Fischer）的橱窗里，竖立和悬挂着与过去较高甚至最高统治者极度肖似的画像，这些人的声誉也没少受贬损。宫廷大院里的女士笑得太优雅，以至于这种优雅像画作本身的油彩一样闻着都变味了。那种受
331 到过度吹捧的内在性（Innerlichkeit），在文艺复兴的门面背后制造劫难的内在性，在制作成红、黄玫瑰样式的灯光装置的照射下被惩斥为谎言，以恐怖的方式将其内部照亮。通往市民世

界的通道就这样对市民世界进行了批评,对此每一个真正的行人都能领会。(像流浪汉一样游荡的行人,有一天将会和变化了的社会中的人们联合起来。)

基于对它还从属其中的一种存在形式的否认,菩提树长廊获得了见证这种稍纵即逝的权利。菩提树长廊是一个时代的作品,这个时代在创造该作品的同时还创造了作品结局的预言。在长廊里——正因为它是长廊——最新创造的东西要比其他任何地方都更早地与活的生命分离开来,身体温热着便走向死亡(正因如此,卡斯坦蜡像陈列馆[Castans Panoptikum][7]也坐落在长廊里)。我们所继承的并毫不犹豫地称之为属于我们自己的东西,像在演艺厅里一样在通道里陈列着,展览着已经消失的面具。我们自己在这个长廊又遇见作为已死之人的自己。但是我们也从长廊中夺走了现在以及永远属于我们的东西,它在那里不为人知地、扭曲地闪烁着。

现在,在新的玻璃屋顶下面和大理石的装饰下,过去的长廊就像是商场一进门的大厅。商店虽然还继续存在着,但是里面的风景明信片已经变成流水线产品,世界全景画已经被电影所超越,解剖博物馆早已失去轰动效应。所有的东西都归于沉寂了。它们羞怯地把自己挤到空荡荡的建筑后面,这建筑曾经一度完全中立,以后谁知道哪次会孳生出什么东西——或许是法西斯主义,或许什么也不是。如果一个社会本身就是一个通道,那么它里面的长廊应该是什么样的呢? 332

[7] 卡斯坦蜡像陈列馆(Castans Panoptikum),于1871年建于柏林。该陈列馆所展内容不仅限于蜡像,还包括混合了各种奇珍异玩的简易博物馆。但里面的蜡像在当时的确冠绝德国。——译注

后　记

苏尔坎普版编者后记

苏尔坎普版编者后记

卡斯滕·维特(Karsten Witte)

齐格弗里德·克拉考尔在美国流亡时期的两部著作《从卡里加利到希特勒》(1947年)和《电影理论》(1960年)是如此著名,以至于我们忘却了他在流亡之前的作品。虽然克拉考尔早期作品的理论前提在其死后出版的关于对历史书写的思考(《历史》1969年)中仍然可见,但在纽约生活时期他早期的德语作品却被排除在外了。可能是因为克拉考尔不想让他的美国观众记录自己从马克思主义社会批评家到忧郁的文化哲学家的转变(有些好捕风捉影的人已经在他的《从卡里加利到希特勒》一书中找尽麻烦);也可能是因为他的美国出版者对其不感兴趣——他在魏玛共和国时期撰写的文章大都尘封已久。这些作品期待一番富有成效的新的研究,以产生对于社会批评理论形成时期不同的评价声音。

早在1933年,柏林出版商布鲁诺·卡西尔(Bruno Cassirer)就曾计划将克拉考尔的街道和城市图像以及他的文化批评文章结集作为"关于街道的书"出版。但这一计划随着克拉考尔被迫流亡而落空。直到1963年,《大众装饰》这本文集才由苏尔坎普出版社(Suhrkamp)出版,当时克拉考尔仍然在世并由他亲自按装饰性编排章节:几何学,外部和内部客体,构造,视点,没影点。

这次《大众装饰》的出版以该书首版内容为基础。我们又将所有文章与其首次刊登时进行了比对。1963 年克拉考尔因
335 未知原因删掉的部分,又被补充进本书当中。《论畅销小说及其读者》一文是以这样决绝的呼吁结束的:"谁要想改变,就必须知道有什么东西正在改变。我们刊登这个系列的使用价值在于大家更容易理解社会现实"。在论文《论瓦尔特·本雅明的著作》1963 年的版本中,克拉考尔是这样评论《单向街》的:"这本小书集结了一些思想……"而在 1928 年的这篇文章里,我们读到的却是对该书轻微的斥责:"这本玩笑开得有点过火的小书……"克拉考尔还修改了两篇电影批评文章的标题:《年轻的女店员去看电影》一文原来的标题是《电影与社会》(这个标题在 1963 年已经沦落为电影批评中的大路货);《电影 1928》原来叫作《当今电影与其观众》。在评价克拉考尔所做的这些修改时,有重要意义的是文章《电影与社会》中对作品本身定位的自我评价,这里呈现的是 1927 年的版本:"系列文章《年轻的女店员去看电影》被打造成一个小小的影集模板,里面教科书式的案例都屈从于道德决疑论(Kasuistik)。"

在"印刷说明"的部分标注的是各篇文章的刊登日期。《对一幅城市地图的分析》在《法兰克福报》(*Frankfurter Zeitung*)中没有找到,可能是计划发表并在 1963 年依据克拉考尔手稿直接出版的。1964 年克拉考尔又将《少年和公牛》《两个平面》《对一幅城市地图的分析》《告别菩提树长廊》等文章收入文集《柏林和其他地方的街道》(*Straßen in Berlin und anderswo*)当中(苏尔坎普出版社)。

克拉考尔最重要的贡献是,他将目光投射到高雅文化的边缘地带并转向研究流行文化的媒介:电影院、街道、体育运动、小歌剧(Operette)、歌舞剧、广告和马戏团。将他从早期到晚期的作品串联起来的一以贯之的目标是,从转瞬即逝的文化现象中破译出同时期的社会趋势。克拉考尔自己将他的《电影理 336
论》阐释为"我进一步削弱各领域意义的表象的尝试,但要呈现其本来面目的要求,还没有得到满足。我认为这是'进一步的尝试',因为这正是我毕生所尝试的——在《雇员们》(*Angestellten*)中,也可能在小说《金斯特》(*Ginster*)中,以及确定在《奥芬巴赫》(*Offenbach*)中。这样,我做的所有主要努力——尽管它们所呈现的表象并不连贯,但长远看来都通向一处:它们过去以及现在都只服务于唯一的意图:重建那些连名字都还缺失、因此被忽视或者被错判的目标和生活方式。"〔1〕

克拉考尔用以给自己编辑的文集命名的文章《大众装饰》(美茵河畔的法兰克福,1963 年出版)概括性地包含了他的批评文章中所有的范畴和方法。这一点不仅在他多产的后续作品当中得到印证,而且体现在批判理论的"学生"们今天对他的文章的接受上:汉斯·海因茨·霍尔茨(Hans Heinz Holz)(恩斯特·布洛赫的学生)、彼得·高森(Peter Gorsen)(特奥多尔·阿多诺和于尔根·哈贝马斯的学生)以及那位因柏林学生运动而脱离法兰克福学派的赫尔穆特·雷腾(Helmut Lethen)。霍尔茨 1965 年写道:

"有一本书是我们这个时代最富洞见的著作之一,它由一

〔1〕 Kracauer, *Geschichte – Vor den letzten Dingen*. Schriften, Bd. 4. Frankfurt/M. 1971, S. 16. Deutsch von Karsten Witte.

些短篇的思想性文章结集出版。这些文章被剪辑成分析当代的一个拼图，克拉考尔名之为‘大众装饰’。……让大众登场，也就是将大众社会本身理解为装饰性现象的这个思想，不仅是一个社会学的隐喻，而且以令人深思的方式反映出装饰自身本质性的一些东西。”[2]

在他的文章《无主体的艺术——关于艺术享受的新观点》（*Subjektlose Kunst. Neue Einstellungen des Kunstgenusses*）中，高森不仅引用克拉考尔《大众装饰》一文的第一段作为主题词，
337 同时还用它来为自己提供方法上的合理性，指明其批评方法的来源。[3] 最后是赫尔穆特·雷腾，他将自己关于《新客观性》（*Neu Sachlichkeit*）的重要研究著作的一个章节副标题命名为“踢乐女郎与知识分子”（*Tillergirls und Intellektuelle*）。他通过研究指出，克拉考尔和另一位文化哲学家、工业心理技术专家弗里茨·吉泽（Fritz Giese）对歌舞剧文化持有完全相反的评价：对吉泽来说，踢乐女郎的双重才华一点也不令人惊奇，她们是“社会的完全掌控力和生产关系稳定性的证明”。[4]

《大众装饰》这篇文章最早发表在 1927 年 6 月 10 日《法兰克福报》的文艺专栏。克拉考尔在大学学的是建筑和哲学，后来在巴黎做了十年建筑师（他经常对这段经历避而不谈），从 1921 年开始在《法兰克福报》担任编辑。除了撰写关于恩斯特·布洛赫（Ernst Bloch）、马克斯·舍勒、卡尔·曼海姆（Karl Mannheim）等人的社会哲学评论，克拉考尔以电影评论崭露头

---

〔2〕 Hans Heinz Holz, " Die Repristination des Ornaments" (Basler National-Zeitung 15. 8. 1965) in: Holz, Vom Kunstwerk zur Ware. Neuwied 1971, S. 140 u. 142.

〔3〕 Perter Gorsen, *Das Bild Pygmalions*. Kunstsoziologische Essays. Reinbek 1969, S. 23.

〔4〕 Helmut Lethen, *Neue Sachlichkeit* 1924~1932. Stuttgart 1970, S. 43-45.

角。引起轰动的是《年轻的女店员去看电影》系列，从中可见意识形态批评性的现实主义概念的痕迹。1930 年克拉考尔在柏林接管了《法兰克福报》的文化政治部。面对急剧的经济危机，也因为恩斯特·布洛赫的推动，克拉考尔阅读了大量马克思主义和唯物主义思想的读物。他具有攻击性的批评表现在针对乌发公司（Ufa）的电影产品和柏林的社会报道的论战中，这些论战同时渗透着对经济危机的分析。克拉考尔对苏维埃革命电影的评论在欧洲具有开拓性意义。1933 年国会纵火案之后克拉考尔流亡到巴黎，在那里写出了法兰西第二帝国的社会传记《雅克·奥芬巴赫和他的时代的巴黎》（*Jacques Offenbach und das Paris seiner Zeit*）。他还在巴黎进行了德国电影心理史研究的前期工作。1941 年到达纽约后在古根海姆 338
基金会（Guggenheim Foundation）的资助下将其用英语撰写成书，1947 年以《从卡里加利到希特勒》为名出版。

《从卡里加利到希特勒》这本书持一个基本观点：魏玛共和国时期的德国电影反映了这个国家的独裁专制，它后来导向法西斯主义。跟所有他这个论点毅然决然的反对者所认为的相反——这些反对者的视野往往都没有超出《电影理论》的前言（这样的人还不在少数），可以确定的是，克拉考尔在论证时并未局限在埃里希·弗洛姆（Erich Fromm）向其介绍的弗洛伊德学说的层面，而具有决定性的是对美学材料本身的结构性分析。他希望通过这种方法来展现，法西斯电影是如何利用表现主义鸿篇巨制中过于急切的企图心所打造的大众装饰的。从弗里茨·朗 1924 年的《尼伯龙根》到 1934 年的《意志的胜利》（*Triumph des Willens*）中可以牵出一根红线，这根红线从一开始就内在于电影材料的组织结构当中：

“这些图案加深了我们对命运的不可抗力的印象。此外，电影中某些人形装饰意味着独裁的无上权力。这些装饰由臣仆和奴隶组成。……《意志的胜利》这部记录1934年纽伦堡党员大会的纳粹官方影片可以证明，纳粹党在筹划大众装饰时从电影《尼伯龙根》中汲取了灵感。”〔5〕

通过对里芬施塔尔(Riefenstahl)这部史诗性作品的技术分析表明，她的美学技巧，即战胜/大众的臣服和导演/元首意志的胜利被运用到了何种程度：

“来自党内不同编队的难以数计的人们在巨大的欢庆场所组成形象生动的图案造型。这些鲜活的装饰物不仅使此刻的
339 变形不朽，也将大众象征性地表现为工具性的超级组件。……影片还包括大众装饰的画面，大会期间的狂热生活也被压缩到这些画面当中。希特勒和他的手下们一定非常赞许这些大众装饰物，对他们而言，这些就是象征着群众欣然听从其领导者任意捏合与使用的构造。”〔6〕

在一篇评论法西斯宣传的草稿中——这篇文章本是1936年受社会研究所委托写作，最后却未在《社会研究杂志》发表——克拉考尔已经察觉到，法西斯主义为了在舞台上制造幻象运用了两种方法，那就是恐怖和宣传，以此来呈现出“大众重新融入”到资本主义经济体系中这一假象的目的。克拉考尔发现，为了在宣传中实现大众的物化(Hypostasierung)，他们运用了下面这些技巧：

“a)大众被迫四处自我观看(大众集会、队伍游行等)。这

---

〔5〕 Kracauer, *From Caligari to Hitler*, Princeton 1947, p. 94-95. Deutsch von Karsten Witte.

〔6〕 Ebd., p. 301-302.

样大众本身就一直是当下的在场,并经常呈现为美学上诱惑性的装饰形式或有效的图像的形式。

b)用广播将人们居住的小屋变成公共的广场。

c)为了强调大众作为统一的整体的意义,就要消除大众中间能够发展的所有神秘性的力量。这样在许多人看来,就好像是大众中间的神秘力量被自己所超越。"[7]

如此一来,有一个巧合可能就不会那么令人惊讶了:同在巴黎流亡的瓦尔特·本雅明从与克拉考尔的理论对话中得出结论——法西斯主义看到了自己的福祉(Heil)所在:

"大众获得表达(绝不是获得权利)。大众具有改变所有制关系的权利,法西斯主义则试图在维护所有制关系的同时为 340
大众寻找合适的表达。法西斯主义一以贯之地将政治生活导向审美化。"[8]

《大众装饰》这篇文章由一句话作为引言,倘若这句话可以被认为是克拉考尔的纲领和方法的显现,那么他自己从来没有摆脱出这样一个记录:"一个时代在历史进程中所占的位置,可以由对它的那些不引人注目的表象的表达进行分析来决定,这会比这个时代对自己的判断更令人信服。"用表象的表达来勾勒历史进程中流行文化地形图的尝试,克拉考尔的研究起到了关键作用。1930 年他更准确地定义了这种研究方法的

---

〔7〕 Kracauer, "Masse und Propagangda. Eine Untersuchung über die fascistische Propaganda",Paris 1936 (Typoskript im Nachlaß Kracauer,S. 9).

〔8〕 Walter Benjamin, Nachwort zu "Das Kunst Werk im Zeitalter seiner technischen Reproduzierbarkeit" (1936) (*Gesammelte Schriften*, Bd. I/2). Frankfurt/M. 1974,S. 431 ff. Vgl. auch Susan Sonntag, "Fascinating Fascism" in: *The New York Review of Books*,February 1975. Es spricht nicht gegen die Originalität von S. Sonntag, wenn ihre scharfsinnige Analyse der Riefenstahl-Film die Einsichten von Kracauer und Benjamin bestätigt.

意图："空间图像是社会的梦境。无论在哪里、有哪一个象形文字般的空间图像被解码，那里一定能提供社会现实的深层原因"。[9] 这一定理的前提我们可以在现象学（"表面"）和生命哲学（"生命之流"）中找到，这两个流派的主要代表人物胡塞尔、齐美尔和狄尔泰（Dilthey）都给克拉考尔留下了深刻的印象。他的富于联想力的幻想和社会性预言凸显了这两个流派的部分思想成果。克拉考尔认为雅克·奥芬巴赫偏好生活的表象，"因为那里被证明是一切都还没有固定下来的地方"；[10] 而克拉考尔自己也在视觉媒介最具本质性的东西中察觉到这一倾向："当电影专注于事物表象的时候，它就好像是转向了它自己。"[11] 表象作为一切事物都无法固定下来的场所，不仅局限于美学领域，它也适用于历史进程中那些宣告新的社会运动的时代。因此，克拉考尔后期的研究兴趣集中于
341 关注革命前这一时期的独特情形："简单来说，我的兴趣点在于大的意识形态运动的酝酿时期，因为在这样一个时间段里，这些运动还没有体制化，而是用别样的思想同当时的统治进行抗争。"[12]

踢乐女郎是美国的一种舞蹈团体，自通货膨胀以来在柏林海军上将宫殿（Admiralspalast）出场，也出现在赫尔曼·哈勒和埃里克·夏雷尔（Eric Charell）的歌舞剧中，1931 年埃里克·夏雷尔曾以电影小歌剧《议会在舞蹈》（*Der Kongreß tanzt*）获

---

〔9〕 Kracauer, "Über Arbeitsnachweise" (1930) in: Kracauer, *Straßen in Berlin und anderswo*, Frankfurt/M. 1964, S. 70.

〔10〕 Kracauer, *Jacques Offenbach und das Paris seiner Zeit* (1937). Schriften, Bd. 8, Frankfurt/M. 1976, S. 165.

〔11〕 Kracauer, *Theorie des Films*. Schriften, Bd. 3. Frankfurt/M. 1973, S. 371.

〔12〕 Kracauer, *Geschichte*. A. a. O., S. 18.

得首席经理人的称号。踢乐女郎们甚至还在马克斯·莱茵哈特的带领下在大剧院跳过舞。[13] 克拉考尔在 1931 年的杂文《女孩们和危机》当中回顾性地列举了如下的类比：

“在繁荣的表象无限扩大而且几乎没人意识到失业的战后年代——那个时候踢乐女郎这种形式被制造出来并被陆续出口到欧洲。她们不仅是美国的产品，同时还展示出美国制造业的强大。我还清楚地记得这些舞蹈队在演出旺季时的表演。当他们站成一排上下运动的时候，她们光彩夺目又形象化地演示了流水线生产的优势；当她们快速踢踏跳动的时候，听起来就像：生意、生意（Business）；当她们数学般准确地将腿踢到一定高度的时候，她们是在兴高采烈地肯定着经济合理化取得的进步；当她们一再重复同样的动作并保持队形不变时，人们从中看到的是一个不间断的汽车流从工厂大院流入这个世界，并确信自己知道这样的恩泽不会结束。”[14]

当克拉考尔发现，“大众装饰是支配性的经济体系所追求的理性（Rationalität）的美学反映”时，他就成为从批判理论角度表述同时性认识的第一人，即认为劳动世界和所谓的业余生活一样都受制于泰勒式的科学管理体制。要指出的一点是他 342
在创造概念方面天生的精准，他将中产阶级打发业余时间的场所比喻成“娱乐工厂（Zerstreuungsfabrik）”。业余生活的垄断化：文化变成娱乐商品，成为从工厂生产出来的一个产业，即霍克海默和阿多诺后来定义的“文化工业”潮流。为了说明类似的军事化的管理是怎么演变成业余活动产业的科学化管理的，

〔13〕 PEM（=Paul Erich Marcus），Heimweh nach dem Kurfürstendamm. Berlin 1962，S. 81–82 u. 110–111.

〔14〕 Kracauer，“Girls und Krise”. FZ 27. 5. 1931.

克拉考尔在他关于《雇员们》(1929年)的开创性研究里用了一个富于启发性的比喻:将“职员大军”的娱乐场所比喻为“娱乐军营”。[15]

在《大众装饰》第二小节的结尾,克拉考尔一反当时的文化悲观主义思想,明确表示他对大众品味的偏爱,并在美学上为大众对装饰性集体运动的喜爱正名,因为它比艺术涵盖了更高一级的现实。按照这种设想,艺术中的现实主义必须在美学范围之外的现实当中去衡量,这就给那些没有被艺术腐化的大众装饰赋予一定的合法性,这种合法性只能以一种方式来实现:大众政治合法性的表达不会被大众的美学表达给分裂开来。在克拉考尔后来的著作《电影理论——物质现实的复原》中,现实主义这个专为媒体特点所定义的概念好像已经扩展出了普遍性的意义:

“电影是唯一一种适合再现和掩盖物质现实的方式。……但这里所说的现实,是真正存在的、物质性的现实。”[16]

实际上,现实主义的概念在晚期的克拉考尔那里被削弱了,一个悖论性的等式“外部现实=照相机—现实=自然”将其削弱成了一个模糊的分母。将“照相机的现实”看作再造的现
343 实也就是第二自然这一决定性的自相矛盾不可能得到解决。

克拉考尔在文章的第三小节顺应黑格尔的历史哲学思想,即将历史进程概括性地看作是理性/真理与自然/神话这两种概念的斗争,后者的力量在神话思想中持续存在。克拉考尔在早期曾批评过社会有机论,这一理论武断地将历史等同于自

---

〔15〕 Kracauer, Die Angestellten (1929/30) in: Schriften, Bd. I. Frankfurt/M. 1971, S. 286.

〔16〕 Kracauer, *Theorie des Films*. A. a. O., S. 55.

然，如今我们仍可以从那些批评中读出他对斯宾格勒(Spengler)的猛烈攻击。后来克拉考尔背离了黑格尔的思想。[17] 他将历史进程理解为去神话化的过程的思想，在马克斯·韦伯将启蒙运动宣告为“世界的祛魅”的思想(《以学术为志业》，慕尼黑1919年)那里找到了知音。霍克海默和阿多诺后来在他们的《启蒙的辩证法》中也给予了世界的祛魅这一概念中心的位置。

当克拉考尔将神话的解体说成是“理性(Vernunft)的幸运”，将资本主义经济体系的合理性说成一种“混沌的理性”的时候，这种比喻式的过程就更加接近本雅明而不是霍克海默，因为霍克海默强调理性的义务更甚于理性的幸福，强调工具性的理性更甚于混沌的理性。克拉考尔的比喻一方面挽回了思考的享乐主义性质，另一方面也难免沦于源起论的(ursprungstheoretisch)窠臼，即试图勉力挽救仅作为理性的混沌形式的资本主义合理性——也就是启蒙之光的反面形象，而这两者原本就来自同一个形象。合理性和理性两者在任何设定的情况下都不可调和。

有人对资本主义进行社会浪漫主义的评论，只取其外在现象而非其内在固有的运动，克拉考尔对这种现象提出了批评，在《雇员们》[18]中还有更加犀利的表述。资本主义思想的标志——它的抽象性——显示出，去神话化的过程绝不会被认为 344
(克拉考尔原话为“被带向”)会结束。按照克拉考尔的观点，在资本主义当中哲学有两个可选项：不是抽象思考的滋长，就是在错误的具体化中陷落。从当今主导的实践情况来看，这一

[17] Kracauer, *Geschichte*. A. a. O., S. 34-36 u. S. 46-47.

[18] Kracauer, *Die Angestellten*. A. a. O., bes. S. 298.

预测没有说错。当克拉考尔为了确定当前时代的位置而根据启蒙固有的规律(按照这一规律“混沌的理性”“昏暗的自然”战胜了理性)来解释反向运动的潮流时,那么概括地来说,这位思想家已将辩证的启蒙准确地推到了晦暗所威胁到的地方。

在对历史上的理性形态进行了一番描绘之后,克拉考尔在倒数第二小节回归到大众装饰概念的扩展。通过拣选个人并将其匿名化来对其本性(Natur)进行去实质化,大众装饰被展现为对身体文化的崇拜——虽是神化式的,但却空无意义。当大众对装饰性形象的消费把人们的注意力从修订一部适用于社会的宪法上面转移开去的时候,我们就不难理解和想象,为什么在不久以后的 1933 年,法西斯主义能够突然把这种能量——空洞无物、去本质化以及抽空所有意义的能量——调动起来了,以致使大众把在纽伦堡拍摄的狂妄和过度的影像当成自己的意志的胜利。最后的结尾是典型的克拉考尔式转折,他并非要促使实践成为行动的导引,而是在他所揭示的这一切事物当中草拟一个未来的,并非乌托邦的秩序的景象。或许他的构想是,对他来说,揭示一件错谬的(falsch)事物就是唯一充分的思考形式,只有这样才能将其带回到一个正确地理解中来。“需要指出一条道路吗?需要开个良方吗?不存在什么良方。正直、观察力、人性——这种东西不用教”,他在 1928 年写电影
345 现状和批评性评论时这样写道:“把情况亮在这儿已经足够。”[19] 所以最终是从那句名言——荷尔德林的诗歌《致齐默尔一家》(*An Zimmern*)——给予大众装饰以乌托邦的意义。克拉考尔说,取得进步需要付出代价,自然的权力被成熟的思

---

〔19〕 Kracauer, "Der heutige Film und sein Publikum" (1928). Unter dem Titel
347 "Film 1928" in Kracauer, *Das Ornament der Masse*, hier S. 310.

考所剥夺了。这之后大众的装饰才能融入人类生活当中。荷尔德林的诗歌是这一乌托邦构想的先声,在诗中个人从匿名状态走了出来,自然再次得以实质化,历史进程赋予其自身以意义。 346

写在译文后面

迄今为止,在国内学术界和读书圈,齐格弗里德·克拉考尔仍被习惯性地看作是一位电影理论家——更准确地说,是只被看作是《电影的本性》一书的作者(顶多会再加上《从卡里加利到希特勒:德国电影心理史》的作者)——不能不说,这实在是一件非常遗憾的事情。尽管他的其他著作包括魏玛共和国时期的早期著作已陆续有几本译介进来,但这个先入为主的刻板印象并没有据此而得到多少改变。

实际上,在克拉考尔的整个著作序列里面,1960 年出版的《电影理论——物质现实的复原》(中译本《电影的本性》所依据的是 1961 年英国版的标题)的写作方法和文字风格都属于某种例外,或者说,只是在他的生命也是著述生涯接近终点时才发生的转变。与《电影理论——物质现实的复原》情况相仿的还有克拉考尔的身后遗著《历史:终结前的最终事》,这两本书都展现出强烈的本体论取向,都把某种弃绝尘世的弥赛亚主义的未来作为思考的终极指向。如何阅读《电影理论——物质现实的复原》和《历史:终结前的最终事》是一个复杂的问题,我在其他地方曾经做过讨论(“电影,然后是世界,尚未开始存在……”),这里无需再赘述。而重点是,在进入自己的“晚期风格”之前,克拉考尔一直以来坚持的路线都与这种本体论的取向迥然不同:从魏玛共和国时代到流亡期间,从《雇员们》、《侦探小说》、《雅克·奥芬巴赫和他的时代的巴黎》和作为《法兰克福报》的编辑与撰稿人所写的大量文章,到《从卡里加利到希特勒》以及辗转流离于欧洲、美国时也不曾中辍的电影、文化评论,他所从事的思想著述工作的基本面貌,始终都是一种社会文化批评/社会文化史的写作。而要想整体性地了解克拉考尔早期写作的风貌,总览其批评文字对社会文化各个角落几乎覆盖性的扫描,《大众装饰:魏玛时期文论》无疑是一部无法绕过的文本。

1963 年,《大众装饰:魏玛时期文论》由德国苏尔坎普出版社出版,收录了克拉考尔在魏玛共和国时期写作的 24 篇文章,分别辑录在六个单元或版块之下。这些文章最初大都发表在《法兰克福报》等报刊上面,但与一般的报刊文字不同,它们都带有卢卡奇、本雅明和阿多诺所说的“论说文(Essay)”的突出特征。原书副标题即为“Essays”,我们虽以“魏玛时期文论”出之,但并非没有考虑其原文当中这层更具理论意谓的涵义。根据阿多诺的阐发,作为方法的“论说文”对于体系性哲学总是持一种批判的敌意,它允许这样或那样的非同一性意识,它拒绝任何向“原理”的还原,矜持或自得于它的断片特征,总是强调部分而反对总体。甚至,论说文也是反对“方法”的,因为它没有对象,它早已摈弃了任何主客体的关系式。克拉考尔的文字不仅是高度碎片化的,在无始无终的感觉之外,还不时表现出刻意为之的冗赘、繁琐和自我缠绕，这样的文字本身把描述和分析混融、杂糅为一体，同时承担起世界和它的意义，仿佛克拉考尔为阅读他的人们提供的，是一种书写的絮状物，它无法摆脱与现实的粘连，它的质感和形状往往取决于阅读者自己的剪裁，而当这样的剪裁发生的时候，即意味着告别现实的裁决也已然发生，哪怕这种从既有现实中的转身只是片刻或瞬间。但不管怎样，这样的剪裁或裁决似乎从来都不属于克拉考尔本人的工作。

那么，翻译应该算是怎样的一种阅读，怎样的一种剪裁或裁决呢？翻译有可能从现实中转身吗？必须承认，我们不仅受制于语言本身能力的局限——德语、中文都是，也受制于想法上的局限。就是说，我们显然还并不具备在思想交锋的意义上来对待克拉考尔，而对于这样的著述者，毕恭毕敬是毫无意义的。我们不知道自己是否“完美”地践行了但丁的格言“翻译即背叛”；但确凿无疑的是，我们肯定还是太过忠诚于现实了。

而这正是为什么克拉考尔显得如此重要的原因。其思想的原创性最终表现在，他创造了意识形态与乌托邦的辩证法。批判固然总是一种必需，但寻找可能性的工作有时更富有价值。1927 年发表的文章《大众装饰》为整部文论集提供了主标题。可以认为，仅凭这一篇文章，便足以确立克拉考尔在二十世纪批评史上的地位。《大众装饰》(既是这篇文章也是整部文论集)所示范的社会文化批评带有一种天然的精神分析的成分，只不过，弗洛伊德基于个人原欲展开的力比多经济学，在克拉考尔这里被转化为了社会能量的运作模式分析。就像对待“梦的工作”一样，对“大众装饰”的解读也需要充分展现意义生成的辩证性质,在一个复杂的社会能量的运作过程之中,压抑和疏导总是同时作用的。如果只能看到意识形态的抑制效果,其实是一种思想力和想象力的怠惰无能的表现,这样的思想水平终究会因为错过了更有意味的东西而懊恼不已——那些更有意味的东西显然就是借着这种抑制的冲力而从同一种"装饰"中迸发出来的。当他写道:"这装饰的载体是大众,而不是人民。因为每当那些图案形成时,那些图案并不是凭空而来的,而是从共同体中生发出来的。"他难道不是在重申对于人民集体的最基本的呼唤吗?当然,在众所周知的德国历史背景下,克拉考尔对假借自然之名围绕基础主义的民族主义所进行的动员抱有足够的警惕(这体现出,早在1927年,作者就已然未雨绸缪地预感到了日后终将以纳粹的面貌君临的极右翼意识形态的威胁了):"民族主义并不懂得除了命中注定的国家统一之外更高的统一形式。"当时并不只有德国人批评"资本主义的合理性主义",因而"渴望共同体的重新降临"。但是在克拉考尔看来,这种向着想象性的自然纽带的全面退化实际意味着对未竟的理性规划的彻底抛弃。关于"理性"与"合理性"的不无缠绕的繁复辨析,可谓是克拉考尔版本的"启蒙辩证法"。只是此时的克拉考尔恐怕要比在战争和屠杀中进行写作的霍克海默与阿多诺(也包括那时的克拉考尔自己)仍然保留了更多一些的乐观期待。他不仅想要重建集体——基于当时的政治环境,克拉考尔对这一点更为谨慎——而且还想要拯救理性:"当代思想面临着一个问题:它是否应该向理性开放,还是应该继续对抗它而彻底封闭?"为了避开那种"无视我们的历史语境而致力于重建一种国家形式、一种共同体、一种艺术创造的模式”的行动，克拉考尔以无比坚定的口吻回答了上面那个理性的难题：“只有当思想限制了自然并产生出作为理性之建构的人的时候，这一过程才可能会有所进展。那时社会就会发生改变。”

克拉考尔所说的“改变”就是从现实中转开身去。仅此一点，便足以构成我们在今天仍要去读他的理由。

孙　柏

2021 年 10 月 17 日